本研究获 2017 年度"福建省高等学校新世纪优秀人才支持计划"

中国体育产业财税理论与政策研究

杨京钟 著

NORTHEAST NORMAL UNIVERSITY PRESS
WWW.NENUP.COM
东北师范大学出版社

图书在版编目（CIP）数据

中国体育产业财税理论与政策研究 / 杨京钟著. —
长春：东北师范大学出版社，2019.7
ISBN 978-7-5681-6095-7

Ⅰ．①中… Ⅱ．①杨… Ⅲ．①体育产业—财政政策—研究—中国②体育产业—税收政策—研究—中国 Ⅳ．
① G812 ② F812.0

中国版本图书馆 CIP 数据核字（2019）第 157793 号

□策划编辑：王春彦
□责任编辑：卢永康　　　　　□封面设计：优盛文化
□责任校对：肖茜茜　　　　　□责任印制：张允豪

东北师范大学出版社出版发行
长春市净月经济开发区金宝街 118 号（邮政编码：130117）
销售热线：0431-84568036
传真：0431-84568036
网址：http://www.nenup.com
电子函件：sdcbs@mail.jl.cn
定州启航印刷有限公司印装
2019 年 7 月第 1 版　　2019 年 7 月第 1 次印刷
幅画尺寸：170mm×240mm　印张：16.75　字数：308 千

定价：76.00 元

前　言

体育产业作为21世纪的朝阳产业、新兴产业、绿色产业、健康产业、黄金产业和无烟工业，是中国未来发展的支柱产业和经济发展新的增长点。特别是我国已将全民健身定为一项基本国策，体育消费对国民经济的贡献不断增加。体育产业属于国家财税宏观调控政策支持与激励的产业发展领域。中国改革开放41年来，以体育健身服务、体育竞赛表演、体育用品市场等为主要内容的体育产业体系初步形成，体育产业已经构成了一个独具特色的产业门类。国务院2014年10月颁布的《关于加快发展体育产业　促进体育消费的若干意见》明确提出，把体育产业作为推动经济社会持续发展的重要力量，开发体育产业巨大的潜在市场空间，利用体育产业扩大内需，促进消费，到2025年体育产业规模达到5万亿元。在新时代背景下，体育产业开始承担中国供给侧结构性改革、经济新常态下的产业经济结构调整、国民经济新的增长点的重任。再者，国家一系列促进体育产业战略决策的颁布与实施为政府财税宏观调控体育产业经济，支持体育产业发展带来历史性发展机遇。

虽然中国体育产业是改革开放41年来发展最快、最具活力的新兴产业之一，且取得了举世瞩目的成绩，但是我们应清楚地认识到，体育产业作为中国的弱势产业，其生存与发展迫切需要国家财税宏观调控经济政策的培育、扶持和激励。从此意义而言，中国体育产业财税理论及政策应用研究是值得学者关注的现实问题。

本书内容共九章，从基于政府财政和税收调控政策的双重视角，透视中国体育产业发展的财税政策问题，是在汲取国内外已有学术研究成果的基础上，从理论阐释层面和政策实践层面，依照体育行业或体育产业门类构建本书的编写体例。具体如下：

在理论阐释研究方面，本书将公共财政理论、公共产品理论、外部经济理论、幼稚产业理论、政府责任边界理论、激励理论以及税收经济学等应用到促进中国体育产业发展的研究之中，尝试构建中国体育产业财税政策激励的理论分析框架。

在实践应用分析方面，本书旨在探究中国体育产业财税政策的发展现实，具体分析现行财税宏观调控经济政策鼓励和促进中国体育产业发展的应用实践，从实践层面总结现行体育产业财税政策的现状，并对其进行现实评价，使之与本书的理论研究分析有机契合。

在国际经验借鉴方面，本书对全球体育产业发达且兼具典型代表性的美国、英国、日本、俄罗斯、欧盟等国家和地区的财税政策进行了比较分析。这些国家和地区提供了多种多样的财税政策激励手段，注重财税政策执行的持续性和协调性。洋为中用对中国体育产业财税政策的优化与完善具有积极的启迪作用，也提供了难得的参考和借鉴。

在政策激励方面，本书立足现行体育产业财税政策"碎片化"的问题，依照体育行业或体育产业门类，立足中国体育产业发展的现实国情，有针对性地从税收立法、体育服务、体育用品、体育场馆消费、公共体育场馆运营、新兴体育文化业态、体育文化品牌开发七个领域出发，力求构建一种具有完整理论支撑、可操作性强、符合中国客观实际的体育产业财税政策激励的中国思路。

在可能创新方面，体育产业财税宏观调控政策激励的相关研究成果不多。与已有的研究成果相比，本书研究的创新点如下：一是构建了较为完善的基于中国体育产业发展的财政政策支持理论分析框架。通过理论判据分析与实践判据分析相结合、定量实证分析与规范分析相结合、比较分析与历史分析相结合，科学定位政府宏观调控政策在中国体育产业发展中不可或缺的独特角色，为中国体育产业财税政策研究提供一种理论分析方法。二是按照体育行业或体育产业门类构建本书的编写体例，使之更具针对性、条理性和系统性。三是系统阐释和厘清激励体育产业发展的学理探源、因素催生、激励作用及内在机理，比较系统地阐述了体育产业领域的财税宏观调控问题。四是采用实证分析的方法定量评价财税调控经济政策激励体育产业的实施效应，即运用模糊理论、灰色系统理论中的多元模糊回归模型、理论框架概念模型、灰色关联分析等多种研究方法，客观地评价公共财政支出、税收优惠政策对体育产业的影响因素及激励效应。

在不足与欠缺方面，一是本书的定性研究居多，定量实证评价分析较少，且定量实证研究存在一定的欠缺，主要是研究对象中相关调研数据和官方数据等获取的制约和限制所带来的影响；二是对国外体育产业财税激励政策比较分析的借鉴不足，主要是国外体育强国体育产业的发展国情和激励路径均存在差异性；三是相关体育产业财税理论研究未能上升到一定的理论高度，其原因是受研究能力和研究水平的限制，对体育产业财税政策相关理论缺乏深刻而具体的阐释，如何科学评价财税调控体育产业的发展绩效、如何建立科学合理的体育产业财税激励退出机制等问题未能从整体研究上升到较高层次的理论高度；四是本书的研究内容、范围、领域仍有待进一步拓展。受篇幅所限，本书的研究仍显狭窄与不足，尚有诸多深层次或延伸性的问题未能具体探究，希望在今后的工作和学习中进一步加强对这些领域的拓展性专门研究，使内容更加具体、深入和完善。

目 录

第一章 绪论 / 001

    第一节 研究背景 / 001

    第二节 国内外研究综述 / 016

第二章 体育产业财税理论激励的学理因由 / 034

    第一节 体育产业的内涵与类型 / 034

    第二节 体育产业财税政策激励的学理探源 / 043

    第三节 财税政策介入体育产业发展的依据与调控 / 051

    第四节 市场失灵、政府调控与体育产业发展 / 057

第三章 财税调控经济政策与体育产业发展 / 062

    第一节 财政政策与税收政策的相关性 / 062

    第二节 财税政策激励体育产业发展的作用机理 / 070

    第三节 中国体育产业财税政策的发展现实 / 079

第四章 体育服务产业与财税调控经济政策 / 090

    第一节 体育服务产业概述 / 090

    第二节 体育服务产业与财税调控政策的关联度 / 094

    第三节 制约体育服务产业发展的财税政策因素 / 100

    第四节 激励体育服务产业发展的财税调控经济政策 / 105

第五章 体育用品产业与财税调控经济政策 / 110

    第一节 体育用品产业概述 / 111

    第二节 体育用品产业财税理论及政策实践评析 / 113

    第三节 中国体育用品产业财税调控政策的现实评价 / 119

    第四节 体育用品产业财税经济政策效率的效应评析 / 127

第六章　公共体育场馆运营与财税调控经济政策　/　145

第一节　公共体育场馆概述　/　145
第二节　财税调控政策与公共体育场馆体育消费的关联度　/　148
第三节　公共体育场馆运营的财税政策激励模式　/　158

第七章　体育休闲产业与财税调控经济政策　/　168

第一节　体育休闲产业概述　/　168
第二节　体育休闲产业财税政策激励的效应评析　/　171

第八章　体育新兴业态与财税调控经济政策　/　187

第一节　体育新兴业态概述　/　187
第二节　体育新兴业态的学理因由与因素催生　/　190
第三节　体育新兴文化业态培育的财税政策　/　199
第四节　体育文化品牌开发的财税理论及其问题　/　202

第九章　国外体育产业与财税调控经济政策　/　208

第一节　国外体育产业财税政策　/　209
第二节　国外体育产业财税政策的中国借鉴　/　246

参考文献　/　252

后记　/　258

第一章 绪 论

本章阐明本书选题的背景和对象。一方面，基于国际、国内体育产业发展的现实背景，说明本书的研究对象为何确定为中国体育产业财税理论与政策实践，这是全书的引题部分。另一方面，基于文献法、比较法梳理国内外学者关于体育产业财税理论和政策实践的相关研究并进行文献综述，以此探寻与厘清本章的研究对象和研究内容。

第一节 研究背景

一、国际背景

在全球体育发展中，起源于2000多年前的古希腊体育竞技运动经过漫长的历史演变与持续发展逐渐演变为现代体育产业。而世界体育运动的商业化发端于欧洲的足球俱乐部，迄今已有100余年的历史。欧美发达国家将体育竞技运动与商业化、产业化、市场化运营有机融合，使之逐渐发展成为体育产业。21世纪以来，全球范围内体育产业结构及体育产业经济的充分融合，使体育产业呈现强劲发展态势。体育产业被国际公认为21世纪最具活力的朝阳产业，具有高渗透性、交叉性和拉动性。体育产业及其新兴业态在全球范围内的兴起、发展与繁盛，是全球经济持续、快速发展的必然结果。

（一）当今经济全球化背景下的体育全球化为中国体育产业带来更加深远而广泛的影响

经济全球化是当今时代最显著的特征。自20世纪90年代以来，经济全球化进程加快，经济全球化所体现的贸易自由化、金融国际化、生产一体化等促进了体育全球化。体育全球化推动了世界各国、地区、民族之间通过体育竞技、体育教育、体育文化、体育传播等进行相互交流、相互借鉴、相互渗透和相互补充，在潜移默化中不断突破本民族体育文化的地域及内容限制而走出国门，走向世界，实现各个国家、各个民族之间的体育产业、体育文化间的相互融合。❶与此相适应，体育全球化与国际体育竞技、国际体育赛事、体育文化等体育产业的发展相互交融、相互促进。产业经济作为推进全球体育产业变革的一个因素，促使体育产业向越来越商业化、市场化的方向发展。❷全球体育产业发达的美国、英国、德国、法国、俄罗斯、澳大利亚、加拿大、日本、意大利等国家，其体育产业总产值约占本国生产总值的1.5%~2%。近几年，全球体育产业占全球GDP比重约为1.8%，其中美国的比重约为2.85%，欧洲的比重处于1.8%~3.7%之间，日本、韩国、加拿大等国的体育产值所占比重约在2%~4%之间。❸从图1-1可知，在2017年全球主要国家体育产业占本国GDP的比重中，中国占GDP的比重不足0.7%，表明发展体育产业有很大的发展潜力。欧美发达国家体育产业经济的商业化、市场化发展为中国体育产业更好、更快地发展提供了典型的经验示范，这对中国体育产业具有深远、广泛的影响。经济全球化无疑给中国的体育产业发展带来了前所未有的发展机遇，主要表现在：一是经济的全球化迫使中国加快市场化进程，加速推动体育产业市场经济运行规则与国际接轨，通过综合运用法律、行政、经济等手段促进中国管理体制机制的优化完善与创新。二是促进中国体育产业迈入国际化，在国际竞争中占据优势地位，国内的相关体育法规与制度政策均与时俱进地与国际接轨，切实保障和维护体育产业中经营者与消费者等微观主体的合法权益。三是在经济全球化的推动下，包括体育产品、竞技赛事、体育科技产品、体育服务在内的体育产业已成为国家经济发展的重要组成部分，体育已不仅是一项专门的纯粹运动，还是推动国家产业经济发展的一种力量，能够成为推动一国或地区获取更高经济效益的经济增长点。❹四是在经济全球化背景下，全球优秀体育人才进入中国体育市场，为中国体育产业发展提供了优秀的人才支撑和保障。五是经济

---

❶ 王倩.体育全球化背景下国际大型赛事对中国体育产业的财富效应——基于事件研究法[J].中国体育科技,2015,51(5):116-122.

❷ 冯宝强.经济、科技和文化全球化对体育管理的影响[J].河北联合大学学报,2012(3):433-434.

❸ 江小涓.我国已进入体育产业需求快速增长期[N].北京日报,2018-07-23(14).

❹ 沈克印,吕万刚.体育产业供给侧结构性改革:学理逻辑、发展现实与推进思路[J].武汉体育学院学报,2016(11):29-35.

的全球化有利于提高中国体育产业的国内外市场竞争力。通过大力发展高档体育用品、体育名牌服务、国际体育赛事、体育咨询和体育中介等现代体育服务产业，促进体育产业结构调整。此外，经济全球化意味着中国的体育产品、体育服务、体育生产要素可以实现较大规模的跨国界流动，有利于中国体育产业从全球获取短缺的体育生产要素。

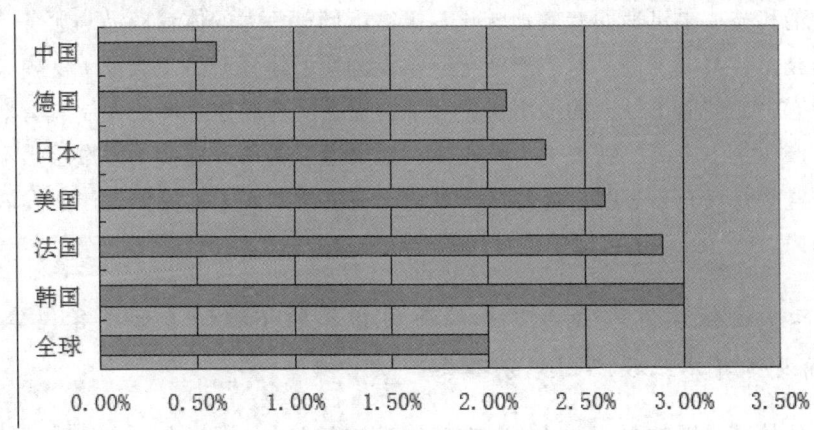

图 1-1 2017 年全球主要国家体育产业占 GDP 比重

总而言之，经济的全球化、一体化有力地推进了体育的全球化，而体育的全球化助推了中国体育产业的高速发展。经济的全球化不仅能够加快中国体育产业经济运行规则与国际接轨，加快中国体育产业结构的优化调整，还能够促进国际优秀体育人才市场的进一步开放，扩大国内体育需求。

（二）高新科技持续推动了全球体育产业的迅猛发展

众所周知，高新科技是一种人才密集、知识密集、技术密集、资金密集、风险密集、信息密集、产业密集、竞争性和渗透性强，对人类社会的发展和进步具有重大影响的前沿科学技术。我国应大力发展高新科技产业，用技术创新带动体育产业、创意产业等新兴绿色朝阳产业的快速发展。可以说，高新科技是推动全球体育产业发展的直接动力，而发达的体育产业是衡量一个国家或地区是否成为体育强国的重要标志，也是一个国家、地区、城市经济社会高度发达的重要标志。❶在经济全球化的过程中，体育活动与产业经济相互交融，呈现相互依存、相互促进、相互发展的良好态势。随着世界经济全球化的快速发展，体育产业经济

---

❶ 曹盛民.试论体育产业贸易前景及趋势[J].商业经济研究,2018(8):134-135.

在全球范围内迅猛发展，对全球经济产生了深远的积极影响。同时，伴随着高新技术含量的体育产品（服务）的生产、传播与消费，现代高新科技越来越广泛地渗透到体育产业的各个领域、各个门类，特别是成熟与完善的信息技术与体育产业新兴业态的有机融合，将先进的信息传播手段与强大的体育内容生产能力结合起来，激活现有的科技资源，加大面向体育市场和体育消费的研发力度，使体育产业中的科技成果迅速而有效地转化为极富市场竞争力的体育商品与服务，最终将高新技术体育成果商品化、产业化，不仅创新了体育产品（服务）的内容、模式与业态，还创造了巨大的经济价值和社会效益。全球体育产业发展具有增长速度快，产业集中度高，新技术、新媒体、新渠道、新角色等新兴力量层出不穷的特点。这些特点充分表明世界经济全球化、一体化顺应了世界体育产业发展的潮流与趋势，持续推动了包括中国在内的全球体育产业的快速发展。

（三）全球体育运动与商业经济的相互融合推动了世界各国体育产业结构及体育产业经济的充分融合

根据体育产业的服务性特征，全球体育与商业的技术融合、产品融合、市场融合、生产融合等四个方面的充分融合，推动了体育产业结构的完善以及体育产业经济的快速发展。❶具体体现在：一是体育与商业的融合。体育运动要为商业经济服务，同时商业经济渗透到了体育竞技运动之中，两者互为依托、相互融合、彼此共生。二是体育与传媒的融合。在当今体育产业与商业经济互相融合的环境下，媒体与体育赛事的结合愈发紧密，体育传媒的市场价值和在体育赛事传播上的价值日益凸显。三是体育与旅游的融合。当今世界，体育赛事成为拉动国际体育休闲旅游消费的一个重要方式，即通过举办国际奥运会、世界锦标赛、世界杯足球赛等全球大型国际体育赛事，推动体育休闲旅游、体育消费等体育产业的快速发展。四是体育和发展的融合。发展体育产业成为国家或者地区，特别是城市经济发展的一个重要契机和载体。一方面，城市利用体育赛事提高广大民众参与体育休闲娱乐的幸福指数，满足人民日益增长的精神需求。另一方面，城市通过举办竞技赛事改善城市基础设施和城市民生。❷因此，在全球体育产业融合发展的过程中，体育产业带动了其他产业的转型升级，客观上扩大了国民经济中现代体育服务业的规模，对促进中国体育产业及其经济结构转型升级与结构优化具有极

---

❶ 张广俊，李燕领，邱鹏.体育产业融合的动因、路径、效应与策略研究[J].武汉体育学院学报,2017(8):50-56.

❷ 冯建强，陈元香.体育产业的经济属性解析[J].生产力研究，2014(4)：158-160.

其重要的现实意义。

二、国内背景

体育产业是市场经济发展的必然产物，体育商业化、产业化、市场化、社会化是体育发展的必由之路。随着中国经济结构的不断优化，广大民众生活水平的不断提高，人们的消费意识从生存向休闲娱乐转变，这给中国体育产业带来了更加广阔的发展空间和极大的发展潜力。

体育产业是当今全球经济中发展最快的产业之一，是改革开放41年来中国最具活力的新兴产业之一。体育产业市场潜力大、启动速度快、产业关联度高、就业机会多，具有明显的综合效益。同时，体育产业具有污染小，产值高等特征。❶体育产业是国民经济中极具关联效应和巨大发展潜力的新兴产业，是现代服务业的重要组成部分。目前，国内从事健身娱乐业、竞赛表演业、技术培训业的体育企业、体育产业经营性机构有2万多家，总投资额已超过2 000亿元人民币，年营业额超过600亿元人民币。❷鉴于体育产业的资源消耗低、环境污染少、科技含量高、附加值高，因而体育产业是具有广阔发展前景的朝阳产业。一方面，体育产业多数承担着专业性体育赛事和大众化强身健体的迫切需求，是耗能低、无污染的绿色产业。体育活动作为人们日常生活中的文体娱乐活动，能够很好地调节心情、释放体育消费新动能。另一方面，中国的体育市场中无论是乒乓球、游泳、篮球等大众化运动，还是体育广告、体育器材、体育服装等产业，都具有强大的市场发展空间，发展潜力巨大。

产业政策理论、财税经济以及体育应用实践均充分说明一个产业的发展离不开各种宏观调控政策的强有力支持。财政与税收是国家非常重要的两大宏观调控工具，能够为体育产业的发展提供有效的政策调控与持续激励。

（一）国家一系列体育产业战略决策的颁布与实施，为财税宏观调控体育产业经济、支持体育产业发展带来前所未有的历史发展机遇

中国体育市场的产业化始于20世纪80年代，是市场经济的必然产物。20世纪90年代中期，中国体育产业有了较为完整的产业形态，特别是2008年北京成功举办第29届国际奥林匹克运动会后，体育广告业、体育建筑业、体育博彩业、体育旅游业和体育用品业等呈现井喷式发展的态势。国家通过政策扶持培育广大

---

❶ 国家体育总局. 改革开放30年的中国体育 [M]. 北京：人民体育出版社, 2008.
❷ 谭宏，周民. 我国体育产业发展现状及趋势研究 [J]. 广州体育学院学报, 2017,37(5):28-32.

人民群众的体育健身意识，有效提升了民众参与体育活动的积极性。但与发达的体育强国相比，中国的体育产业起步较晚，规模小，研发能力弱。为了进一步支持和促进体育产业的发展，国家相关部委联合发布了多项关于鼓励中国体育产业发展的一系列规章制度和政策文件，为体育产业的规范发展保驾护航。早在1992年6月，为响应国务院发布的《关于加快第三产业发展的决定》，当时的国家体育委员会正式提出了体育产业的概念，同时推出体育项目职业化的试点性改革举措，打开了中国体育产业改革的大门。国家体育总局1995年6月首次制定了专门的《1995—2010年体育产业发展纲要》，明确提出体育产业发展的目标，即用15年左右的时间逐步建成适合社会主义市场经济体制、符合现代体育运动规律、门类齐全、结构合理、规范发展的体育产业体系；基本形成以体育主体产业为基础、多业并举、多种所有制并存、共同发展的产业发展新格局。因为中国体育产业处于发展的初始阶段，所以此阶段的政府调控目标以培育体育产业发展为主。自21世纪以来，国家扶持中国体育产业发展的力度显著增强。国家体育总局2007年3月制定并发布的《体育产业"十一五"规划》，国务院办公厅于2010年3月印发《关于加快发展体育产业的指导意见》（国办发〔2010〕22号），国家体育总局于2011年4月发布的《体育产业"十二五"规划》（体经字〔2011〕178号），国务院于2012年7月印发的《国家基本公共服务体系"十二五"规划》（国发〔2012〕29号），国务院于2014年10月颁布的《关于加快发展体育产业促进体育消费的若干意见》（国发〔2014〕46号），国家体育总局2016年5月发布的《体育发展"十三五"规划》，国务院2016年6月颁布的关于印发《全民健身计划2016—2020年》的通知，中共中央、国务院于2018年9月20日颁布的《关于完善促进消费体制机制 进一步激发居民消费潜力的若干意见》以及国务院办公厅2018年12月11日印发的《关于加快发展体育竞赛表演产业的指导意见》（国办发〔2018〕121号）等重要文件中均明确提出，充分发挥体育产业在调结构、促转型、惠民生等方面的积极作用，鼓励向体育产业规模、质量、结构、研发、创新等方面挖掘和释放消费潜力，保障和改善民生，激发经济发展新动能。同时，在各种"保障措施"和"重要政策"中特别强调持续推进"放管服"改革，优化市场环境，加强行业自律建设，完善相关投入机制，落实财税等各项优惠政策。

在财政政策扶持方面，加大财政对体育产业的支持力度。县级以上地方人民政府应当将全民健身工作相关经费纳入财政预算，并随着国民经济的发展逐步增加对全民健身的投入；安排一定比例彩票公益金等财政资金，通过设立体育场地设施建设专项投资基金和政府购买服务等方式，鼓励社会力量投资建设体育场地设施，支持群众健身消费。依据政府购买服务的总体要求和有关规定，制定政府购买全民健身公共服务的目录、办法及实施细则，加大对基层健身组织和健身赛事活动等的购买比重；完善中央转移支付方式，鼓励和引导地方政府加大对全民健身的财政投入；鼓励各地通过设立体育产业发展引导资金或争取其他专项资金，采用贷款贴息、项目补贴、后期赎买和后期奖励等方式，对符合政府重点支持方向的体育产品、项目和企业给予扶持。

在税收优惠激励方面，落实并完善相关税费优惠政策。充分考虑体育产业的特点，对经认定为高新技术企业的体育企业按15%的税率征收企业所得税；对于提供体育服务的社会组织，经认定取得非营利组织企业所得税免税优惠资格的，依法享受相关优惠政策；体育企业发生的符合条件的广告费支出，符合税法规定的可在税前扣除；落实符合条件的体育企业创意和设计费用税前加计扣除政策；落实企业从事文化体育业按3%的税率计征营业税（2017年5月始按6%征收增值税）；鼓励企业捐赠体育服装、器材装备，对符合税收法律、法规规定条件向体育事业的捐赠，按照相关规定在计算应纳税所得额时扣除；体育场馆自用的房产和土地可享受有关房产税和城镇土地使用税优惠；积极争取在体育赞助、体育捐赠等方面的税收优惠政策，推动体育产业企业的水、电、气、热等基本费用收费标准的调整。自然人、法人或其他组织向公益性体育组织捐赠财产，依照现行《中华人民共和国企业所得税法》和《中华人民共和国个人所得税法》的相关规定，在年度应纳税所得额中扣除；落实好公益性捐赠税前扣除政策，引导公众对全民健身事业进行捐赠；社会力量通过公益性社会组织或县级以上人民政府及其部门用于全民健身业的公益性捐赠，符合税法规定的部分，可在计算企业所得税和个人所得税时依法从其应纳税所得额中扣除；符合条件的体育类非营利组织的收入可按税法有关规定，享受企业所得税相关优惠政策；健全、鼓励和引导居民消费的消费政策体系，推动消费税立法；推进个人所得税改革，合理提高个人所得税基本减除费用标准，适当增加专项附加扣除，逐步建立综合和分类相结合的个人所得税制度；落实好体育、文化、旅游、健康、养老、家政等生活性服务业的税收优惠政策；等等。

总之，在国家一系列财税宏观政策的激励下，全国各省市区打造了众多的体育产业聚集区、体育产业示范基地、体育产业园、运动休闲小镇、体育特色景区、体育旅游小镇等体育产业重点项目园区。自2012年以来，中国健身行业年均增长超过12%。2017年全国经常参加体育锻炼的人数达到5.5亿，占全国人口比重的41.3%。中国体育产业产值年均增长率高达25.8%。2017年我国体育产业总产值规模达21 577.48万亿元规模，2017年全国体育产业增加值为7 124.56亿元，产业增加值占GDP的比重由2012年的0.6%增长至2017年的1%,❶中国体育产业取得了显著的发展成效。

（二）政府和市场的双重推动促使体育产业成为未来新的经济增长点和国民经济的支柱产业，政府财税激励政策不可缺位

体育产业是以生产体育物质产品和精神产品，提供体育服务为主的一种无污染、绿色环保、经济附加值高的绿色朝阳产业，也是一种"无烟工业"。其消耗能源少，不会造成环境污染，符合转变经济增长方式的要求。体育产业提供的健康与快乐是人民群众美好生活愿望中的重要需求，极具增长潜力和社会价值。其产品功能在于提高居民身体素质，发展社会生产，振奋民族精神，实现个人的全面发展和社会文明的全面进步。进入新时代，我国体育要强、要兴，发展体育产业是主要途径。从发达国家的发展经验看，欧美体育强国成功将体育产业打造成支柱产业，其比重甚至超过汽车、科技、高等教育行业。例如，体育产业最发达的美国，其20世纪80年代的体育产业产值已高达631亿美元，超过了同期石油化工业、汽车业等传统优势产业，并保持每年10%~15%的高增长率。当下，体育产业在全球仍是增长较快的行业。据统计，美国体育产业的增速是GDP的1.9倍，英国为3.8倍，法国和德国都是3.5倍，同为发展中国家的巴西和墨西哥分别为1.7倍和3倍，连亚洲的印度和日本也分别为2.1倍和3倍。❷在体育产业发达的北美、西欧和日本，体育产业年产值已进入国内十大支柱产业之列。体育产业已成为发达国家国民经济中的支柱产业，这为中国提供了很好的示范。从国际经验看，经济发展进入上中等阶段，即超过6 500美元后，对体育消费较大规模的有效需求开始形成，进入高收入阶段后体育产业将成为支柱型产业。这个时期是体育产业快速增长的时期，目前我国正处在其中。中国具有体育人口基数大、互联网渗透率高、政府推动力强等独特优势，充分表明中国已经进入体育产业需求快速增长的时期。特别是在中国经济增速换挡和新常态经济背景下，加快中国体育产业结构调整、转变经济发展方式对体育产业起到了巨大的推动和加速作用，有利于刺激国民经济、拉动市场内需。对于幅员辽阔、人口众多的中国而言，支持体育产业发展所带来的经济效应非常明显。体育产业的规模与经济增加值不断攀升（见图1-2），中国体育产业高速增长，体育产业增加值增速明显高于中国经济GDP

---

❶ 黄海燕,徐开娟,廉涛,等.我国体育产业发展的成就、走向与举措[J].上海体育学院学报,2018,42（5）：15-21.

❷ 江小涓.我国已进入体育产业需求快速增长期[N].北京日报,2018-07-23(14).

增速，占 GDP 的比重逐年递增。截至 2018 年底，体育产业增加值占 GDP 的比重超过 1%，体育消费将近 1 万亿元，体育产业机构数量增长超过 20%，吸纳就业人数超过 440 万。体育产业对国民经济增长的贡献率不断上升，成为中国经济增长的新亮点和未来的又一个支柱产业。

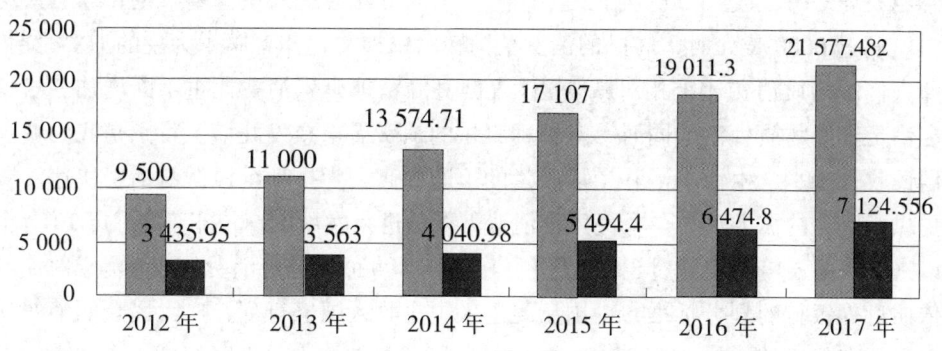

图 1-2　2012—2017 年中国体育产业规模及增加值数据统计

然而，从国际比较和国内需求看，中国体育产业发展仍然滞后、比重偏低，需要加快发展。在体育产业中，市场配置资源的作用发挥不够，这是我国体育产业进程中的短板和弱项，需要政府进一步放权，让市场主体自主决策、自主运营，让市场机制有效发挥作用。在依靠市场机制发挥作用的同时，既受到市场经济力量的引导，又得到政府政策的推动。❶这种双管齐下的发展模式是中国体育产业又好又快发展的必然选择。

（三）居民体育消费水平和消费能力的迅速提升、消费结构的优化为发展体育产业，扩大体育消费提供了广阔的市场发展空间

党的十八大报告指出，要牢牢把握扩大内需这一战略基点，加快建立扩大消费需求的长效机制，释放居民消费潜力。从消费实践看，扩大内需的目标与发展体育产业经济具有高度的契合性与趋同性，扩大消费内需的一个主要方法和途径就是大力发展体育产业，即发展现代体育服务业，扩大城乡居民的体育消费内需，尤其是休闲健身康乐产业的消费内需。依据国际消费理论，休闲服务需求（包括

---

❶ 王正宝．产业转型与我国体育产业发展趋势研究[J]．广州体育学院学报，2017(1)：48-50.

文化、体育、旅游等活动）与居民个人收入之间呈正相关关系。按照这一规律，消费升级的一个突出表现是居民消费支出中的体育文化消费的比重日益增加。经济发达国家的经验再次表明：①当一个国家和地区的人均GDP在1 000美元以下时，居民消费主要以衣、食、住、行等物质消费为主；②当人均国内生产总值达到2 000～3 000美元时，服务消费比重和服务业的比重会明显上升；③当人均GDP超过3 000美元时，开始进入物质消费与精神文化康乐消费并重的发展时期；④当人均GDP超过5 000美元时，休闲康乐消费就会进入快速增长期；⑤当人均GDP超过6000美元时，居民的消费结构转向精神文化体育康乐为主的消费时期，即人们的物质消费比重相对减少，体育健身等精神康乐消费比重不断增加。居民在满足丰厚物质生活的同时，对精神康乐的消费需求愈发旺盛。特别是我国城乡居民收入水平、生活水平和生活质量的不断提高，为推动全民健身消费快速发展提供了巨大的需求动力，全民体育消费需求已进入发展的"快车道"。自2017年以来，我国人均GDP超过8 500美元，已进入体育休闲健身消费的旺盛需求时期。❶依照世界银行的划分标准，中国已经进入中等收入国家行列，广大民众的消费支出保持高位增长。2010年至今，在农村居民消费结构中，下降幅度由大到小的方面分别是食品、衣着，增长幅度由大到小的方面分别是交通通信、医疗保健、教育文化娱乐服务、杂项商品与服务、居住、家庭设备用品及服务等。体育消费包含在"教育文化娱乐服务"中，尽管目前尚没有专项的体育消费统计数据，但是我们仍然可以从"教育文化娱乐服务"消费比重的上升态势中，从我国正在逐步向消费主导社会转变的趋势中推断出，体育消费的总量会随着人们购买力的提升而提升，体育消费结构的层次性特征也会越加明显。然而，我们应清醒地认识到：一是从全球人均GDP看，虽然中国的人均GDP超过8 000美元，但是与发达国家相比，人均GDP和人均可支配收入水平仅接近20世纪70年代末至20世纪80年代初的发达国家水平。二是从中国居民人均可支配收入水平看，人均可支配收入相当于20世纪70年代同期美国水平的12%、日本水平的26%、韩国水平的35%、英国水平的17%，接近美国20世纪70年代初的水平。❷三是从体育健身需求看，全民健身消费的热情和需求人数仍然不高，国人体育康乐消费水平仅相当于全球平均水平的1/10左右，与人均GDP超过6 000美元后的国人享受型、发展型健身消费需求相比存在巨大的差异。四是从居民消费率看，改革开放以来，中国的最终消费率一直处于低位，不仅低于发达国家，还落后于同等发展水平的国家，这

---

❶ 刘祥.经济增速换挡背景下我国体育产业投资分析[J].辽宁体育科技,2018(4):9-13.
❷ 王俊.基于国家层面的体育产业政策内容发展研究[D].武汉：湖北大学,2016.

表明扩大居民消费还有着巨大的上升空间。五是从体育消费结构看，消费结构与产业结构具有很强的关联性。体育消费规模的不断扩大和体育消费需求的多层次性为中国体育产业的发展提供了广阔的市场空间。据国家统计局发布的《中华人民共和国 2017 年国民经济和社会发展统计公报》数据显示：全国文化、体育和娱乐业固定资产投资（不含农户）高达 8 327 亿元，比 2016 年增长了 12.9%；全国居民人均教育文化娱乐消费支出 2 086 元，占全部支出的 11.4%。在 2017 年中国体育及相关产业增加值中，体育用品、服装鞋帽制造以及体育场馆建筑的占比高达约 84.7%。从图 1-3 可知，与美国相比，中国的体育用品产业比重高达 79%，但象征体育产业发达程度标志的体育服务业却仅占 18%，大大低于美国 57% 的比重，而且体育用品和服装鞋帽销售、体育组织管理活动、体育场馆管理活动、体育健身休闲活动、体育中介活动、体育培训活动以及体育彩票等体育服务业的占比只有约 43.2%，❶这种体育产业结构不合理，不适应中国体育服务业快速发展的良好趋势，更不利于体育产业的快速发展。这从客观上迫切要求政府运用财税宏观调控激励政策，灵活运用财税经济杠杆工具，引导、激励中国体育消费规模和体育产业结构的调整，促进政府、民间机构和体育消费者（个体）三者投身体育健身消费的主动性和积极性，加快中国体育产业发展方式的持续性转变。

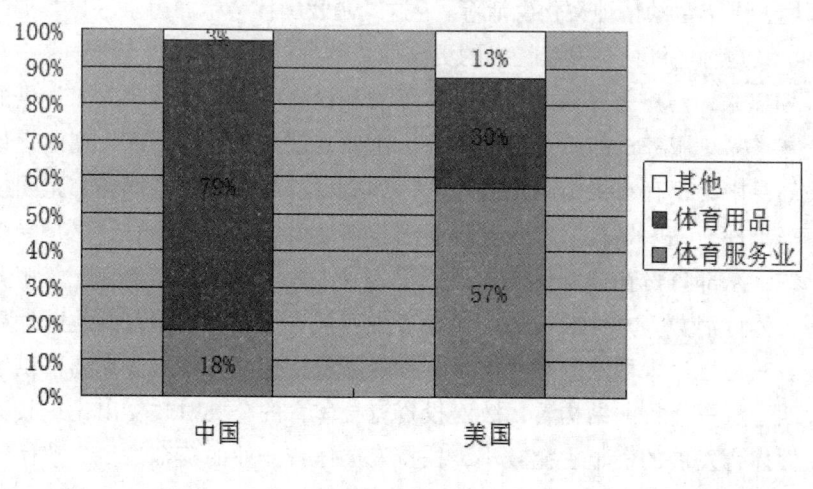

图 1-3 中美 2017 年体育产业结构对比图

---

❶ 曹盛民.试论体育产业贸易前景及趋势 [J].商业经济研究,2018(8):134-136.

（四）在新时代背景下，中国社会主要矛盾的不断转化为体育产业高质量的公共体育服务提供了发展契机

党的十九大报告指出，中国特色社会主义进入了新时代，社会的主要矛盾已经转化为人民日益增长的美好生活需要和不平衡、不充分发展之间的矛盾。社会主要矛盾的变化是关系全局的历史性变化，这对公共体育服务提出了新的更高的要求。客观上要求我们在继续推动发展的基础上大力提升发展质量和产业效益，更好地满足人民日益增长的美好生活需要。管理学中的激励理论认为，人类的需要从需求性质划分一般分为三个层次的个人需求：第一层次包括饮食、保暖、种族繁衍等生存需要的物质性需要，是人类最基本的需要；第二层次是人们社会安全的需要、社会保障的需要、社会公正的需要等社会性需要；第三层次是诸如社会价值观、伦理道德、民族精神、理想信念、爱情亲情、艺术审美、获得尊重、自我实现、追求信仰等基于精神文化需要的心理性需要。改革开放41年来，中国社会生产力水平显著提高，人民生活明显改善，特别是随着中国特色社会主义进入新时代，人们的物质性需要已经得到充分的满足，进而更多地追求社会性需要、精神性需要，人们期盼更好的文化教育、更可靠的社会保障、更好的体育休闲健身及旅游康乐等精神愉悦、更高水平的医疗卫生服务、更舒适的居住条件、更优美的环境、更丰富的精神文化生活等。❶这既是我国社会生产力水平显著提高的必然结果，又是对经济社会发展提出的更高质量的发展要求。

长期以来，与广大民众的美好生活需求相比，中国公共财政支出提供的各种体育公共产品（服务）的质量依然不高。主要表现在：一是无论大型体育场馆还是全民健身中心都存在供给不足的矛盾，如广场舞占领高校篮球场、跑团挤占机动车道等事件，集中暴露了群众健身需求与场地供给不足的矛盾。二是受多种因素的制约，东部省份在体制机制、经费投入、人才、场地、赛事、配套服务、竞技水平、体育消费等方面的优势明显高于中西部省份，中国体育的地区性差异矛盾突出。三是近年来群众的观赛需求、参赛需求持续高涨，但各类赛事供给数量不足。四是从资金投入结构看，政府投资竞技体育的公共财政支出比重较大，扶持群众性体育发展的资金占比较小，扶持发展体育产业的资金最少，致使竞技体育、群众体育、体育产业投入结构不平衡。五是体育社会组织数量远远达不到实际需求，各类规章制度亟待规范，体育行业协会的组织协调能力严重弱化。六是在受众群体中，20~39岁年龄的中青年人群经常参加体育锻炼的人数百分比低，

---

❶ 黄海燕.新时代体育产业助推经济强国建设的作用与策略[J].上海体育学院学报,2018,42(1):20-26.

而40岁及以上的中老年人群经常参加体育锻炼的人数百分比较高❶，可见参加体育锻炼的群体人数比例不平衡。七是目前体育产业的实际发展与国家规定的2025年应达到的体育产业发展目标存在一定的差距，体育产业发展不充分较为突出。总之，中国体育产业发展与广大民众不平衡、不充分发展之间的矛盾依然十分突出，这迫切要求政府利用包括财税政策在内的多种宏观调控政策化解广大民众关心的体育产业发展不平衡、不充分的现实矛盾。

要把不断满足人民日益增长的美好生活需要贯穿于努力提供高质量的公共服务和公共产品中，这是有效解决不平衡不充分发展之间矛盾的必然要求。因为公共产品（服务）的对象是广大人民群众，公共产品（服务）离群众最近，与群众生活最密切。这不仅是人民群众获得感、幸福感、安全感的重要保障，还是任政府的重要职责。面对公众日益变化的个性化、多元化体育健身休闲发展的精神需求，政府供给在财政能力、供给体制、运营模式、服务内容等方面均存在不足，难以满足公众体育消费升级的要求，因而加快发展体育产业、推动体育产业成为经济转型升级的重要力量，应不断满足广大民众日益增长的体育需求。因此，发展我国的体育产业也是为了化解人民日益增长的美好生活需要和不平衡、不充分发展之间的矛盾。从这个意义上讲，满足城乡居民美好生活需要与不平衡、不充分发展的矛盾即是在国家满足民众基本体育需求的同时，通过市场经济满足城乡居民个性化的体育需求。党的十八大以来，国家和政府持续加大财政投入力度，使包括体育产品（服务）在内的各种公共服务质量不断提升。具体而言，一是加强顶层设计，制定了包括《"十三五"推进基本公共服务均等化规划》等具有普惠性、基本性、可持续性、均等化的国家基本公共服务制度和规划。二是先后出台诸如《中华人民共和国公共文化服务保障法》《公共服务质量监测技术指南（2016版）》《社会管理和公共服务标准化发展规划（2017—2020年）》等强化基本公共服务建设的政策法规制度，注重从法律制度和公共政策层面保障和完善公共服务体系。三是创新公共服务供给方式，适应政府职能转变和深化"放管服"改革需要，推行向社会组织购买公共服务、第三方评估、"互联网＋政务服务"等新方式，进而打造优化协同高效的公共体育服务机构职能体系。总之，政府不断提高财政支持公共体育产品和公共服务的水平和质量，不断满足广大人民群众日益增长的体育物质需求与精神需求。

---

❶ 刘硕.新时代体育产业现状及发展方向分析[J].体育科技文献通报,2018,26(10):161-163,175.

（五）中国经济发展方式的转变和产业结构的转型升级，迫切需要政府财税激励政策助推体育产业发展方式的创新驱动

中国经济发展方式的转变和传统产业结构的转型促使体育产业发展理念、发展动力、发展目的等与时俱进地转变，助推中国体育产业可持续发展。发展中国的体育产业需要始终以体育市场经济为内容和载体来加快中国经济发展方式的转变和产业结构的转型升级❶，从而促进中国体育产业发展方式的转变与发展。一是基于体育产业发展理念而言，体育产业区别于体育事业，体育产业是以市场经济为主，属于经营性的以营利为目的的产业经济，而体育事业属于公益性的非营利性体育公共产品与公共服务的无偿提供。政府部门的宏观调控政策只需要在体育产业发展过程中履行好自己的职责，即为各类体育市场创造良好的政策环境、法律法规以及公平的市场竞争环境。二是基于体育产业发展动力而言，中国体育用品产业是最具代表性的、从要素驱动向创新驱动转变的产业之一，客观上要求众多的体育微观主体在充分发挥劳动力比较优势的基础上，更注重体育产品的创新，更注重体育要素的创新，更注重体育服务的创新。因此发展体育产业必须提高体育产品（服务）的质量，进行合理的产品市场定位，不断提升体育产品和体育品牌的影响力与美誉度。❷三是基于体育产业创新驱动而言，其创新驱动表现为现有公共场馆经营模式与经营服务的持续创新，最大限度地推动公共体育场馆为城乡居民所用，体现以人为本的民本思想。对于体育健身休闲业、体育竞赛表演业等现代体育服务业而言，其创新驱动体现为高质量的体育服务以及培育更多自主经营、自我发展的微观市场经营主体，消除体育服务业准入的壁垒等。四是基于体育产业发展目的而言，促进体育产业发展方式的转型升级，其目的是实现由传统的物质财富向人的全面发展转变。这不仅能够拉动国内居民的体育消费需求，提高居民消费率，还能够很好地提升广大城乡居民的身体素质，促进人的全面发展。这客观上要求政府财税调控政策在支持体育产业经济发展的同时，既要注重经济效益，又要注重社会效益，进而促进体育产业发展方式的转变。

---

❶ 赵海权.新时期我国体育经济发展的战略与路径[J].赤峰学院学报（自然科学版）,2017,33(12):112-113.

❷ 薛来何.体育国际化背景下中国体育产业发展研究[J].长春师范大学学报,2018,37(8):121-123.

（六）中国体育产业大而不强，繁而不荣，存在诸多发展问题和制约挑战，需要国家财税调控政策的培育、扶持与激励

尽管中国的体育产业发展呈现爆发式增长态势，产业规模不断扩大，产业结构不断优化，体育产品和服务日益丰富，对国民经济发展做出了巨大的贡献，但与发达国家相比，一是中国体育产业整体发展规模占GDP的比重仍然低下，约占0.8%左右，与全球平均水平相差1.2个百分点❶，属于大而不强、快而不好，难以匹配体育大国地位。二是尽管政府已经制定出一些扶持体育产业发展的激励政策，为振兴体育产业发展提供了有利的政策保障，但众多宏观调控经济的激励政策系统性、关联性不强，单一指向性多，具体量化指标模糊，地域扶持的不平衡致使宏观调控政策的协同性效果差强人意。三是体育产业仍然以体育产品制造为主，单一的产业结构已经难以满足公众日益增长的多元化、个性化消费需求。体育服务产品供给与消费需求的矛盾亦日益突出。四是受现有赛事管理体制、竞争机制、运营模式、产业链不完善以及管理人才稀缺等因素制约，体育商业化程度较低，体育品牌赛事质量不高，品牌赛事影响力和商业化程度低，❷因而体育产业作为中国的弱势产业，其生存与发展、经济效益与社会效益的"双赢"均需包括财政、税收、金融、贸易、价格等在内的诸多政府宏观调控政策的积极引导与协调配合，并给予必要且适度的扶持、激励。

综上所述，尽管中国的体育产业面临一系列的制约、瓶颈和挑战，但也应看到，体育产业不但是"新兴绿色朝阳产业"，而且是"战略性短缺产业"，肩负着"调结构、扩内需、保增长、促发展"的产业发展使命。在当前国家一系列宏观调控政策的支持与激励下，不失时机地迎来了难得的历史发展机遇。为此，中国作为全球体育大国，为发展体育产业奠定了坚实的社会基础。自"十一五""十二五""十三五"时期以来，中国体育产业取得了举世瞩目的成就，这为体育产业的发展奠定了坚实的物质基础；新技术、新发明、新业态的不断涌现，为体育产业创新形式、拓宽渠道提供了坚实的技术基础；广大民众对精神文化的迫切需求，为中国体育产业发展提供了广阔的消费发展空间。在体育产业国际和国内发展环境下，中国体育产业既遭遇了发展前进中的各种困境和制约瓶颈，又面临着自身难得的历史发展机遇。中国的体育产业应借鉴全球先进的体育产业发展成果与成熟经验，取长补短，洋为中用，在国家宏观调控经济政策的强有力

---

❶ 朱刚.当前阶段国内体育产业结构的优化措施探讨[J].经济研究导刊，2017(4):38-39.
❷ 夏杰长，花楷.新时代社会主要矛盾转化背景下加快发展体育产业的逻辑与路径[J]体育文化导刊，2018（2）：1-6.

支持与激励下，立足现实国情，充分发挥自身的独特优势，扬长避短，促进中国体育产业的大发展与大繁荣。

第二节　国内外研究综述

一、国外研究综述

（一）国外体育产业财税理论的研究

国外学者对体育产业财税理论的研究鲜见，现有关于体育财税政策研究的相关文献呈碎片化，说明国外学者对这方面的关注度较低。纵观现有的学术文献，可归纳为三大类来探究体育产业财税政策的作用机理。

一是以西方公共财政理论为研究着力点阐述体育产业财税政策。公共财政理论的代表人物有亚当·斯密、理查德·阿贝尔·马斯格雷夫等经济学家。西方经济学的主要创立者、英国早期经济学家亚当·斯密（1776）在其奠基之作《国富论》中认为，市场经济这只看不见的手自发运行，政府对它的任何干预都是有害的和不可取的。政府只能扮演"守夜人"的角色，保护市场经济和社会发展使之不受侵犯，这是一个政府财政所要追求的最高目标。❶现代财政学之父、著名政治经济学家理查德·阿贝尔·马斯格雷夫（1959）在其《财政学原理》论著中，把政府财政职能分为维护充分就业条件下的经济、收入分配、资源再配置三种形式，认为政府职能确定社会公共需要的基本范围，确定财政收支占GDP的合理比例，从而符合生产要素的资源优化配置与高效的公共产品资源配置原则。❷美国著名经济学家、公共选择学派代表人物詹姆斯·M.布坎南（1960）将财政作为公共部门经济，认为自由市场制度中那些具有排斥性质的可交换财产权利的私人产品才能进行市场交易，而政府提供的公共产品不具备这些性质。虽然存在市场需求，却没有市场供给，政府公共产品的交换行为难以产生。这时政府应通过财政介入调控市场经济，提供这种公共产品，以弥补市场的缺陷。❸

---

❶ 亚当·斯密.国富论[M].南京：江苏人民出版社，2011.
❷ 理查德·A.马斯格雷夫，艾伦·T.皮考特财政理论史上的经典文献[M].刘守刚，王晓丹，译.上海：上海财经大学出版社，2015.
❸ 布坎南.公共物品的需求与供给[M].马珺，译.上海：上海人民出版社，2017.

二是以公共产品理论为研究着力点阐述体育产业财税政策。最早对公共产品进行论述的是英国历史经济学家大卫·休谟。在其论著《人性论》(1939)中他认为政府在提供公共产品过程中不可避免地存在"搭便车"的现象,政府必须采用财税调控经济政策参与治理。❶瑞典经济学家林达尔(1919)在《课税的公正》著作中具体阐述了政府公共产品价格并非取决于某些政治选择机制和强制性税收,他认为税收是公民为了获得政府提供的公共产品而支付的价格,政府提供的公共产品是政府与公民之间税收契约的客体。他将税收视为人们享受国家(政府)提供的公共产品而支付的价格费用。作为国家(政府)提供公共服务的公共产品,它由社会成员私人消费和享受,国家(政府)由此而付出的费用也就必须由社会成员通过纳税来补偿。私人为了自身消费而支付费用的现象正是典型的市场等价交换行为在公共财政活动中的反映,这样税收也就具有了公共产品"价格"的性质;❷凯恩斯主义的典型代表、美国经济学家保罗·萨缪尔森1954年发表了一篇《公共支出的纯粹理论》的著作,把公共产品定义为每个人对这种产品进行消费并不减少任何他人对这种产品进行消费;❸美国著名经济学家詹姆斯·M.布坎南1965年在其《俱乐部的经济理论》中首次对准公共产品进行了阐述,使公共产品的概念得以拓宽,从财政学的角度分析,为了某种原因通过集体组织提供丰富的物品或服务便是公共产品。税收成为公共产品的"价格",它是人们享用公共产品和劳务相应付出的代价。这就将公共产品供应的成本和收费相互联系起来。❹

三是以国家干预理论为研究着力点阐述体育产业财税政策。国家干预主义最早可追溯到重商主义经济理论,在近代以德国经济学家李斯特·弗里德里希为代表。他主张国家实行保护关税政策,以利于本国工业的发展。国家干预主义理论的真正革命是"二战"后出现的凯恩斯国家干预理论。20世纪30年代初,世界出现空前的经济危机,使得传统的经济理论对此束手无策。此时,号称"宏观经济学之父"的英国著名经济学家约翰·梅纳德·凯恩斯(1936)在其论著《就业利息和货币通论》一书中首次提出"政府干预"理论。该理论认为,自由市场制度是一个有效的机制,能够保证个人自由并激发个人释放其创造性,但市场本身存在无法克服的缺陷。主张政府运用"看得见的手",运用各种宏观调控经济政策纠正市场自身固有的缺陷。只有政府公共财政支出可以直接形成社会的有效需求,

---

❶ 休谟.人性论[M].关文运,译.北京:商务印书馆,2016.
❷ 林达尔.课税的公正[M].北京:商务印书馆,2014.
❸ 萨缪尔森.公共支出的纯粹理论[M].萧琛,译.北京:商务印书馆,2014.
❹ 布坎南.俱乐部的经济理论[M].北京:中国社会科学出版社,2013.

弥补自由市场的有效需求不足。再者，为了解决有效需求不足的问题，凯恩斯主张放弃经济自由主义，代之以国家干预的方针和政策。国家干预的最直接表现就是实现赤字财政政策，增加政府支出，以公共投资的增量来弥补私人投资的不足。增加公共投资和公共消费支出，实现扩张性的财政政策，这是国家干预经济的有效方法。由此而产生的财政赤字不仅无害，而且有助于把经济运行中的"漏出"或"呆滞"的财富重新用于生产和消费，同时增加财政公共支出，刺激投资与消费，以提高社会有效需求，实现充分就业，实现供求关系的均衡，促进经济增长❶。其追随者美国经济学家约瑟夫·斯蒂格利茨（1986）在凯恩斯主义的基础上对政府干预理论进行了深化，在其论著《经济学》（1997）中指出，市场失灵不再局限于外部性、公共产品等狭隘范围，因为市场参与者不能得到充分的信息，市场的功能是不完善的，常常对人们的利益造成损害，无处不在，所以政府和其他机构必须巧妙地对市场进行干预。干预应该遍布各个经济部门和领域，而不仅仅是制定法规、再分配和提供公共品。他主张政府必须将"看不见的手"（市场经济）和"看得见的手"（宏观经济调控政策）两者联合，促进市场正常运作。❷

综上所述，上述国外著名经济学家分别从公共财政政策、公共产品"搭便车"现象、公共产品性质、资源优化配置、国家干预市场等相关理论，直接或间接阐述了体育产业中公共产品的属性和市场供需问题。这些西方公共理论对体育产业的相关论述可以表明：第一，政府公共财政要求处理好政府宏观调控与市场经济之间的相互动态关系；第二，政府公共财政是为产业市场提供体育公共产品（服务）的财政经济；第三，政府财政政策是宏观调控与有效弥补体育市场中公共产品或公共服务失灵的不足的财政；第四，政府公共财政的体育资源优化配置是由政府依据自身的财政职能来衡量与决定的。体育产业作为市场经济中不可或缺的市场经济门类，在市场经济中存在市场本身不可消除的市场失灵现象，这极大地影响了体育资源的优化配置。为避免市场失灵，经济学家主张运用政府财政政策、税收政策、金融政策等一系列宏观调控经济政策，有效配置公共体育产品和体育服务，适度干预调节市场经济中体育产业经济的健康发展，避免体育产业经济失灵、资源配置低效率和体育产业自身发展的严重扭曲问题。

（二）国外体育产业财税政策实践的研究

理论指导实践，实践服务于理论，理论与实践有机结合。国外体育产业财

---

❶ 凯恩斯.就业、利息和货币通论[M].徐毓丹，译.郑州：河南文艺出版社，2016.
❷ 斯蒂格利茨.自由市场的坠落[M].李俊青，杨玲玲，等译.北京：机械工业出版社，2017.

税政策实践的内容与财税理论研究的内容相比,丰富多样,主要集中在两个方面:一方面,以体育产业财税政策工具的研究为着力点。俄罗斯专家 Andreff W.、Bourg J.F.、Halba B.、Nys J.F.(1995)曾经综合研究过欧洲国家体育及其相关产业的财政拨款来源。研究表明,体育与相关产业的主要拨款来源包括国家和地方预算、彩票收益、公司和媒体资金、基金和居民资金,还包括社会工作中节省下来的资金等[1]。美国芝加哥大学学者 Melaniphy(1996)通过真实的案例分析了赛事及体育场馆对停车费、商业、税收、餐饮、就业(兼职)、公共交通、员工收入等方面的积极影响,并通过反例即芝加哥棒球队等球队的罢工对当地经济产生的消极影响说明球队对所在城市能够产生积极的影响。[2]英国财政学家 Arthur(2003)等认为,在经济学和政治学的范畴中,财政政策被作为一种通过政府的收益集聚(税收)和费用(支出)来影响产业的经济政策。财政政策的主体是各级政府,且需要通过税收、公共支出(包括财政补贴)、政府投资、公债等财政政策工具才能施行。[3]澳大利亚悉尼大学学者 David Swindell 和 Mark S Rosent raub(1998)认为,财政部门对公共体育场馆的投资应该依靠场馆周边区域增加的税收,只要这个区域接近体育设施就认定为特殊纳税区。只有这样才能确保政府在不收取普通税、烟酒税、旅游者税或者其他与体育不相关税收的前提下建造体育设施。同时,场馆设施内所有的食物和饮料消费、纪念品买卖及广告费都将被征收高额税收以用于资助场馆设施建设。[4]法国经济学家 Badde R.A(2003)对比分析评估美国和欧洲职业体育财政补贴,研究得出政府财政补助能够促进职业体育特别是职业联赛的发展壮大。[5]德国学者 John Crompton 认为,财税政策应超越经济考量对政府财政

---

[1] Экономика физическойкультуры испорта:Учебноепособие/ Подобщ.Ред.КузинВ.В. -М.:СпортАкадемПресс, 2001, 496 :4.

[2] MELANIPHY J C.The impact of stadiums and arenas[J].Real Estate Issues ,1996 ,21(3). 36-39.

[3] O'SULLIVAN A, SHEFFRIN S M. Sheffrin.Economics:Principles in action.Upper saddle River,New Jersey 07458:Pearson Prentice Hall. 2003.

[4] SWINDELL D. ROSENTRAUB M. Who benefits from the presence of professional sports teams? The implications for public funding of stadiums and arenas[J].Public Administration Review, 1998, 58 :89-109.

[5] BAADE R A. Evaluating subsidies for professional sports in the United States and Europe: a public-sector primer[J].Oxford Rev Eco Policy,2003,(19):4.

补助联盟及其运动设施进行优先资助，扶持体育产业快速发展。[1]美国学者 Victor A.Matheson（2016）运用公共财政理论对美式橄榄球联盟场馆建设的发展趋势进行了探讨，认为财政补助和财政奖励可以弥补联盟场馆建设资金的不足。[2]澳大利亚学者 Richard Pomfret 等（2009）就澳大利亚政府对职业运动队进行财政补贴的原因进行了具体剖析，得出财政补贴能够直接扶持体育职业竞赛产业快速发展。可见，鉴于现实国情，国外的体育产业财税政策并不一定完全适合中国体育产业的发展实情。因此，立足中国体育产业发展的现实国情，政府各种财税宏观经济政策工具之间的协调与互动、财税政策工具对体育产业的正确选择与组合配置等研究有待进一步深化。[3]另一方面，以职业体育发展的财税政策研究为着力点，美国经济学家 Friedman（2004）对美国四大职业联赛体育场馆设施的财政补贴运用利益者相关模型进行实证分析，认为美国体育设施财政补贴项目能够有效刺激与支持职业联赛体育场馆的商业运营。[4]澳大利亚学者 Wilhelm（2008）通过成本收益法对体育场馆是否应该得到政府补贴进行分析，得出体育场馆兼具经济价值和提高生活质量两种好处。在基于体育场馆具有能带来有形的经济收入和增强人们交流的前提上，[5]Bunnage（2011）对过去 20 年里政府对职业球队的体育场馆的投入进行了深入的研究。[6]Buraimo 等（2006）对金融危机后的英超职业足球俱乐部的财政情况进行调研，发现英国职业比赛的安保费用也有专门的公共基金支持。[7]Andreff，Guido Ascari 等人（2006，2007）研究发现，对职业足球俱乐部的未偿

---

[1] CROMPTON J.Beyond economic impact: an alternative rationale for the public subsidy of major league sports facilities[J]. Sport Manage,2004,(18):40-58.

[2] MATHESON V A, ROBERT A BADDE. Have public finance principles been shut out in financing new sports stadiums for the NFL in the United States?[EB/OL].(2016-03-28). http://www.holycross.edu/departments/economics/website.

[3] WILSON J K, Pomfret R. Government subsidies for professional team sports in Australia[J]. Aus Eco Rev,2009,42(3):264-275.

[4] FRIEDMAN M T, MASON D S. A stakeholder approach to understanding econpmic development decision making: public subsidies for professional sport facilities[J]. Economic Development Quarterly,2004(18):236.

[5] WILHELM S. Public Funding of Sports Stadiums–Center for Public Policy & Administration[M].2008.

[6] BUNNAGE G J.Public dollar private owners: Tax subsidies for new stadiums in professional sports[J]. CMC Senior Theses,2011:114.

[7] BABATUNDE BURAIMO,ROBSIMMONS,STEFAN SZYMANSKI.English Football[J].Journal of Sports Economics,2006(7):29.

还债务,西班牙政府采用延期支付税款的方式,对于向体育活动提供赞助的公司,国家在税收政策上给予优惠。❶Dejonghe(2006)研究发现,比利时政府2002年颁布的《外籍足球与篮球运动员税收优惠法案》对外籍运动员的个人所得税予以大幅优惠,从原来的39%降至18%,最长优惠期为4年,极大地支持了足球和篮球等职业体育产业的发展。❷美国学者Johnson,Groothuis和Whitehead(2001)对匹兹堡市曲棍球队的公共体育产品的价值进行了分析,认为由球队带来的公共体育产品的价值远远低于建设一个新场馆的成本,证实了球队和公共体育场馆给所在城市市民带来了较大的无形效应。❸英国学者丹尼斯(1998)认为,对于体育场馆的补贴应根据不同群体从场馆消费中获得利益的不同分别进行确定,属于个人部分的应由球迷、场馆的使用者分别负担,属于公共部分的应通过征收销售税或财产税(普通税)给予必要的补贴。

二、国内研究综述

中国学者针对体育产业财税政策的研究始于20世纪90年代,无论是在财税政策理论方面,还是在实践方面均比国外研究的时间晚,从财税宏观政策的视角探究体育产业发展的成果较少。但2008年中国成功举办第29届奥林匹克运动会后,体育产业财税政策逐渐成为国内学界关注并研究的重点和热点问题,学术研究成果逐渐增多,产生了一批具有代表性的学术成果。本节针对国内体育产业财税政策的研究进行具体综述。

(一)中国体育产业财税调控政策研究

中国财税制度和政策在发展体育产业方面存在诸多的现实问题,就如何运用财税制度和财税政策,国内学者从体育产业内涵属性、体育产业发展理论、体育产业发展模式、产业政策、体育资源优化等方面展开研究。易剑东(2016)结合国务院46号文件的内容,从中国体育产业的现状、机遇与挑战三个方面进行了论述。他认为中国体育产业面临着体育逐渐成为消费热点、国际体育善治理念推动体制改革、体育赛事利益主体多元化、资本和人才的进入推动体育生态变革的历

---

❶ ANDREFF W.French Football:a Financial Crisis Rooted in Weak Governance[J].Journal of Sports Economics,2007,8(6):652-661.
❷ DEJONGHE T,VANDWEGHE H.Belgian Football[J].Journal of Sports Economics 2006(7):105-113.
❸ GROOTHUIS P A,JOHNSON K,WHITEHEAD J C.Public Funding of Professional Sports Stadiums:Puilic Choice or Civic Pride?[J].Eastern Economic Journal,2004,30(4):515-526.

史性机遇，因此应灵活运用包括财税政策在内的各种宏观调控政策，鼓励体育产业高质量发展。❶王子朴等（2008）分析了中国体育产业政策变迁的三个演变阶段，认为体育产业政策的主要手段是立法、税收优惠和财政拨款等，其宏观调控方式效果最直接、最显著。❷许欣烈（2009）、左健（2009）、涂永民（2009）、王莉（2013）、李莎（2009）等学者对金融危机背景下的中国体育产业进行了研究，均认为政府财税调控经济政策具有四两拨千斤的独特作用，可有效扶持和激励体育产业的快速发展。周静（2011）认为应强化财政政策的激励作用，完善体育产业财政投融资出资人制度。❸陈洪平（2013）论述了财税政策与体育产业发展的相互关系，提出遵从财税法定原则，财税宏观政策应当因地制宜，符合各地体育产业的发展。❹匡勇进等人（2009）对2002—2007年间财政政策支持体育产业发展绩效进行定量研究，并从财政补贴、税收优惠、财政均衡三个方面就财政如何支持体育产业发展提出了一系列政策建议。❺闫艾萍（2007）阐述了中国现行体育税收政策的引导、促进作用，税收影响消费者市场和生产者市场，进而影响到整个体育产业。作为体育产业调控的重要手段之一，税收政策却不尽如人意，亟须完善。❻杨京钟，吕庆华、易剑东（2011）对现行税收优惠政策在扶持体育产业发展中取得的积极作用以及存在的问题进行具体分析。一方面，税收激励政策与体育产业具有紧密的关联性。另一方面，运用税收优惠政策，能够激励中国体育产业的快速发展，构建符合中国国情的体育产业税收政策激励体系。❼茆晓颖（2015）以国务院46号文件《关于加快发展体育产业促进体育消费的若干意见》为蓝本，就财政如何支持体育产业发展进行了全面系统的研究，提出了相关政策建议。❽陈

---

❶ 易剑东．中国体育产业的现状、机遇与挑战[J]．武汉体育学院学报，2016,50(7):5-12．

❷ 王子朴，原玉杰，詹新寰．我国体育产业政策发展历程及其特点[J]．上海体育学院学报，2008, 32(2): 15-19．

❸ 周静．构建中国体育产业投融资体系及对策研究[J]．中国石油大学学报（社会科学版），2011, 27(3): 31-34．

❹ 陈洪平．体育产业财税支持政策的财政法思考[J]．武汉体育学院学报，2013(3):31-35．

❺ 匡勇进，袁吉，袁雷，等．我国财政支持体育产业发展的实证研究[J]．沈阳体育学院学报，2009, 28 (5) : 15-18．

❻ 闫艾萍．税收对体育市场影响的经济学分析[J]．山西师大体育学院学报，2007(4):16-17．

❼ 杨京钟，吕庆华，易剑东．中国体育产业发展的税收激励政策研究[J]．北京体育大学学报，2011(3): 5-8．

❽ 茆晓颖．促进我国体育产业发展的财政政策支持研究[J]．成都体育学院学报，2015, 41(4): 13-18．

洪平（2013）以财税法为视角，认为财税作为体育产业发展的一般性产业政策，对体育产业发展有其独特的支持与引导功能，财税政策无论是对财税法还是对体育产业发展均有着重要的保障作用。[1] 叶金育（2016）认为，作为一种租税特权，体育产业税收优惠因其内置的社会功能和经济功能而获得正当性，但是即便如此，现行体育产业税收优惠体系的零散、紊乱还是带来了优惠制度不稳、优惠力度弱化和优惠形式单一等诸多问题。因此，应发挥体育主管部门的作用，力促税收优惠政策的制定，实行类别化税收优惠并合理利用优惠方式，发挥工具的组合效应。[2]

（二）国外体育产业财税政策的中国借鉴研究

体育产业在发达国家已成为战略新兴产业和支柱产业，国内学者对欧盟体育强国的体育产业政策给予了足够的关注，并从财税政策视角研究如何借鉴，洋为中用。学者多数采用纵向和横向比较的方法进行了定性研究，主要涉及两方面的内容。一方面，以体育产业财政支持手段的国际借鉴研究为着力点。谭刚（2015）对中美两国政府财政补贴大型体育场（馆）的原因、作用、功能等进行了比较分析，认为两国在体育发展条件、体育管理模式、体育场地设施建设与人均占有量等方面的差异导致了政府补贴的原因和效果存在差异，中国政府的财政补贴带有强烈的公益性，而美国政府补贴是对体育场（馆）业的经济扶持。[3] 余守文、王经纬（2017）从财税收入政策、支出政策和管理政策三个维度对中美两国体育产业财税政策进行对比分析。研究认为，中国体育财税政策建立在收入支出管理的框架下，公益优先，政策工具相对匮乏，未能体现体育产业特性；而美国体育财税政策侧重产业效应，体现出多样性与灵活性，更突出财税的受益原则，具有针对性。因此，他们提出在发展中国特色体育财税政策体系的同时，兼顾体育产业效率，注重体育财税政策的多样化和个性化。[4] 马应超、王宁涛（2014）在具体分析了发达国家的体育产业财税法律政策体系后认为，发达国家的财政政策支持体育产业发展的经验做法对完善中国体育产业财税政策体系，促进体育产业与财政政

---

[1] 陈洪平.体育产业财税支持政策的财政法思考[J].武汉体育学院学报，2013(3): 31-35.
[2] 叶金育.体育产业税收优惠的财税法反思[J].武汉体育学院学报，2016, 50(3): 49-55.
[3] 谭刚.中、美两国政府财政补贴大型体育场（馆）建设的比较研究[J].体育科学，2015, 35(1): 60-67.
[4] 余守文，王经纬.中、美两国体育产业财税政策比较研究[J].体育科学，2017,37(10):80-89.

策、产业政策与金融资本深度融合发展具有现实的借鉴意义。[1]杨小龙（2012）对澳大利亚和芬兰的体育事业财政收入、支出等进行了分析，探寻了体育事业公共财政保障的重点，以期从中得出对中国体育事业财政制度的有益启示。[2]李丽、张林（2010）认为，体育事业是人们满足体育公共需求的集合，是市场经济体制下公共财政保障的重要内容。他们围绕体育公共服务型政府的构建，深入剖析体育事业对公共财政保障的需求，提出新时期政府财政职能转变的方向及公共财政保障的目标。[3]

另一方面，以国外体育产业税收政策特别是税收优惠政策的成效及启示为研究着力点。这方面研究成果颇多。例如，于世浩、房游光（1999）具体分析了欧美国家政府向民间体育组织提供各种税收优惠政策的成效，提出中国也应支持体育组织多方筹集发展资金，使体育经费的来源结构日趋多元化。[4]鲍明晓、凌平等（2006）对美国、意大利、法国等国体育税收政策进行了纵向比较研究，认为国外体育产业管理多采用间接市场手段（价格、经营手段等），而较少采用直接行政手段（税收优惠政策），中国应加强学习和借鉴。[5]翁飚、高松龄等（2002）对美英等国家的相关税收政策进行比较研究后，认为税收政策可调控体育经济的有序发展。中国应借鉴国外的税收优惠政策，鼓励民间团体和社会力量发展大众体育。[6]周爱光（2007）对日本《体育振兴基本计划》进行了深入解析，认为该计划作为日本政府制定的体育产业布局政策，促进了综合型区域体育俱乐部和泛区域体育中心的建立，可借鉴其税收政策鼓励中国体育健身娱乐业的蓬勃发展。[7]李军、邵雪梅等（2008）通过对转型后俄罗斯体育产业政策主要特征和社会经济背景的阶段性分析，提出中国可学习俄罗斯体育产业政策向特殊性政策倾斜、由长远期目

---

[1] 马应超，王宁涛.财税政策支持体育产业发展的国际经验与启示[J].中国财政，2014(2):71-73.

[2] 杨小龙.澳大利亚、芬兰的体育事业财政制度及其经验借鉴[J].广州社会主义学院学报，2012, 38(3):98-100.

[3] 李丽，张林.体育公共服务：体育事业发展对公共财政保障的需求[J].体育科学，2010, (6): 53-58.

[4] 于世浩，房游光.对国外体育经济政策问题的研究[J].体育学刊，1999, 6(2): 74-76.

[5] 鲍明晓.中国体育产业发展报告[M].北京：人民体育出版社，2006.

[6] 翁飚，高松龄，诸斌.国外体育经济活动税收政策研究[J].天津体育学院学报，2002, 17(4): 13-17.

[7] 周爱光.日本体育政策的新动向——《体育振兴基本计划》解析[J].体育学刊，2007, 14(2): 16-19.

标制定向中近期计划过渡过程中的经验，以支持中国体育产业快速发展。❶王晓芳、张瑞林选取拥有世界最早慈善法的英国、和中国有着相似非营利组织管理机制的日本与中国进行比较，分析三国近年改革后非营利性体育组织适用的税收优惠制度及其成效，得出税收优惠政策能够促进非营利性体育组织的正规发展。❷

（三）中国体育用品产业财税政策研究

关于这方面的学术成果主要体现在两方面。一方面，以政府税收政策和体育用品业发展的关系的研究为着力点。曹可强（2004）提出财税调控政策、价格调节政策、贸易政策、金融政策以及法律、法规等只有与体育产业政策有机协调配合，才能促进体育用品业快速发展，才能充分发挥其应有的激励作用。❸徐卫华、何琦（2006）从体育用品业的行业产值、投资规模、纳税等方面对厦门体育用品制造业在体育产业中的主导地位进行了研讨，提出政府要加大对体育用品业的税收优惠力度，创造公平税收的良好环境。❹吕庆华、杨京钟、朱苗（2012）研究认为，体育用品产业发展与国民经济增长呈正相关，政府应在遵循市场机制的基础上，制定体育用品市场运行规则以及财税激励的相关法律、法规，并保证其有效实施和运行，同时建议加强体育用品产业与财政、税收、金融、土地的理论与实践的跨学科、多领域的合作研究。❺王子朴、原玉杰、詹新寰（2008）认为，体育用品产业政策是政府运用财政、金融、税收、价格等经济手段支持体育产业发展的基本措施。❻顾若兵、杜长亮（2008）认为，政府应介入体育用品产业的发展，给予其减免税或税款返还的税收优惠。另一方面，以体育用品业的税收负担、税

---

❶ 李军，邵雪梅，王子朴，等.俄罗斯体育产业政策发展特征研究及对我国的启示[J].山东体育学院学报，2008, 24(3): 4-7.

❷ 王晓芳，张瑞林.中、英、日非营利体育组织税收优惠制度比较[J].武汉体育学院学报，2013, 47(12): 18-21.

❸ 曹可强.论居民体育消费的特征[J].沈阳体育学院学报，2004,23(1): 17-19.

❹ 徐卫华，何琦.厦门体育用品业在体育产业中的地位与作用[J].福建体育科技，2006, (5): 5-8.

❺ 吕庆华，杨京钟，朱苗.体育用品产业：研究动态与展望[J].北京体育大学学报，2012, 35(9): 59-64.

❻ 王子朴，原玉杰，詹新寰.我国体育产业政策发展历程及其特点[J].上海体育学院学报，2008(2): 15-19.

收优惠政策为研究着力点。❶翁飚等（2002）考察了美、英、意、法、德等发达国家体育经济活动的税收政策后，提出国家对体育用品业的经营活动应免征营业税（2017年5月1日废除），仅征收企业所得税的建议。❷翁飚等（2004）通过走访调查体育用品企业、税务机关等，认为中国没有制定体育用品行业性的税收优惠政策，提出给予体育用品业"宽税基、低税率"的税收优惠待遇。❸李自根（2009）指出，体育赞助支出在计算应纳税所得额时不能扣除，增加了企业的税收负担，不利于中国体育用品业的发展。❹杨京钟、吕庆华、易剑东（2012）采用理论分析和案例分析法，对经营体育用品的主体在微观经济活动中的税收问题进行研究，认为中国体育用品业自主研发能力薄弱导致难以享受税收优惠，体育用品企业税收负担沉重，并有针对性地提出充分发挥税收政策的引导、调节与激励作用，加大体育用品业科技研发的税收优惠力度，减轻体育用品业税收负担，扶持与保护体育用品自主品牌的税收政策建议。❺

（四）中国体育服务产业财税政策研究

体育服务业作为体育产业的主要组成部分和重要内容，是中国体育市场化和社会化的必然发展路径和体育产业化的发展方向。纵观现有的学术文献，学者对体育服务业政策的探究主要体现在以下三个方面：一是以体育服务业的理论框架、现状与发展政策研究为着力点。樊炳有（2009）从体育公共服务的定位，体制与机制，模式、结构与政策，体育公共服务管理四个维度构建了体育服务的理论分析框架及其系统结构。❻宋永平（2004）从体育服务业的内涵、特点入手，对中国体育服务业发展的现状进行探讨，提出了相应的培育政策。❼王子朴（2006）从体

---

❶ 顾若兵，杜长亮.体育产业发展与政府行为介入[J].南京航空航天大学学报（社会科学版）：2008(4): 38-41.

❷ 翁飚，高松龄，诸斌.国外体育经济活动税收政策研究[J].天津体育学院学报，2002(4): 13-17.

❸ 翁飚，高松龄，诸斌.我国体育经济活动中费税问题研究[J].中国体育科技，2004 (1): 11-14.

❹ 李自根.体育赞助的税收优惠与广州亚运会税收优惠政策研究[J].广东社会科学，2009(3): 73-78.

❺ 杨京钟，吕庆华，易剑东.中国体育用品业经济活动中的税收问题研究[J].北京体育大学学报，2012, 35(11): 11-15.

❻ 樊炳有.体育公共服务的理论框架及系统结构[J].体育学刊，2009(6): 14-19.

❼ 宋永平.我国体育服务业的现状与发展政策[J].体育与科学，2004(6): 50-52.

育产业的理论学科属性探究了中国体育服务业发展的不均衡性问题,认为体育产业理论创新是发展体育服务业的理论与实践基础。❶杨京钟、郑志强(2014)采用文献资料、比较分析和综合分析等方法,认为税制与税收政策的不健全与不完善,对中国体育服务业的发展形成诸多制约因素,建议以税收政策为依托,发挥其产业经济调控作用,激励体育服务业快速发展。❷二是以建立与完善体育服务业质量(标准)管理体系研究为着力点。刘峰(2004)在对体育服务业产品质量构成要素、质量标准化、质量管理等的理论研究基础上,提出构建中国体育服务业产品质量监督管理体制机制的设想。❸刘兵等(2006)从健身娱乐服务业的视角对体育服务质量管理体系、服务管理评价、服务标准进行了客观分析,有针对性地提出提升体育服务业质量的建议。❹虞锡芳(2007)阐述了标准化与服务产业的关联度,认为标准化对体育服务产业规范发展起到积极的促进作用。❺三是以地域性的城市体育休闲服务业研究为着力点。鲍明晓等通过对北京体育服务设施现状的考察分析,认为应从城市总体规划和规划实施管理两个角度优化与完善北京市的体育服务业规模、规划、布局,尤其要注重体育服务设施与城市居民体育服务消费的相互关系。❻方春妮、刘勇(2010)在探讨了北京和上海体育服务业具有的"外环境"与"内环境"区位优势后,认为两市体育服务专业化分工、体育健身园区建设和体育服务业集聚的发展模式可以对国内城市起到示范引领作用,促进体育服务业整体水平的提高。❼侯令忠(2010)专门针对陕西省全民健身服务体系进行了全面调研,认为政府应从经费投入、资金筹集、政策支持等方面促进陕西全民体育健身服务业的发展。❽

---

❶ 王子朴.现阶段我国体育产业相关理论创新问题研究[J].上海体育学院学报,2006(6): 6-9.

❷ 杨京钟,郑志强.体育服务业与税收政策调整的关联度[J].西安体育学院学报,2014,31(1): 31-35.

❸ 刘峰.关于我国体育服务业产品质量管理及其监管体制问题[J].体育与科学,2004(5): 53-57.

❹ 刘兵,陈锡尧,楼小飞,等.健身娱乐业服务质量管理研究[J].体育科研,2006(1): 28-34.

❺ 虞锡芳.标准化:体育服务业健康发展的基石[J].体育文化导刊,2007(2): 57-58.

❻ 鲍明晓,林显鹏,刘欣葵.北京市城市规划与体育设施发展[J].体育科研,2006(6): 1-9.

❼ 方春妮,刘勇.论我国城市体育服务业发展——以北京、上海为例[J].体育文化导刊,2010(5): 76-79.

❽ 侯令忠.陕西省全民健身服务体系的构建[J].北京体育大学学报,2010(7): 34-38.

（五）中国公共体育场馆运营的财税政策研究

国内外学者专门基于财税政策的双重视角研讨体育场馆运营管理的学术成果鲜见，仅零星在相关文献中有所体现，其研究主要集中在四个方面：

一是围绕体育场馆的投融资财税制度开展研究。体育场馆的建设和运营维护需要大量的资金投入，客观上要求筹融资以加大对体育场馆的投资，政府财政资金的融资投入必不可少。Stefan Kesenne（1987）通过研究欧洲1960—1970年10年间政府财政津贴对体育场馆设施的影响后，认为政府通过财政补贴公共体育设施建设和营运以降低公众参与体育运动的价格门槛的措施并未奏效，而直接提供更多的体育设施作为公共利益则比财政补贴设施的经营更有效。[1]黄永京等（2006）探讨了民间资本在美国体育场（馆）的运营以及促进融资渠道多样化中所起到的重要作用，指出联邦和地方政府可通过财政补贴和税收优惠促进公共体育场（馆）融资渠道的多样化。[2]郑志强等（2011）采用博弈论方法，建立了一个场馆公私合作（PPP）最优收益分配模型，实证分析缔约各方最佳的收益分配比例，认为财税宏观政策能够调节各方的收益分配。[3]

二是针对公共体育场馆的公共财政制度模式和税收负担进行研究。Roger G. Noll（1997）通过比较巴尔的摩、芝加哥、辛辛那提、克利夫兰、印第安纳波利斯、旧金山和双子城七大联盟体育设施以及小联盟棒球体育场和春季训练设施的案例，研究得出运动队和体育场馆并不是当地经济增长和就业率提升的原因，财政净补贴的规模超过了一个新体育场馆的经济效益，城市可能更愿意补贴运动队等结论。[4]韩开成、顾长海、云欣（2005）认为，中国公共体育场馆维修、改造资金在场馆总支出中所占比例低于国际平均水平，加上政府拨款逐年减少，一些大型体育场馆老化现象严重，而且体育场馆难以享受合理的财税优惠，这些都严重

---

[1] Stefan Kesenne, Paul Butzen. Subsidizing sports facilities: the shadow price-elasticities of sports [J]. Applied Economics, 1987, 19: 101-110.

[2] 黄永京,陈黎明,闫田,等.民间资本在美国体育场馆融资中的作用探析[J].山东体育学院学报,2006,22(1): 38-41.

[3] 郑志强,陶长琪,冷毅.大型体育设施供给PPP模式的合作博弈分析[J].体育科学,2011,31(5): 27-32.

[4] Roger G. Noll, Andrew Zimbalist. Sports, Jobs, and Taxes, the Economic Impact of Sports Teams and Stadiums [M]. The Brookings Institution, 1997.

阻碍其经营开发和长远发展。❶王龙飞、王岩、刘运洲（2009）运用文献资料调研、比较分析等方法，从公共财政支出与收入两方面对美国体育场（馆）的财政支持进行分析。其研究认为美国用于体育场馆公共财政支出的资金一般通过税收、公共收费、发行债券等形式筹措。中国应借鉴美国的经验，加大对体育场（馆）的公共财政支出，对体育场馆公共财政的管理应更趋合理化。❷张宏（2009）将体育场馆经营管理模式分为建设阶段的建设模式、建成后运营阶段的运营模式两类，政府对自身承担的公共体育场馆建设和运营应按照财政全额拨款的全额预算管理模式进行管理。❸陈元欣、王健（2012）运用文献资料调研和调查法对中国体育场馆的税负问题进行研究，得出公共体育场馆的理论税负较高、实际税负却很低的结论，进而提出优化现行税收优惠政策、减免相关税收、减轻公共体育场馆理论税负的财税政策建议。❹杨京钟、郑志强（2013）从财税政策的视角研讨了城市公共体育场馆运营的财税激励模式，认为公私合作的财税政策激励模式适合中国体育产业发展的现实国情，能够有效提高政府、企业、民众开展体育消费的积极性，更能实现广大民众公共体育服务基础资源的最佳供给与城市公共体育场馆资源的优化配置，促使社会公共职能与市场机制的有效结合。❺

三是以公共场馆居民体育消费与财税政策的相关性为研究着力点。美国学者Melaniphy等（1996）考察芝加哥体育场馆的投资设施，认为体育场馆基础设施具有刺激消费、增加收入、改造旧城、促进就业与城市经济发展等正外部效应，政府财税优惠政策能刺激城市居民的体育消费，并能给商业、就业、政府税收、餐饮、公共交通、休闲娱乐带来积极的影响。❻Bruce K.Johnson 和 John C.Whitehead（2000）指出，公共体育场馆是城市居民体育消费和体育服务不可或缺的非竞争性和非排他性的公共产品，给城市带来巨大的无形效应，这正是美国许多州政府乐

---

❶ 韩开成，顾长海，云欣.大型体育场馆经营管理中存在的问题及发展对策[J].山东体育学院学报，2005,21(4): 27-29.

❷ 王龙飞,王岩,刘运洲.美国体育场（馆）的公共财政支持及其启示[J].体育科学，2009,29(10): 23-27.

❸ 张宏.我国体育场馆经营管理模式的现状及发展趋势[J].西安体育学院学报，2009,26(4): 413-415.

❹ 陈元欣，王健.我国公共体育场（馆）税负研究[J].体育科学，2012,32(6): 14-18.

❺ 杨京钟，郑志强.城市公共体育场（馆）运营：财税激励模式及中国思路[J].体育科学，2013,33(9): 14-21.

❻ Melaniphy,John C.The impact of stadiums and arenas[J].Real Estate Issues,1996,21(3).36-39.

于向体育场馆提供财政补贴的重要因素之一。[1]国内学者鲍明晓等（2006）通过对北京体育场馆设施现状的考察，得出公共体育场馆等体育设施与城市居民体育服务消费正相关，提出政府应灵活采用财税优惠政策，支持公共体育场馆的建设与运行，扩大体育消费服务，使其成为北京新的经济增长点。[2]姚宗雄（2010）认为，中国体育产业迅猛发展，体育消费作为重要的消费市场，能为体育产业和国民经济做出巨大的贡献，因而从政府财税政策的视角提出扩大体育消费内需，推进体育产业发展。[3]陈元欣、王健（2012）基于税收负担的视角阐述中国公共体育场（馆）的征税问题，认为理论税负较高不利于体育场（馆）的日常公共运营，严重阻碍了居民的体育消费和休闲健身，因此提出政府需要制定明确的税收优惠政策，以建设更多的中小型场（馆），以满足民众体育健身消费需求，减轻公共体育场（馆）的税收负担。[4]郑志强（2013）认为，体育场（馆）是大众消费场地的民生工程和公共产品（服务），在分析中国体育场（馆）公共财政问题的基础上提出民生优先，充分运用财税优惠政策着力发展中小体育场（馆），以推动全民体育消费，最终扩大消费需求，改善民生。[5]杨京钟、郑志强（2016）采用文献资料、访谈、规范分析等方法，并运用公共财政、政府责任边界、激励等理论，探究了财税调控政策对公共体育场馆体育消费经营微观主体行为的影响，认为现行财税政策在税费负担、政策缺位、体制机制、政策执行等方面制约了微观个体的体育消费行为，提出了减少公共体育场馆体育健身消费的经营成本与税收负担，构建分层次、差异化的体育消费财税激励机制和"政府引导、民间商业运营、社会民众参与"的公共体育场馆体育消费财税激励模式。[6]

四是以体育场馆与体育消费的财税政策国际借鉴与启示研究为着力点。赵清波、赵伟（2004）运用逻辑分析法和文献法，对发达国家体育产业发展特征、存在问题、发展模式进行研讨，提出学习发达国家经验，构建全方位、多层次的公共体育场馆财政投资、集资、税收等完善的财税政策体系，创造良好的外部政策

---

[1] Bruce K Johnson, John C Whitehead. Value of public goods from sports stadiums : The CVM approach[J]. Contemporary Economic Policy, 2000, 18(1): 48-58.

[2] 鲍明晓, 林显鹏, 刘欣葵. 北京市城市规划与体育设施发展[J]. 体育科研, 2006(6): 1-9.

[3] 姚宗雄. 促进我国居民体育消费的财税政策[J]. 宁德师专学报（自然科学版）, 2010(2): 151-154.

[4] 陈元欣, 王健. 我国公共体育场（馆）税负研究[J]. 体育科学, 2012, 32(6): 14-18.

[5] 郑志强. 我国城市体育场（馆）公共财政问题研究[J]. 体育科学, 2013, 33(10): 21-27.

[6] 杨京钟, 郑志强. 公共体育场馆体育消费财税激励的学理因由及推进策略[J]. 武汉体育学院学报, 2016, 50(9): 11-16.

环境。[1]王龙飞、王岩、刘运洲（2009）从公共财政支出与收入的双重视角专门对美国体育场馆财政扶持进行具体的定性分析，提出立足国情，借鉴外国经验，通过支持公共体育场馆运营与体育健身消费，双向互动推动中国体育产业发展。[2]陈薇（2009）介绍了美国大众体育健身服务业的发展现状，剖析了中国体育健身服务业面临的问题，提出加大体育场馆等基础设施的财政投入，发展全民健身服务产业，以拉动民众体育消费，服务民生。[3]吴香芝、张林（2011）比较美、英、韩、日、澳大利亚等国的体育服务业财税政策以及经济发展水平、体育消费状况、管理体制等，提出我国应积极运用财税优惠政策促使体育消费与公共体育场馆建设相结合，与体育事业、体育产业的持续发展有机融合。[4]

（六）中国体育休闲产业财税政策研究

美国的凡勃伦在《有闲阶级论》这本论著中，基于经济学视角，提出了人们休闲与经济的相互关系，为休闲学奠定了基础。后来的学者对休闲体育理论的探究从未停止，距今已百余年，无不鲜明地体现了休闲、体育、健身、娱乐、教育功能演变的印记，反映了社会经济快速发展的进程。国外关于休闲体育产业财税政策评价的研究极少，现有与休闲体育产业政策相关的文献研究涉及文化学、经济学、社会学、教育学、心理学等学科，且研究视角多样。瑞典哲学家皮普尔（1963）在《休闲：文化的基础》一书中，从休闲文化的视角阐述休闲作为文化基础的内部影响因素与外部影响因素，指出政府应在政策等外部因素方面促进人们娱乐休闲的发展。[5]美国的波瑞特比尔（1964）在《以休闲为中心的教育》中，基于教育学视角对人们的工作伦理与休闲伦理进行了比较分析，呼吁政府制定各种政策扶持以休闲为中心的教育。[6]美国学者依索·阿霍拉（1980）在《休闲与娱乐的社会心理学》中，把人们工作以外的活动分为自由选择与内在动机，认为应有效运用政府宏观政策激励，鼓励人们从心理上获取具有高度自由选择与内在动机

---

[1] 赵清波,赵伟.发达国家体育产业发展的特点及模式带来的启示[J].北京体育大学学报，2004, 27(10): 1313-1315.

[2] 王龙飞,王岩,刘运洲.美国体育场(馆)的公共财政支持及其启示[J].体育科学，2009(10): 23-27.

[3] 陈薇.美国体育健身服务业发展对我国的启示[J].井冈山医专学报，2009(5): 24-26.

[4] 吴香芝,张林.国外体育服务产业政策略论[J].体育文化导刊，2011(12): 101-105.

[5] Ashley Gunter. Sport,leisure and culture in the postmodern city[J].South African Geographical Journal, 2011, 93 (1):121-122.

[6] 钱利安.休闲体育理论与实践调查研究[M].杭州：浙江大学出版社，2008.

的"休闲健身活动"。[1]英国学者 Ian M.Taplin（1966）考察日本和美国体育职业联赛后，认为英国在经济下滑衰退的压力下发展休闲体育消费成为新的大众消费类型，可促进英国经济的快速增长，为此，政府应制定休闲体育业消费的财税政策，支持该产业的发展。

国内的研究起步晚，仅有的研究成果主要集中在两方面。一是以海西（福建）区域内的某个城市休闲体育产业发展为研究着力点。李民桂、陈伟霖（2007）以漳州女排训练基地为例，指出经济发展水平、体育发展规划、体育社会化程度、政府重视程度、居民文化水平、收入水平等是影响闽南休闲体育产业发展的因素，将闽南区域经济与新时期"发挥体育理论创新在闽南地区经济区建设的作用"总目标结合进行分析，提出充分利用明星效应加大组织、管理保障力度，改善城市大环境，提升城市竞争力来加强城市休闲体育产业的发展。[2]王永顺、王岚（2010）以福建晋江打造国家体育城市为例，对晋江市休闲体育产业发展状况及其问题进行现实评价，进而提出闽南城市发展休闲体育产业的建议。[3]郑柏武、罗丹（2011）以位于海西经济区的龙岩市体育休闲旅游不足为研究突破口，对龙岩乃至福建休闲体育旅游娱乐业的现状与区域发展不平衡问题开展定性研究，提出把休闲体育旅游纳入海西城市建设规划，提供优惠政策发展龙岩休闲体育旅游产业。[4]二是以休闲体育与海西（闽南）城市化、城市运动休闲为研究着力点。周传志（2008）运用文献法、调查法，对具有闽南地域特色的民间体育休闲娱乐项目、民族体育项目、体育休闲人文项目等开展考察，认为闽南特殊的地理和历史条件使其民间休闲体育活动具有明显的地域特色，体现了闽南的人文特色，要采取财税政策保护这些非物质文化遗产。[5]乐仁油等（2008）以海西上升为国家发展战略为契机，对闽南城市休闲体育健身娱乐业性质进行调查论证，提出政府应出台财税优惠措施支持大型体育休闲赛事举办的前景展望。[6]连道明等（2010）探寻休闲体育与海西

---

[1] T.Reilly,M.Ussher.Sport,Leisure and Ergonomics[J].Ergonomics,1988,31(11):1497-1500.

[2] 李民桂,陈伟霖.海峡西岸体育产业的现状与发展对策——以漳州女排训练基地为例[J].体育科学研究,2007,11(2): 4-6.

[3] 王永顺,王岚.海峡西岸城市发展体育产业的策略研究——以福建晋江市打造体育城市为例[J].内蒙古体育科技,2010(1): 122-123.

[4] 郑柏武,罗丹.海峡西岸休闲体育旅游的开发——以福建龙岩地区为例[J].军事体育进修学院学报,2011(2): 30-33.

[5] 周传志.闽南民间运动休闲的特征分析[J].广州体育学院学报,2008(6): 24-27.

[6] 乐仁油,王丹虹,翁飚.海西背景下闽台体育休闲健身娱乐业交流与合作[J].体育科学研究 2008(2): 9-11.

城市化发展的互动作用,指出海西城市化发展对休闲体育的内容、层次提出了更高的要求,并且提供了良好契机,认为运用财税政策鼓励休闲体育服务业发展能够作为促进海西经济发展、提高海西形象和精神文明建设的重要途径。[1]

---

[1] 连道明,林伟,曾亮.休闲体育与海西城市化进程[J].体育科学研究,2010(2):1-5.

第二章 体育产业财税理论激励的学理因由

本章是全书的理论基础,主要包含体育产业的内涵、类型及其产业链等内容,重点探究政府财税宏观调控政策激励体育产业的学理因由,包括运用公共财政理论、公共产品理论、外部性理论、幼稚产业理论、政府责任边界理论、激励理论、公共服务均等化等相关理论进行学理探源。从财税经济理论的视角,具体阐述市场失灵、政府调控与体育产业发展的关联性,从而探讨政府财税政策调控体育产业发展的理论依据及其调控机理。

第一节 体育产业的内涵与类型

一、体育产业的内涵

"体育产业"是体育事业与相关产业相结合的新兴经济形态,是市场经济发展的必然产物,国内外对其概念或内涵的界定并没有准确而统一的标准。随着经济全球化、体育产业全球化的快速发展,体育产业的概念、内涵、分类等内容日益丰富且多元化。由于体育产业经济发展的内容、速度不同,国内外对其存在理解上的差异,因此,其内涵和外延均不能完全确定。再者,体育产业在不同阶段、不同时期、不同过程中是一个不断扩展易变的动态概念。正因如此,体育产业的内涵在不同的国际组织和国家间以不同的方式被言说和阐释,其背后有着十分复杂的背景和截然不同的目标诉求。国际组织和不同国家从不同的视角界定体育产业的内涵和外延,因而有着不同的理解与阐释(表2-1)。

表2-1 国际组织和部分国家对体育产业内涵的界定

国际组织或国别	体育产业内涵的界定
联合国教科文组织（UNESCO）(1955)	体育产业是体育教育、竞技运动和身体锻炼三方面的综合集合。它是以身体活动为媒介，以谋求个体身心健康、全面发展为直接目的，并以培养完善的社会公民为终极目标的一种社会文化现象或教育过程
美国行业分类委员会、加拿大统计局、墨西哥国家信息研究所（1997）	编制的《北美标准产业分类》中，体育产业被列为正式产业并被界定为"观赏体育"，纳入艺术、娱乐与休闲产业类。这表明体育产业的产品属性是体育服务或劳务
英国文化、媒体和体育部(1967)	体育产业作为横跨二、三产业的复合产业，与其他产业（如创意产业、旅游产业、交通运输业、器材制造业、建筑业、服装业、金融保险业等产业）相互交融、相互促进、共同发展，从任何一个产业中都能寻觅到"体育产业"，但很难判定体育产业的边界，体育产业也可称之为"泛产业"
中国国家体育委员会（1995）	在《加快体育产业步伐，促进体育事业发展》报告中，体育产业包括体育本体产业（指由体育部门归口管理的，发挥体育自身价值功能的，以提供体育服务为主的生产和经营活动的总合）、体育相关产业（指与体育有关的生产、经营活动，如体育场地、器械、运动服装、运动食品、体育广告、体育传媒等）和体办产业（指体育部门为创收和补助体育事业发展而开展的体育主体产业以外的各类生产、经营活动）的集合所构成
欧洲联盟（1998）	体育产业是制造、开发和销售体育产品及其体育服务的产业，实施欧洲体育产业一体化、集约化发展

资料来源：林显鹏.美国最新体育健身设施标准要点[J].体育科研，2003(4)：15；丛湖平.体育产业若干界说的辨析及相关问题的讨论[J].中国体育科技，2001, 37（12）：2-4, 10；刘燕舞.体育产业内涵的探讨[J].体育文化导刊，2006(4)：6-9；陈林祥.体育市场营销学[M].北京：人民体育出版社，2013.

理论界对体育产业的概念和内涵一直未能形成共识。不同学者从不同的视角对体育产业概念及内涵进行界定，因而有着不同的理解与解释，可谓仁者见仁，智者见智。鉴于此，本书对国内外不同时期具有代表性的学者对体育产业内涵的界定做了一个粗浅的归纳总结（表2-2）。

表2-2　国内外学者对体育产业内涵界定一览表

学者（国别）	体育产业的内涵
欧美学者	对体育产业的概念与内涵认定比较宽泛，以"宽口径"的方式界定。认为所有与体育相关联的一切生产、经营活动部门的总和，包括体育物质产品、体育服务和劳务产品，其产业均可称为体育产业
阿伦·G·费希尔[1]（英国）	体育产业就是以活劳动的形式向全社会提供各类体育服务的行业，是体育服务业的简称。由此把体育产业分为健身娱乐业、竞赛表演业、咨询培训业、体育经济业、体育旅游业、体育博彩业
Pitts 等[2]（法国）	基于具体的行业分工把体育产业划分为体育表演、体育产品生产、体育营销等产业部门
中村金夫[3]（日本）	体育产业理解成一种可以提供场所、用品和服务的行业集合，它是为了适应体育的需要，同时也是为了满足人们对体育文化享受需要而产生的
迪金森（R.Dickinson）[4]（德国）	体育产业是包括健身娱乐业、竞赛表演业、体育培训业和其他体育产业为一体的总体集合。体育建筑业和体育用品业则不属于体育产业的本体产业范畴
J.R.Lasuen[5]（加拿大）	运用增长极的理念，通过各种资金和技术的投入产出关系而紧密联系的相关体育产业群，主导体育产业及其相关联的产业群可以比极地外的产业以更快的步伐创新和发展
伍绍祖[6]（中国）	体育产业是以体育主体产业、体育相关产业和体办产业的集合所构成的产业，即三分论分类
丛湖平[7]（中国）	体育产业是以生产和提供体育服务和劳务产品的企业集合
鲍明晓[8]（中国）	体育事业包含了体育产业，或称体育产业是社会主义市场经济运行体制下的体育事业，它是体育事业由传统的计划经济转到社会主义市场经济体制下的称谓。
卢元镇[9]（中国）	体育产业指的是为社会提供体育产品的同一类经济部门的总和，这里指的体育产品包括体育用品与体育服务两个部分。这里指的经济部门在我国现阶段不仅包括企业，而且包括各种从事经营性活动的机构（事业单位、社会团体、家庭或个人）
张岩[10]（中国）	在现代社会里，体育是人们从事的有一定目标、规模、组织和系统的活动构成为一种事业，亦即体育产业。体育的生产、经营活动符合这种活动的特性，体育产业就是体育服务业
赵炳璞等[11]（中国）	体育产业就是体育事业中可进入市场并可获得经济利益的那部分经济活动的总和

续 表

学者（国别）	体育产业的内涵
胡立君[12]（中国）	体育产业是生产和提供体育、运动服务或劳务产品的企业集合，或称以劳动形式向全社会提供各类体育服务的行业总和
邬义钧[13] 夏大蔚[14]（中国）	体育产业是同类经济活动的总和或称是具有生产相同属性的产品的企业集合。体育产业可分为3个层面：第一层是以商品同类且彼此之间有高替代性的产业；第二层是以技术、工艺的相似性为依据划分的产业；第三层是以经济活动的阶段性为依据划分的产业，即以第一产业、第二产业和第三产业来划分体育产业
韩丹[15]（中国）	体育产业是体育企业的集合，是指从事不同运动项目的训练和比赛活动，以及指专门为这些活动服务的企业的集合。它专门研究体育行业中形成（或潜在）的企业的集合，不包括体育行业中的公益事业部分
钟天朗[16]（中国）	体育产业由体育服务业和体育相关产业构成。按照生产经营单位性质的不同以及各自所提供服务的类别差异，体育产业可分为三种类型：知识型的体育产业和活动型的体育产业；体育系统经营的体育产业和社会上经营的体育产业；竞技体育产业和社会体育产业。它们各自又包括多个细分产业门类
杨年松[17]（中国）	体育产业就是生产或提供体育服务产品的企业、行业和部门的总称

资料来源：①朱鹏.关于体育产业的几个基础理论问题[J].西安体育学院学报,1997(6):1-6.

②杜利军.国外体育产业的主要市场（上、下）[J].国外体育动态,1995(12-13):99-101.

③中村金夫.体育产业的内涵[J].国外体育动态,1994(9):65-67.

④张安顺.体育产业经济可持续发展研究[D].长春：吉林大学,2009..

⑤Lasuen J.R.On Growth Poles[J].Urban Studies,1969,6(2):137-161.

⑥伍绍祖.加快体育产业化步伐,促进体育事业发展[R].全国体委主任会议,1995.

⑦丛湖平.体育产业若干界说的辨析及相关问题的讨论[J].中国体育科技,2001,37(12):2-4,10.

⑧鲍明晓.体育产业基本理论问题研究[J].体育科研,2005,26(4):22-29.

⑨卢元镇.关于体育产业的几个理论问题（上）[J].体育科研,2000,21(4):1-3,7.

⑩张岩.略论体育产业范畴[J].体育科学,1993,13(6):5-7.

⑪赵炳璞,蔡俊五,李力研,等.体育产业政策体系研究[J].体育科学,1997,17(4):1-7.

⑫胡立君,史红军.体育产品特征的经济学分析[J].体育科学,1999,19(6):1-4.

⑬邬义钧.产业经济学[M].北京：中国统计出版社,1997.

⑭夏大蔚.产业组织学[M].上海：复旦大学出版社,1994.

⑮韩丹."产业"与"体育产业"辨析[J].山东体育学院学报,2003(2):5-9.

⑯钟天朗.体育经济学概论[M].上海：复旦大学出版社，2010.
⑰杨年松.论体育产业之界定[J].解放军体育学院学报，2002,21(1):1-5.

从表2-1、表2-2内容可知，学者们有的从产业门类和种类进行界定，有的从行业性质与发展进行分类，总结归纳来看，体育产业具有五种内涵。

第一种内涵将体育产业归结为体育服务业，符合体育产业作为第三产业组成部分的定位，但未将体育用品产业包括在体育产业之内，显然不恰当。

第二种内涵把体育产业当成体育事业在经济体制转变后变化的称谓，其实质是将体育产业归结为体育事业。这在一定时期内符合中国体育产业发展的现实，但随着中国体育产业经济的迅速发展，此种理解明显存在偏差。

第三种内涵将体育产业归结为与体育相关的各个行业及组织的集合体。

第四种内涵将体育产业归结为与体育相关的生产企业的集合体。

第五种内涵把体育放在整个国民经济体系中，把与体育相关的生产行业、服务行业以及其他相关联的行业的所有活动作为一个集合，用来界定体育产业。

由此可见，以生产和提供体育服务和劳务产品的企业集合来界定体育产业，符合产业经济学和逻辑学原理。当体育产品进入市场具有商品属性时，在生产和交换过程中，随着社会影响力的不断扩大，体育服务产品将衍生出无形资产，其价值实现途径是体育服务产品及其无形资产的交换价值。

上述学者们的观点在一定历史阶段和一定特殊情况下得到业界部分同行的认可，但没有哪个概念和内涵被学术界完全认可。本研究结合众家说法并综合理解体育产业的相关定义，认为体育产业作为国民经济的一个重要组成部分，是生产体育物质产品和精神产品、提供体育服务的各行业的总和。体育产业主要涵盖体育健身、体育用品、体育竞赛三大领域，实质是三大领域的复合体。体育产业具有与其他产业相同的特性，即注重市场经济、讲求经济效益，同时又具有不同于其他产业的特性。广义的体育产业指与体育运动相关的一切生产经营活动，包括体育物质产品和体育服务产品的生产、经营两大部分。狭义的体育产业是指体育服务业或者是体育事业中既可以进入市场又可以盈利的部分。体育产业作为全球兴起的朝阳产业、绿色产业、消费产业，其发展潜力巨大，发展前景良好。其产品的重要功能在于提高居民身体素质、发展社会生产、振奋民族精神、实现个人的全面发展和社会文明的全面进步。

体育产业和体育事业具有共同之处，但更多的是差异和区别。其相同点在于两者都以体育为服务对象，进行主体发展并丰富、拓展各自内容。同时，两者的内容又有相互交叉、相互融合的部分，即体育事业和体育产业的复合体，能够进入市场盈利的部分为产业，不能进入市场的公益部分则为事业。与此对应，运行机制有完全市场化、不能市场化、部分市场化三种，使体育"事业"部分的非市场机制和体育"产业"部分的市场机制相结合。

体育事业区别于体育产业，体育事业是在社会生活中，以一定的目标、组织、系统活动为基本框架，在国家相应部门的领导下，由国家公共财政支持生产或创造具有公益性、福利性、社会性的公共产品或公共服务（物质产品或精神产品）的组织单位的集合。其主要体现体育服务的非营利性，具有公益、福利的性质，用以满足社会精神文明的需求，更注重社会效益而不是经济效益；从资金来源看，中国现行的财税政策是事业单位的经费由国家财政拨款，并不征收任何税收；从经济性质看，体育事业运行机制主要依靠行政指令，要求以福利、公益、社会效益为主。

体育产业是为社会提供体育产品的同类经济活动的集合以及同类经济部门的综合。体育产业作为国民经济的一个部门，具有与其他产业相同的特性，即注重市场的商业化、讲求经济效益，也即谋求经济效益的最大化。从资金来源看，行业企业举办体育产业项目所需资金需要自筹或向商业银行贷款，到期还本付息，并按照其经营范围须缴纳至少6个以上的税种；从经济性质看，体育产业的运行机制主要强调自我生存、自我发展、自我约束，体育产业的经济性质是商品经济，运行机制靠市场调节，要求以经营为主，在提高社会效益的前提下努力提高经济效益。随着体育事业的产业化日益完善，体育产业已经成为一种特殊的可供娱乐的消费品。为了适应广大民众日益增长的体育消费需要，专门从事体育产品服务生产和经营的体育产业项目、门类、新业态也更加丰富和多样化。

二、体育产业的分类

全球体育产业最发达的美国将体育产业划分为消遣性和参与性体育、体育用品业、体育广告业、体育彩票业、体育竞赛门票收入、体育场地出租和体育纪念品销售业、电视的转播权费收入、体育赞助费收入、高尔夫球场和滑雪场建筑业、体育保险业、体育报纸杂志收入、特许地产许可证收入、运动业资助费收入、体育卡片、体育书籍、体育场馆建筑业、体育设施建设、美国奥委会预算收入、少年体育队收入、名人厅收入等。

为规范中国体育产业发展，科学界定体育产业的统计范围，建立体育产业统计调查制度，2019年4月，经国家体育总局研制、国家统计局审核的《体育产业统计分类（2019）》，进一步科学界定了体育产业边界和范围，《体育产业统计分类（2019）》延续了《国家体育产业统计分类（2015）》的主要原则、方法和框架，其中含有大类11个、中类37个、小类71个。将体育产业分为体育管理活动，体育竞赛表演活动，体育健身休闲活动，体育场馆服务，体育中介服务，体育培训与教育，体育传媒与信息服务，其他与体育相关服务，体育用品及相关产品制造，体育用品及相关产品销售、贸易代理与出租、体育场地设施建设11大类、37个中类以及71个小类（图2-1）。其分类《国务院办公厅关于加快发展健身休闲产业的指导意见》（国办发〔2016〕77号）等一系列产业促进政策和文件精神高度契合，具有范围更广，内容更全，构架体系规范、科学，门类设计合理，体育与文化、教育等产业的融合性强，同时兼顾了生产与消费两条主线，使体育产业活动的上下游链条更加完整等特点。❶

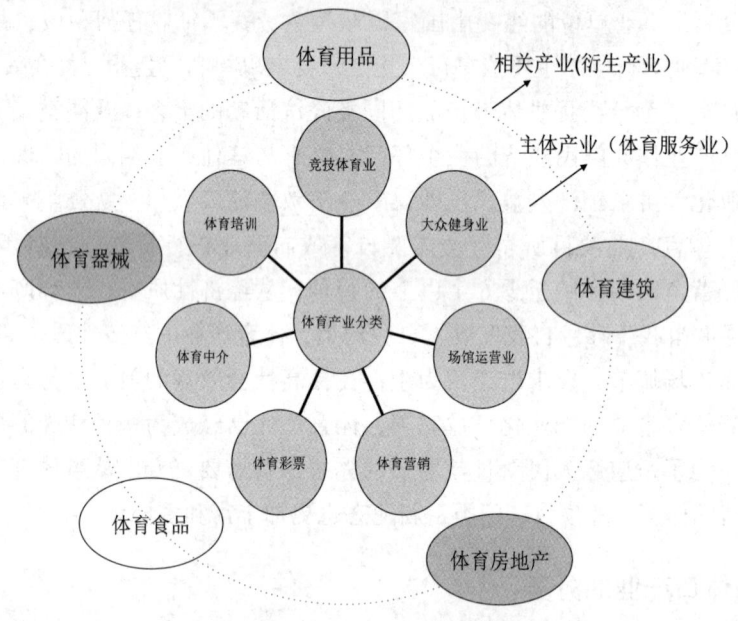

图2-1　中国体育产业分类

三、体育产业链

体育产业链是一个综合性的概念，作为关联面极广的上游产业，它是不同地区的体育产业及相关行业基于竞争力或竞争潜力的需要，由若干具有上下游关系，最终为消费者提供体育产品和体育服务的企业总称。体育产业链实质是向体育消费者提供顾客价值的价值链，在体育产业链上下游主体之间资源依赖性、体育产业辅助组织的配套性、体育产业消费市场、政府政策等影响因素作用下，形成具

---

❶ 中华人民共和国国家统计局. 国家体育产业统计分类[Z]. 2019-4-1.

有链条绞合能力的经济关系。正如前文体育产业的分类所述，体育产业包括体育本体产业、体育外围产业（相关行业）、体育中介产业（衍生行业）和体育产业消费者等一系列产业链（如图2-2），主要包括为体育消费者选择价值、创造价值、传递价值三个阶段，其所对应的体育产业链形态关联度如图2-3所示。

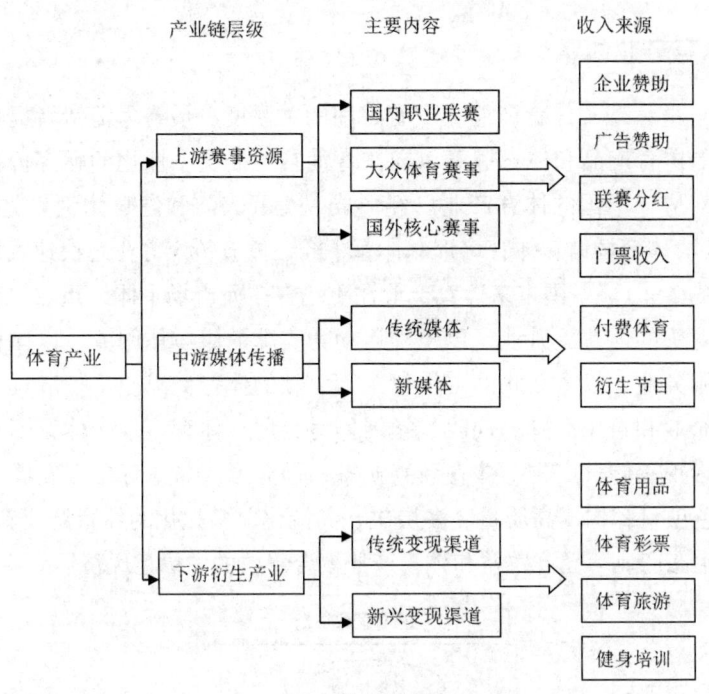

图2-2 中国体育产业链构成

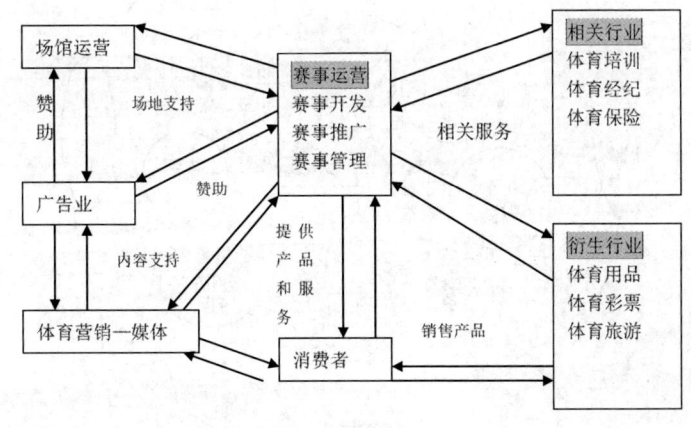

图2-3 体育产业链形态关联度

经过改革开放 40 年来的持续性发展，中国的体育产业形成了以竞赛赛事表演和休闲健身为主的产业链整体格局。在体育产业复杂的产业链中，赛事运营是核心。同时，在产业链中，以体育服务业作为衡量标准的中国体育产业，内容丰富，方兴未艾，有望成为中国经济发展的新动能和新的经济增长点。

四、体育产业体系

体育产业链体现了体育产业上下游之间的关联度，最终为消费者提供喜闻乐见、个性化的体育产品和体育服务，向体育消费者提供个性化的顾客价值。与体育产业链相对应，中国的体育产业已经形成以竞赛表演和健身休闲为驱动，体育用品业为保障，体育场馆、体育培训、体育中介、体育传媒等业态快速发展的产业链体系（如图 2-4）。中国未来体育产业注重培育多元市场主体，重点培育以体育竞赛表演为龙头的体育旅游业、以户外运动为支撑的康体休闲业、以体育基地为重点的体育服务业、以"互联网+体育"为引领的体育传媒业，打造具有竞争力的国际知名企业和自主品牌。同时，拓展体育会展、体育康复、体育养老、体育品牌、体育影视、体育广告等体育新兴业态，创立形成与体育融合发展的生态产品和低碳绿色项目，构建高质量、多层次、高端化、多元化的体育产业新兴业态，提升体育"生态产业"经济效益和体育产业聚合释放的"绿色经济"效应。

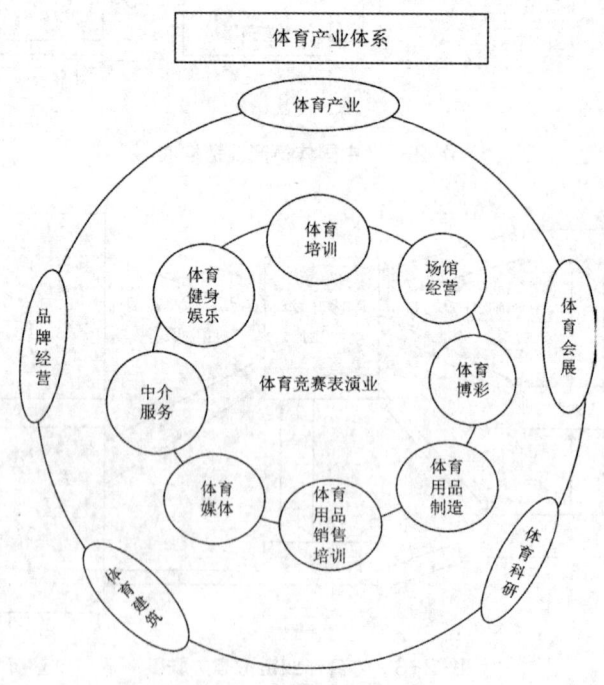

图 2-4　中国体育产业体系

第二节 体育产业财税政策激励的学理探源

体育产业是国家或地区体育发展的重要内容，体育产业中的公共产品和公共服务是体育发展的重要组成部分，理论上需由政府这只"看得见的手"干预调节，弥补市场经济自身的缺陷，客观上为政府适度干预体育产业市场经济和市场运营提供了理论依据，尤其是专门从基于财政和税收的双重视角、从财税理论层面阐述体育产业发展及其作用机制，从而对理论指导实践、理论和实践相结合，具有十分重要的现实指导意义。因此，本节基于理论的视角阐述政府财税宏观调控经济政策支持、激励体育产业发展的理论逻辑和学理探源。

一、公共财政理论

1776年，亚当·斯密在其《国富论》中阐述了不断增加国民财富的最好办法就是给经济以完全的自由，对市场经济的任何干预都是不可取的，政府只需扮演"守夜人"的角色。其理论在实践中不可避免地出现市场失灵的现象，或存在市场失灵的状态，市场本身固有的缺陷导致市场经济运行失灵，经济资源未能得到优化配置，客观上须靠市场以外的力量干预弥补由于市场失灵所带来的无人能够提供公共产品和服务的公共需求的公共产品的空白。20世纪30年代，凯恩斯的政府干预理论认为，这个市场以外的力量就是政府的力量，只有扩大政府调控经济的职能，才能有效弥补市场的缺陷，财政支出可以直接形成社会的有效需求，以保持市场经济的正常运转，弥补市场的有效需求不足，这就为政府这只"看得见的手"干预调节市场、需要，提供公共产品（服务）提供了机会和理论依据。特别是公共体育场馆、公共体育设备等基础设施投资与其运营收益相比，收益长远，私人和企业不能够也不愿意承担巨额投资的公共体育产品[1]，这就需要政府公共财政进行投资并无偿给予提供。我们知道，公共财政是以国家为主体的经济分配活动，其分配目的是满足人民群众日益增长的物质文化需求。公共财政理论认为，财政政策作为发挥公共管理的职能，可有效调节基础资源优化配置和市场经济活动，凭借财政和税收激励手段加以引导，调节体育产业资源的充分优化配置，这

---

[1] 胡钟平,封媛,胡萍.我国财政分权与政治激励下的农村公共财政[J].吉首大学学报（社会科学版）,2012,33(3):139-145.

要求政府积极回应公众不断增长的公共服务需求，大力推进公共服务创新❶，充分运用公共财政支出提供理应由政府在公共领域提供的公共产品和公共服务。

依据公共财政理论，政府在市场经济中对优化配置资源和分配收入具有相同的公共财政职能。公共财政作用于其他经济主体之间或者其他经济活动的相互关系和相互影响，需要以政府和市场的相互关系作为基本立足点，这也是公共财政职能的基本立足点。资源的优化配置作为公共财政的重要职能之一，能够较好地克服市场经济的固有缺陷，通过公共财政具有的收支活动为政府提供公共产品（服务），正确调整财政宏观调控经济政策，引导资源的流向和优化配置，以确定社会公共产品（服务）和需要的基本范围。政府通过财政补贴、财政购买性支出、财政投资和税收等宏观经济杠杆工具，调节公共产品（服务）的供给程度和投资领域，不仅能够提高社会公共产品（服务）的整体效率，而且提高了公共财政的激励效率和资源本身的效率。体育产业中的微观主体提供的各类公共产品（服务）不仅是一种精神文化，也兼具物质的属性。❷例如，体育文化品牌作为体育产业活动及其相关领域中的重要文化标识，在行为规范、价值引导、文化传播、文化累积等方面能显著促进和谐社会中的群体精神、活动方式和行为准则的形成，这在当今社会精神文明与物质文明建设中具有重要意义。公共财政作为国家和政府宏观调控的重要杠杆工具，能够充分发挥自身的财政职能，运用宏观调控工具正向激励公共体育产品、体育服务、体育文化品牌的培育、建设与开发。例如，采取公共财政投资、财政补助、政府购买形式给予具有非排他性（non-excludability）和非竞争性（non-rivalrous）特征的公共体育产品（服务）一定的财政扶持；对竞争性（rivalrous）、排他性（excludability）的非公共体育文化产品或服务，运用税收优惠政策给予必要的扶持与激励。例如，给予经营、培育、开发体育公共产品（服务）的体育文化企业一定的减免税、免征额、起征点等税后扣除，或者给予成本扣除、税项扣除、加计扣除、投资抵免等税前扣除。总之，政府应当通过制定完善的财税政策促进体育产业的快速发展，不可缺位。

二、公共产品理论

美国经济学家萨缪尔森在《公共支出的纯理论》论著中指出，纯粹的公共产品（劳务）为每个人消费这种物品（劳务）不会导致别人对该产品（劳务）消费

---

❶ 丁辉侠.我国地方政府提供公共服务的困境与对策分析[J].吉首大学学报（社会科学版）,2012,33(4):158-161.

❷ 毕红星.体育财政公共属性及政策选择[J].体育文化导刊,2009(10):85-87,91.

的减少，具有敌对性、排他性和可分性特征的产品是私人产品，反之是公共产品。介于两者之间的产品称为准公共产品。❶公共产品具有典型的正外部性特征。正外部性的产品既有公共产品又有私人产品，因此，从此意义而言，政府和市场共同提供的体育场馆和体育赛事等属于具有公共产品性质的混合产品❷，而混合产品兼具准公共产品的特性，是介于非营利性纯公共产品与排他性、有限竞争私人产品之间的一种准公共产品（服务）。依据公共产品理论，准公共产品是介于政府提供的纯公共产品（服务）与私人生产产品之间的产品（服务），其性质决定了需要政府宏观调控政策的大力支持与激励。特别是对公共体育场馆这种具有非排他性、有限非竞争性和有限非排他性特征的准公共产品，其首要主体责任即为大众服务。即使在市场经济条件下，体育公共产品（服务）社会效益的第一属性仍需放在首位。其在理论和实践上理应采取政府和市场共同分担的原则，这类准公共产品（服务）理应由政府财政和市场经济共同提供给消费主体，即由政府公共财政和竞争市场"两只手"给予供给和保障。基于此，发展体育产业离不开市场与政府两方面的推动作用。依据公共财政理论，市场经济本身存在市场失灵的状态，其调配资源的作用和功能不是万能的，具有自身内在的固有缺陷，这就客观上给市场经济以外的力量——政府干预体育产业经济发展提供了机会和可能，即政府借助宏观调控这只"看得见的手"弥补由于市场失灵导致无人提供且满足体育产品（服务）的迫切需求的空白。为纠正市场经济条件下的产业经济市场失灵现象，政府须制定并运用公共财政支出、税收优惠、金融、国际贸易等一系列鼓励体育产业发展的宏观调控政策，特别是那些基础设施投资与收益相比，时间长、投资多、风险大，私人和企业不能也不愿进行投资的体育产品（服务）❸。这就要求财税调控经济政策给予必要的有效引导和资源配置，要求政府对公共体育场馆等公共体育设施给予更加主动的宏观调控，在政府公共体育场馆财政投入、市场商业化运营、市场监管等方面给予必要的财税政策扶持与激励。

三、外部经济理论

英国经济学家马歇尔在其1890年所著的《经济学原理》中首次提出了外部经

---

❶ [美]保罗·A.萨缪尔森，[美]威廉·D.诺德豪斯.经济学[M].高鸿业,等译.北京：中国发展出版社，1992.01.

❷ 李南筑,黄海燕,曲怡,等.论体育赛事的公共产品性质[J].上海体育学院学报,2006,30(4)：10-17.

❸ 胡钟平,封媛,胡萍.我国财政分权与政治激励下的农村公共财政[J].吉首大学学报（社会科学版）,2012,33(3):139-145.

济性的概念。外部经济性简称外部性、外部成本、外部效应或溢出效应，是经济学术语，即某一经济主体的福利函数自变量中包含了他人的行为，而该经济主体又没有向他人提供报酬或索取补偿。❶随后，英国著名经济学家庇古提出的外部性理论认为，存在外部性时，仅靠市场机制往往不能促使资源的最优配置和社会福利的最大化，政府应当适度地干预。依据外部性经济理论，外部性分为正外部性（或称外部经济、正外部经济效应）和负外部性（或称外部不经济、负外部经济效应）两大类。体育产业作为国民经济的朝阳产业，在自身发展过程中对社会存在着明显的外部性。体育产业的外部性是消费者在消费体育产品后，由它所传递的价值观、行为模式、理念等通过消费者与他人的互动，辐射到社会的其他领域。首先，体育产业具有正外部性，能够带动基础设施和配套产业的建设发展。其次，体育产业也具有负外部性。负外部性的存在影响了人们体育消费的积极性和主动性，阻碍和制约了体育产业的快速发展。最后，体育公共产品（服务）存在外部经济性。例如，体育产业中的体育文化产品品牌开发需要诸如广告、产品质量、销售宣传等要素投入，由于购买体育产品（服务）的消费者认为品牌是具有某种关联性的同种产品，容易使其他体育文化产品品牌（同类产品）从中受益而不需给予补偿或提供一定的经济报酬。体育文化品牌的外部经济性可能为正，亦可能为负。一方面，在体育文化商品的买卖过程中，信息是具有成本的，商品供给者提供信息，消费者寻找所需求的信息，依据此信息形成自己的购买欲望和购买决策。消费者对不同的体育文化商品的关注程度是不同的，其对产品的认同感存在极大的差异性，因此其获取体育文化商品品牌的相关信息所愿付出的成本是不同的。若消费者付出的品牌搜寻成本较多，他就会对体育文化品牌有充足的认同感，其商品的判断力也就较准确。另一方面，中国体育文化品牌建设长期存在外部信息供给不足的情况，表现为缺乏对外部市场网络品牌信息的关注度，特别是体育文化品牌受到市场广泛接受的外部信息供给严重不足，致使体育文化品牌战略决策失误，培育和开发失效，不可避免地殃及品牌要素投入的中小体育企业。另外，体育企业在品牌信息、市场需求、技术知识严重缺乏的情形下擅自开发自己的体育品牌，或体育文化产品的质量信息分布不对称，市场交易前买卖双方信息的不对称，都易导致体育文化品牌开发陷入"柠檬市场化"的陷阱。❷鉴于此，财税宏

---

❶ 刘怡.财政性[M].北京：北京大学出版社，2010:52-53.
❷ Filo, Funk, Alexandris K,etal. Exploring the role of brand trust in the relationship between brand associations and brand loyalty in sport and fitness[J]. International Journal of Sport Management & Marketing. 2008,3(1):39-57.

观调控政策在矫正体育产业外部经济性方面有其自身独特的作用，可通过影响体育产业的成本和收益实现。政府采用公共财政补贴，实施矫正性税收（减免税、税收扣除、慈善捐赠等）措施引导并激励微观主体的经营行为，通过道德宣传增加社会约束，降低外部经济影响，通过政府调控的有形之手化解体育产业的外部性问题。

总之，政府宏观财政政策对具有正外部经济效应的体育产品（服务）的生产经营行为给予财政补贴，激励生产者（提供者）等微观主体的经济收益能够与其产生的社会效益相对等，鼓励体育产品（服务）的生产者（提供者）将生产经营的规模扩大到正常水平，克服社会对该体育产品（服务）在资源配置上过少的弊端。当然，政府对具有正外部经济效应的体育产品（服务）的生产经营进行适度干预，还可以采取其他的政策手段，如制定体育产业标准、实行体育产品（服务）保护价格政策措施等。

四、幼稚产业理论

幼稚产业保护理论由美国政治学家汉密尔顿于18世纪首先提出。该理论认为，一国的新兴产业仍然处于初始创业阶段时，竞争能力较弱。该国政府如果对幼稚弱势产业采取适度的政策保护，提高其市场竞争能力，将来就会产生比较优势，能够出口盈利并对国民经济做出贡献。随后，德国史学派先驱、德国经济学家弗里德里希·李斯特于19世纪中叶对该理论研究系统化，建立了一套保护一国幼稚产业的关税制度，成为服务于后进国家的经典保护贸易理论。该理论认为，生产力是决定一国兴衰存亡的关键，保护民族工业就是保护本国生产力的发展，因而国家和政府须为民族产业发展做强有力的后盾，而不是秉承古典学派的自由放任原则。

依据幼稚产业理论，幼稚产业是没有发展成熟，但具有较强产业带动能力和具有较大外部性的产业。幼稚产业在发展初期为缺乏发展经验、管理体系不够科学、技术相对落后、专业人员技术差等特征的弱势产业。按照国际通行的标准，中国虽是一个体育资源大国，但非体育产业强国。体育产业尚未形成完整的产业链与核心竞争力体系，众多具有传统特色的体育产品（服务）逐步被边缘化，体育产品（服务）的国际竞争力不强。中国的体育产业在发展之初产业生产率低下，由于产业成本高昂，甚至无法在激烈的国内外市场中立足和生存，且实际生产经营成本与市场价格存在较大的倒挂和背离，与中国14亿人口体育资源大国的地位极不相称。综上，中国的体育产业符合幼稚产业的特征，迄今为止还不具备与国外发展成熟的体育产业强国同台竞技的能力，客观上迫切要求国家和政府实行一定程度的干预和保护。只有这样,我国体育产业才能在国内外激烈的市场竞争中脱颖而出,达到其他国家产业的成熟发展水平,并做大做强。鉴于此,发展中国的体育产业,政府不能做"守夜人",而应做"植树人",需要制定积极的体育产业干预政策和幼稚产业保护政策扶持弱势体育产业的发展,凭借一系列有效的财税激励政策和差别化的关税保护政策等宏观调控手段,有效促进国内的体育产业市场健康发展。

五、政府责任边界理论

布莱克维尔在其《政治学百科全书》中指出,政府责任是每个特定的职位或者机构所赋予和对应的职权及其职责,是政府能够对广大公众的公共需求做出的积极回应,公正、公平、高效地实现和满足广大公众不断增长的切身利益和各种迫切需求,以契合民众的权利、利益与福祉。❶与此相应,政府责任边界应是政府必须承担否定性评价的限度和界限,这个限度和界限即是政府责任的有限性。❷由于市场经济实质面对着成千上万不同需求的供给者和需求者,若政府干预众多具体的微观生产经营活动,其帕累托最优的经济有效性必然降低,因而政府责任边界的有限性决定了其只能采用宏观经济调控,而不是采用微观经济调控杠杆工具适度干预市场经济,必须尊重市场经济规律。❸另外,市场在资源配置中起着决定性作用,这不可避免地触及市场与政府作用的边界问题,客观上需要政府在市场决定资源配置中发挥好宏观调控作用,即政府在宏观调控市场经济时维护好公平竞争的市场环境,不能缺位、越位、错位,以确保资源配置的高效率。❹基于此,政府通过自身的改革促使政府和市场的边界关系清晰、明确,确保市场对资源配置起基础性、决定性作用。体育产业中的公共体育产品(基础设施、公共服务等)作为政府和市场两者必须共同生产和提供给消费者的准公共产品(服务),既需要政府灵活运用宏观经济激励政策,鼓励微观经营主体(企业或个人)积极参与投资、建设、运营公共体育基础设施,又需要政府制定一系列完善的财税优惠政策。在宏观激励微观主体体育消费积极性和主动性的过程中,政府须转变自身的

---

❶ 邓正来.布莱克维尔政治制度百科全书[M].北京:中国政法大学出版社,2011:42-47.

❷ 刘庆乐.我国政府责任边界:理论诠释与现实设定[J].广东行政学院学报,2011,23(1):5-10,35.

❸ [美]查尔斯·沃尔夫.市场还是政府[M].谢旭,陆俊,译.北京:发展出版社,1994:152-155.

❹ 中共中央文献研究室.十八大以来重要文献选编(上)[M].北京:中央文献出版社,2014:67-69.

责任边界角色，加强自身的"掌舵"监管职能，即从原来一切包办、什么都管的"全能政府"责任角色，向宏观调控、适度监管的"有限政府"责任边界转变，从原来的"全能管制政府"角色向"服务型政府"边界转变。❶同时，政府要立足民众体育公共服务消费的个性消费偏好，强化对体育产业中公共基础设施经营服务的价格、质量、行为、市场公平、职能等的监督管理，为广大民众提供质高价廉的体育健身消费服务。❷

六、激励理论

西方《管理学》中的激励理论认为，人的动机来自不同层次的需求，而激励能够有效作用于人的内心活动，驱动、强化与激发人的个体行为，最终满足人的某种欲望和精神需求。1943年，美国社会心理学家、比较心理学家亚伯拉罕·哈罗德·马斯洛在其论著《人类激励理论》中提出了五级阶梯式需求层次理论。马斯洛的需求层次理论是人本主义科学的理论之一，依照其激励理论，人类需求可分为五个层次：第一层次包括饮食、保暖、种族繁衍等生存需要的物质性生理需求，这是人类最基本的需要；第二层次是人们关注的社会安全的需要、社会保障的需要、社会公正的需要等社会性安全需求，它是在第一层次的物质性需要基础上形成的；第三层次是社会价值观、伦理道德、民族精神、理想信念、爱情亲情、艺术审美等基于精神文化需要的心理性爱和归属感需求；第四层次是希望获得内部尊重和外部尊重的心理性需求；第五层次是获取成就、名声、地位、晋升机会、他人对自己的认可与尊重等自我超越的最高境界心理性需求。❸

依据马斯洛的需求层次理论，人们只有在较低层次的需要得到满足后才会产生较高层次的需要。❹体育产业中的体育健身休闲作为人们的一种消费行为正好契合马斯洛需求层次理论中的健康保障需求。日常休闲健身、体育康乐等服务性消费作为人们健康保障和人身安全的第二层次需要，激发和驱使人们主动走进公共体育场馆强身健体，以保障自身的健康与安全。美国心理行为科学家伯尔赫斯·弗雷德里克·斯金纳在其论著《语言行为》中提出了激励强化理论。该理论

---

❶ 陈元欣,王健,王涛.大型体育场馆市场化运营中的政府监管[J].上海体育学院学报,2012,36(5):36-40.

❷ 陈翔,陈元欣.民生财政视角下公共体育场馆发展方式转变[J].体育科研,2012,33(6):55-58.

❸ [美]斯蒂芬·P·罗宾斯.管理学（第13版）[M].刘刚,程熙镕,梁晗,译.北京：中国人民大学出版社,2017.

❹ 吴照云.管理学（第六版）[M].北京：中国社会科学出版社,2011:415-417.

认为，人们做出某种行为，若这种行为的后果对己有利，其行为就会反复出现；反之就会削弱或消失。❶例如，体育休闲健身作为一种消费服务行为，民众消费服务发生后获得的心情愉悦、精神气爽、身心健康、精神压力舒缓等良好精神状态促使人们持续性强化、坚持锻炼。可见，马斯洛的需求层次理论和斯金纳的激励强化理论有异曲同工之妙，两者都有持续激励的内容，财税政策在政策激励上与需求层次理论、强化理论所具有的行为激励均能够很好地促进体育服务产业的快速发展。

综上所述，财税政策作为国家宏观调控经济的重要杠杆工具，正在成为一种促进体育健身消费的有效激励工具和手段，具有区别于其他宏观调控政策的不可替代性和独特性。政府通过灵活运用财税杠杆"四两拨千斤"的带动、支持效应，激励体育产业经营主体和个体消费者，积极主动参与到体育运营、体育健身、体育竞赛、体育休闲运动、体育服务等广大民众喜闻乐见的体育消费活动之中，实现微观主体投资体育产业和参与体育休闲健身服务互动"多赢"的良性态势。

---

❶ [法]让·雅克·拉丰.激励理论[M].北京：北京大学出版社，2001:104-108.

第三节　财税政策介入体育产业发展的依据与调控

一、体育产业的公共产品性质，需要政府财税调控政策的支持

依据公共产品理论，体育产业中的公共体育产品（服务）是介于非营利性纯公共产品与排他性、有限竞争私人产品之间的一种准公共产品（服务）。准公共产品相对于纯公共产品而言，具有明显受益过程的排他性与体育消费中的市场竞争性，即体育用品消费的竞争性和受益的排他性。例如，体育产品中的体育用品（如体育运动服装等）是服务于体育活动的设施和消费用品，具有很强的消费竞争性和较强的受益排他性；由于受所处环境和用途的影响，用于封闭式专业训练的体育场馆和体育设施具有一定的消费竞争性和受益的排他性；在体育赛事表演产业中，举办的各类国际体育赛事具有很强的受益排他性，但其消费竞争性较差；体育健身服务与体育教育一般也有很强的受益排他性，但其消费竞争性较差；全民健身、体育休闲、体育传媒的消费竞争性和受益的排他性都很弱。基于此，体育产业中的体育用品（服务）具有"私人产品"的性质，其中一些具有社会公共产品或准公共产品属性。在体育产业发展过程中，体育产业中的公共产品特性决定了市场难以实现最优的体育产品（服务）供给。因此，政府应分项目、分性质承担应有之责，对体育产业进行分类指导[1]，通过财政投入，提供体育公共资源，扶持公益性体育服务部门的健康发展。同时，政府运用直接税收优惠和间接税收优惠政策，引导、鼓励社会民间资本参与兴办体育产业，并对竞争弱化的体育产业门类的生产和经营给予必要的财税政策扶持，将体育市场经济活动的运营与发展引入市场机制，开发或提供优质体育产品（服务），合理优化资源配置，满足体育市场和广大民众个性化、差异化的体育产品（服务）的迫切需求。

二、体育产业的外部经济属性，需要财税政策的适度干预与宏观调控

如前所述，体育产业具有正外部经济属性和负外部经济属性两大类。体育产业中的某些体育产品（服务）具有正外部经济属性，主要体现在体育用品的生产与消费和体育服务产品的生产与消费两大领域。在职业体育市场中，体育产品正外部性表现在，职业体育俱乐部对当地城市经济的拉动以及城市形象的提升产生

---

[1] 江小涓.职业体育与经济增长：比赛、快乐与GDP[J].体育科学,2018(4)：4-17.

了积极推进作用,职业体育球队访问社区活动给社区居民带来的经济收益和社会效益,等等。在体育消费市场中,体育产品消费的正外部性表现在,一个球队购买名声大、技能高的高水平运动员,不但能够产生较强的市场号召力和体育品牌吸引力,而且能够帮助推球队的比赛成绩提高而获得一定的经济收益。这种消费行为还会给整个联赛及其他球队带来门票销售收入的显著增加以及球队品牌的扩大等诸多的额外比较收益。在非职业体育活动中,消费者享受产品而不需要支付任何费用,这种体育产业中具有的正外部经济属性满足了广大人民群众多层次的体育精神需求。❶

诚然,在体育产业实践中,也客观存在体育用品、体育服务等生产与消费的负外部经济属性,表现在微观经营主体在体育用品的生产、制造过程中必然会造成环境污染和生产资料的浪费;公共体育场馆在建设过程会有一定的环境污染,对周边居民生活有一定的负面影响;各种职业联赛给比赛所属城市带来诸如交通堵塞、噪声(空气)污染、城市垃圾等问题,职业体育举办方是不会给当地居民弥补这些损失的。比如,某职业球队故意打假球使自己获得不道德收益,无形中使付费观众的利益遭受损害。球队作为"黑哨"产品的消费者获得比赛的胜利及其他的收益,其消费行为却使对方球队、联盟(体育协会)、观众、体育赞助商、电视转播商等付出了不必要的代价,但这些相关利益主体没有得到必要的损失补偿,这造成体育资源配置达不到帕累托最优,从而造成体育产业经济的无效率。

依据外部性经济理论,产品(服务)的正外部经济性和负外部经济性均会导致资源配置无法达到帕累托最优,是一种经济的无效率状态。体育产业中的产品(服务)和其他产业的产品(服务)一样,均存在产品(服务)的正外部经济性和负外部经济性。因此,政府对这两种外部经济性都要进行必要的干预和市场调控。这就为政府通过财税调控政策介入体育产品外部经济问题提供了充分的理由和干预的必要性。一方面,针对具有正外部经济属性的体育产品(服务),对边际私人收益小于边际社会收益的体育产业领域,政府可实行财政奖励和财政补贴政策,解决私人边际收益和社会边际收益的差额(公共收益)❷,能够很好地激励体育产业中的微观经营主体产生更多正外部性经济活动。另一方面,针对具有负外部经济属性的体育产品(服务),对边际私人收益大于边际社会收益的体育产业部门,政府可向微观经营主体的企业或个人征收税费,给予必要的矫正,这种用于消除负外

---

❶ 郑兆云.职业体育市场中的外部性问题分析与探究[J].天津体育学院学报,2004,19(4):84-86.

❷ 杨信.促进我国体育产业发展的税收政策研究[D].南京:南京师范大学,2015.

部经济性的税收被称作庇古税。庇古税能够较好地抑制产生负外部性的经济活动，最终达到体育产业经济的帕累托最优。因此，政府对体育产业经济正外部性和负外部性给予必要的财政补贴和征收税费，可以实现体育产品外部效应的内部化，进而优化体育资源配置，达到体育经济的帕累托最优。

三、中国体育产业仍然属于幼稚产业，迫切需要政府财税政策的扶持与激励

时至今日，中国是一个体育资源大国而非体育产业强国。体育产业尚未形成完整的产业链与核心竞争力体系，产业体系不完整、不健全，产业政策不完善，消费人群不足，体育场地数量不足，财政投入不足，体育人口数量和比例有限，体育从业人口数量及其比例不足，GDP占比不高；产业规模仍然弱小，产业质量依然不高；职业体育和社会联系不紧密，运营体系脆弱；体育赛事服务体系不健全，难以实现盈利；体育资源的有效配置效率仍然不高；体育产品（服务）的国际竞争力不强。这些充分说明中国仍然是典型的体育产业弱国，完全符合幼稚产业的典型特征。特别是中国的体育产业在发展之初，产业生产率低下且产业成本高，实际生产经营成本与市场价格存在较大的倒挂和背离。由于产业成本高昂，甚至无法在市场立足和生存。依据国家干预理论，中国发展体育产业迫切需要国家和政府作为"植树人"进行一定程度的干预和保护。依据公共财政理论和幼稚产业理论，财政和税收政策作为政府重要的宏观经济调控工具，对体育资源配置发挥着基础性作用。政府的一系列财税激励政策可以为体育产业的做强做大创造有利条件。对体育产业资源的配置，国家财税政策给予一系列优惠支持，这是财税杠杆的经济调节手段，其激励目标体现了国家对处于起步阶段和初步增长阶段的弱势体育产业的扶持，以及对减轻体育产业税收负担和体育产业利益的保护。另外，无论从体育产业是绿色、朝阳产业且具有新经济增长点的长远角度看，还是从中国体育产业仍然是幼稚产业的角度看，体育产业都应得到国家财税政策的有力扶持与长期激励。为此，国家财税政策应立足体育产业仍然是幼稚产业的现实国情，依据受益原则和能力原则促使各个纳税人之间的负担水平保持平衡。对于税收传导激励机制而言，政府财税政策运用包括诸如减免税、税前扣除、宽限期、加速折旧、投资抵免等税收优惠措施，同时利用财税激励政策和差别化关税等宏观调控手段，对体育产业资源实施优化配置，降低体育微观主体的税收负担，促使其投入与产出效率的最大化，最终调整和优化体育产业结构，实现充分就业，

保持体育产业经济的快速增长❶，以达到激励体育产业发展的财税政策目标。

四、体育产业在市场经济中的独特地位，需要财税调控政策的扶持与激励

从改革开放40年来的体育产业发展实践看，中国的体育产业在社会主义市场经济发展中已经构成了一个独具特色的产业门类，其在市场经济中的独特地位举足轻重，主要表现在以下几点：一是体育产业经济活动过程本身就是一种生产、制造、加工和消费行为，这种经济市场行为的产业化和社会化对广大体育消费人群、消费偏好、消费内容产生了积极的引导、辐射和推动作用。例如，2017年全国经常参加体育锻炼的人数达到5.5亿，占全国人口的比重达41.3%左右。❷二是广大民众积极参与体育休闲消费必然推动各类体育产品（服务）的生产、制造与提供，微观主体的体育产品生产与广大民众的体育休闲消费，无疑会拉动相关上、中、下游产业经济的迅猛发展。同时，群众体育运动还可以促进消费增长，拓展经济增长点。据统计，北京奥运会申办成功后的7年中，其每年对北京经济增长的贡献为1~2个百分点，对全国经济增长的贡献为0.3~0.4个百分点。自2012年以来，中国体育休闲健身产业年均增长超过12%。若按此速度计算，到2025年，我国体育休闲健身产业将达到目前规模的2.2倍。❸三是中国体育产业的整体规模和其他产业相比虽然相差不大，但是对其他联动产业发展起到强大的推动作用，在一定条件下能够带动旅游业、商业、广告业、制造业、服务业、通信业、金融业等相关联产业的发展。2017年，全国体育产业规模高达21577.48亿元，增加值7124.56亿元，产业增加值占同期GDP的比重超过1%；体育赛事高达480%的增长，体育产业就业人数已超500万，占当年城镇就业总数的1.4%。体育消费额占人均居民可支配收入比例已超过2%。❹尽管如此，中国与发达国家体育产业仍相差甚远，这也表明中国体育产业发展潜力巨大。国务院于2014年10月印发的《关于加快发展体育产业促进体育消费的若干意见》（国发〔2014〕46号）明确提出，至2025年中国体育产业总产值将达到5万亿元。随着社会主义市场经济的发展，

---

❶ 冯国有，贾尚晖.中国财政政策支持体育产业发展的承诺、行动、效应[J].体育科学，2018，38（9）：37-46.

❷ 江小涓.中国体育产业：发展趋势及支柱地位[J].管理世界，2018（5）：4-9.

❸ 高旭.我国体育产业税收优惠政策的现状分析与对策研究[D].西安：西安体育学院，2014.06.

❹ 江小涓.中国体育产业：发展趋势及支柱地位[J].管理世界，2018（5）：4-9.

5万亿元并不是终极目标，未来体育产业的整体规模必将进一步扩大。鉴于体育产业能够很好地联络国民经济的各个组成部分，在国民经济中的地位和作用凸显，因此我们要促其做大做强。

五、体育产业所具有的社会精神属性，需要财税经济政策的支持与激励

体育是人类社会的一种身体教育活动和社会文化活动，其本质特点就是以锻炼身体为手段，增强体质，促进人的全面发展，为社会发展服务。其自然和本质功能是增强体质，促进身心健康，预防疾病、延年益寿，提高生活品质。其社会属性是上层建筑，是一种社会生产力，因而具有上层建筑和生产力的双重属性。在体育产业微观主体的运营活动和体育消费者的运动过程中，体育衍生出诸多其他社会功能。例如，人们在体育竞技运动过程中形成的热爱祖国、为国争光的"体育精神"和民族自信心的价值取向，可在一定范围内（国家、民族、城市、行业等）激发爱国、爱民族、爱集体的热情，增强凝聚力和向心力，培养集体荣誉感。人们在观看体育赛事、体育娱乐活动，或参与体验性体育运动的过程中，既得到了体能的锻炼，又满足了心理的需要，由此产生推动社会前进的正能量。体育活动还是人类沟通与交流的平台，许多民族矛盾、团体纠纷、人与人之间的误解和误会可以通过体育活动得到缓解或消除[1]，起源于古希腊而举世瞩目的国际奥林匹克运动会，在举办期间停止战争，即是很好的例证。另外，体育经济活动潜移默化地增强了公民的体育法律、法规理念，提高了公民的法制观念，引导并规范公民的行为。[2]由此可见，体育产业在增强体质、增进人类情感、提升爱国精神、消除矛盾方面具有如此之多的社会属性。在某种意义上说，体育产业的社会属性已经超越了其经济属性，基于这样一个特殊的朝阳、绿色产业，政府财税宏观政策的激励理所应当，责无旁贷。

六、体育产业的支柱地位受到国家的高度重视，财税政策的激励不可缺位

鉴于体育产业是一种以提供体育服务为主的绿色环保、经济附加值高的绿色、朝阳产业，还是一种"无烟工业"，特别是40年来中国体育产业得到迅猛发展，党中央、国务院已给予高度重视，实施了一系列的行政、财政、税收、金融、价

---

[1] 高旭.我国体育产业税收优惠政策的现状分析与对策研究[D].西安：西安体育学院,2014.
[2] 陈冠楠.我国体育赛事税收政策中的问题与对策[D].西安：西安体育学院,2015.

格、土地等政策给予保障、扶持和推进。早在1995年6月，当时的国家体育运动委员会制定发布的《体育产业发展纲要（1995—2010年）》中就明确指出，发展体育产业是推进体育改革、增强自我发展能力的一项重大战略举措，有利于深化体育经济体制改革、转换经营管理机制，其目标是用15年左右的时间逐步建成适合社会主义市场经济体制、符合现代体育运动规律、门类齐全、结构合理、规范发展的体育产业体系。2010年4月，国务院办公厅发布的《国务院办公厅关于加快发展体育产业的指导意见》（国办发〔2010〕22号）明确提出，协调推进体育产业与相关产业互动发展，制定相应的财税优惠政策。2014年10月20日，国务院印发的《关于加快发展体育产业促进体育消费的若干意见》（国发〔2014〕46号）也明确指出，我国的体育产业总体规模依然不大、活力不强，仍然存在一些体制机制问题，并从金融、财政、税收、土地、市场、人才培养等方面提出了具体措施，确保体育产业良好发展。继而国家"十一五"规划和"十二五"规划纲要中均要求"大力发展体育产业"，明确体育产业成为中国财税优惠政策重点支持的领域之一。特别是在中国经济增速换挡背景下，加快体育产业结构调整、转变经济发展方式，对体育产业起到了推动和加速作用，其带来的体育产业规模与经济增加值不断攀升（图2-5）。2017年，体育产业总产值占GDP比重已经达到甚至超过1%的可喜水平。可见，中国的体育产业日益受到国家和政府的高度重视，甚至上升到支柱性、战略性新兴产业发展的战略地位。在国家一系列政策的激励下，中国体育产业进入新的阶段，对国民经济的贡献越来越大，成为中国经济增长的新亮点。

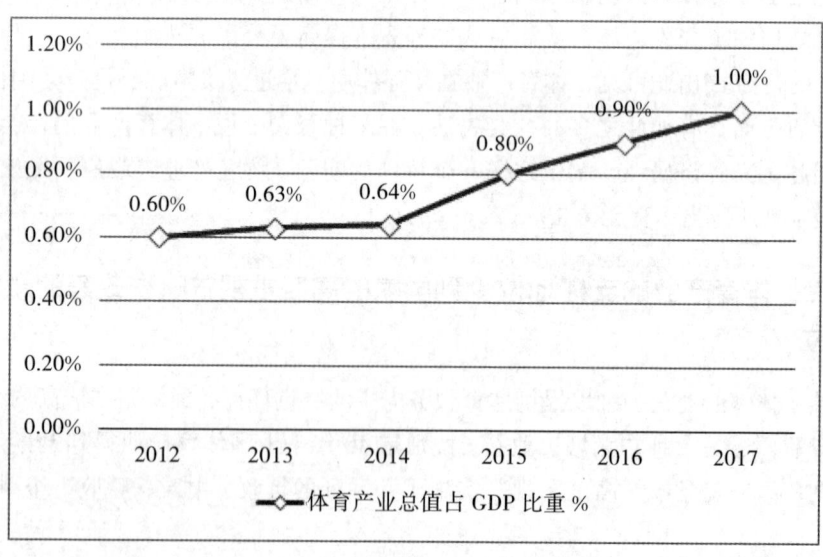

图2-5　2012—2017年中国体育产业总值占GDP比重走势

第四节 市场失灵、政府调控与体育产业发展

一、体育市场失灵与财税政策调控

美国宏观经济学的创始人凯恩斯在其论著《就业、利息和货币通论》中进一步深化了国家干预理论这一理论思想成为20世纪30年代至70年代干预市场经济最为有效的理论思想，并运用于美国实践，最终使美国摆脱了第二次世界大战的经济危机。该理论认为，虽然市场机制是最具效率与活力的经济运行机制和资源优化配置手段，且具有任何其他机制和手段不可替代的功能和优势，但是市场经济并不是放之四海而皆准，在任何领域、任何场合、任何状态下均能够发挥其配置资源的作用。市场机制本身具有自身难以克服的缺陷或不足，特别是在公共产品、外部效应、市场垄断、不完全竞争市场、不完全信息、不公平分配、宏观经济总量失衡等方面，市场机制和市场经济难以有效配置资源。此外，过度的市场自由竞争最终形成市场垄断，垄断又会限制市场竞争，无形中严重损害了整个社会福利。而市场的价格机制作为一种事后调节手段，往往会引起经济波动，无法实施资源的有效配置，反而造成资源的严重浪费。鉴于此，市场自身无法解决和充分发挥其竞争作用的现象，西方理论界称之为"市场失灵"。这种市场失灵现象的客观存在无疑给国家干预自由市场机制提供了可能，也为政府介入和干预市场经济提供了充足的理由和依据。为此，反对自由放任，主张扩大政府职能，由国家对经济社会活动进行适度的干预和必要的调节，借助凌驾于市场之上的力量——政府调控这只"看得见的手"纠正和弥补市场失灵现象，政府在确立和维护市场交易规则秩序、供给各类公共产品、调节产业结构、促进经济稳定增长等方面实施直接或间接的干预，以弥补市场机制固有的不足和缺陷。同时，凯恩斯主张国家通过预算赤字刺激有效需求，认为财政政策是重要的调控政策，而货币政策只是起辅助作用。因此，在经济萧条时期，国家应该实行扩张性的财政政策；在经济繁荣时期则应该实行紧缩性的财政政策。

发展体育产业离不开市场与政府两方面的支持。长期以来，中国的体育产业在发展过程中仍然存在地域间、区域间、结构间的不平衡，产业结构不合理，产业质量不高，体育产业法规不健全，产业研发严重不足等诸多问题。这些发展中的现实问题使政府行为的调控作用在体育产业领域中没有得到充分、有效发挥，扰乱了正常的体育市场行为，使体育市场定位不准，缺乏竞争力。长此以往，无疑

会产生体育产业经济自身的市场失灵现象。鉴于此，无论是体育产业规模的扩大和服务水平的提高，还是产业结构的优化和市场竞争力的提升，均需要政府发挥宏观调控与市场调节的双重作用。一方面，税收政策对弥补市场失灵、有效配置资源具有积极的作用。如前所述，体育产品（服务）具有的公共产品（服务）属性致使消费者不付成本而坐享他人之利，出现市场经济中的免费"搭便车"行为，使体育产品（服务）的供给者难以收回成本，这就需要政府运用财税调控政策给予价值补偿。另一方面，政府凭借自身的政治权力对体育公共产品（服务）的生产者和需求者分别实施课征，无偿获取国家财税收入后再对体育公共产品（服务）的价值进行补偿。具体来讲，①对于具有负外部经济效应的体育产品（服务），政府可对体育生产经营纳税人实施课税，以克服体育产品在生产经营时，由于企业或个人负担的社会成本过低而导致的社会资源过多地配置到这类产品的情形；②针对具有正外部经济效应的体育产品（服务），财税政策对生产经营行为给予必要的财政补助，促使体育产品的个人收益能够与其所产生的社会效益相等，鼓励体育生产厂商将生产经营规模扩大到正常经营水平，从而克服社会在体育产品中资源配置不足的弊病，最终有效解决体育产业经济中的市场失灵问题。

二、体育产业发展与政府职能

中国在发展体育产业过程中，政府调控体育产业经济的职能不可缺位。然而，在实践中，政府职能无论是在宏观管理领域还是在微观经济领域均存在着"缺位""错位"与"越位"的不正常现象。

所谓"缺位"，即政府没能很好地履行自己理应承担的责任。我们知道，中国的体育产业仍然处于发展阶段，产业发展不平衡，产业结构不合理，投资渠道单一，产业竞争力不强，无疑需要政府进行必要的宏观政策调控。然而，政府作为产业经济宏观调控者的职能还没有真正形成，政府更多地承担着体育产业的实施者而非监控者的责任，在监督管理上政策体系不完善，实施不连贯，执行刚性不强。政府责权界定不明晰，缺乏相应规章制度和必要的政策引导措施，对体育产业监管乏力，致使中国体育市场交易的无序，甚至导致体育资源的浪费。在体育产业宏观经济政策方面，政府存在事实上的调控"缺位"，无形中影响和制约了体育市场的健康、规范发展。

所谓"错位"，即混淆体育责任主体与实施主体，导致"管办不分"。政府在体育经济活动中的缺位直接源于其在经济活动中的错位，主要表现在政府既是体育市场中的"裁判员"又是"运动员"，对体育产业管理越俎代庖。目前，体育市场中仍然存在行业垄断和行业壁垒现象，体育市场自由竞争环境的缺乏均与政府的角色冲突和职能错位相关。这种政府职能的错位使其成为体育产业的投资者、所有者甚至收益者，导致"政府寻租"现象突出。[1]

所谓"越位"，即政府部门超越了本部门的职权范围，直接介入和管制体育产业，抑制了体育产业的发展活力。政府对体育产业的监督管理与宏观调控，实质上是政府部门对体育产品（服务）的再生产全过程和体育经济的总体运行进行必要的适度干预和依法治理。[2]但是，干预和管理体育产业不能眉毛胡子一把抓，什么都管；也不能当甩手掌柜，什么都不管。只有合理、正确地界定政府干预体育产业经济行为的范围、内容、力度及其方式，才能保证中国体育产业的健康发展。

时至今日，体育产业在中国仍然是典型的幼稚产业和弱势产业，客观上需要政府的统筹规划和强有力的扶持。从公共产品理论看，体育产业是从"福利产品"中逐步进入商品领域的，在这个转化过程中，仍然离不开政府的必要干预与政策调控。在中国社会主义市场经济依然不成熟的境况下，政府的公权力——宏观调控经济的行为始终是推动体育产业发展的主导力量，且在体育产业发展过程中面临的众多现实问题也绝然离不开政府调控职能的客观存在和必要的监管。有效的政府职能和宏观调控应该是按照市场经济的发展规律，遵循由市场配置资源的经济法则，最终目标是在体育产业发展中恰当履行自身的政府职能。[3]①对于体育经济"市场失灵"的领域，政府应该给予适度的干预和必要的宏观调控；②对于体育经济市场功能和作用发挥较好的领域，政府应该及时退出；③对于体育产业经济落后的老、少、边、穷地区，政府应该采用诸如财政转移支付、财政补贴、政府采购等财政政策给予必要的扶持与适度的调节；④对于经济高度发达、体育市场发育成熟的发达地区，政府尽量少干预或不干预，按照市场经济规律发展体育产业。

需要强调的是，政府对体育产业经济市场实施必要的干预，主要通过指导、规划、协调、服务、监督等方式，对体育产业管理的客体施加一系列的影响，及时纠正体育产业运行过程中发生的偏差，使体育产业运行符合国家经济发展战略和目标的动态过程。但是，干预不是大包大干，无条件干预。政府要主动减少行政干预，将干预行为限制在市场失灵的范围之内，避免干预行为的越位和错位。根据政府行为介入的可行性区间，对于市场化程度很高的以休闲、娱乐、健身、享

---

[1] 吴业锦. 体育产业发展的理论与实证研究[M]. 北京：中国纺织出版社，2018.
[2] 薛才玲，黄岱. 政府管制理论研究[M]. 成都：西南交通大学出版社，2012.
[3] 汪元榜，鲍明晓. 政府与体育产业[J]. 天津体育学院学报，2003(3)：79-81.

乐为主的大众体育休闲产业以及一般性的竞技赛事体育服务产业，政府不应对其进行干预，使其能真正地按市场经济规律和市场化规则自主运行，同时采取政府立法的方式确保政府干预行为的制度化、法制化。这样不仅能保证政府有足够的精力和财力发挥其调控体育产业经济的职能，还不会扰乱市场在体育资源配置中发挥基础性的作用，反而会强化并推进中国体育产业又好又快发展。❶

三、财税政策激励体育产业发展的实践作用

财税政策对中国体育产业发展具有十分重要的激励作用，是政府宏观调控的重要保障。财税政策作为政府政策性的推动措施，对体育产业实践的发展环境、发展条件和发展时机都有着重要的促进作用和深远的影响，是体育产业发展的重要支撑力，具备很强的实践性和操作性。其实践的促进作用表现在以下几个方面：

一，财税激励政策为体育产业提供了充足的发展资金。我们知道，资金是企业的血液，任何产业的发展都需要投入大量的资本（金）。若没有资金保障，体育产业发展就会缺乏足够的后续力量。而财税政策鼓励体育产业发展能够形成稳定的财政经费保障机制。政府通过设置一定规模的政府公共专项资金，采取贷款贴息、项目补贴、政府重点采购、后期购买和后期奖励等多元化的财税扶持方式和手段，对于那些高质量发展且仍具弱势产业的体育产业门类，给予一定的财政补助和财政奖励，同时给予一定幅度的产业税收优惠，推动体育产业的健康、快速、持续发展。此外，税收优惠政策扶持退役运动员创业，鼓励其自食其力，因此财税激励政策不可缺位。

二，财税激励政策引导、培育、促进新兴体育业态的发展。财税政策具有一定的导向性和倾向性，主要体现在激励政策的扶持力度上。一方面，对于传统的鞋服体育用品等体育产业门类，财税政策在税率调整、优惠补贴等方面的力度较小，目的是通过财税宏观调控，适当缩小传统体育产业的发展规模；另一方面，对于"互联网＋体育"、滑雪旅游休闲等新兴的体育产业门类，财税政策应加大激励力度，为培育新兴体育提供宽松的发展环境和充足的发展机会。

三，财税激励政策为体育产业发展提供了综合性的宏观调控能力。政府综合运用财政补贴、财政转移支付、财政采购等手段，发挥中央财政的导向性和示范性作用，增强对体育产业发展的宏观调控能力。例如，政府对新兴和创新型的公共体育产业项目给予财政低息或贴息贷款；建立完善的体育产品（服务）的政府采购制度，促进体育事业和体育产业管理体制机制的创新；政府财政拨出一定的

---

❶ 卢嘉鑫，张社平.体育产业发展——理论与政策[M].北京：北京大学出版社，2011.

公共资金，同时吸引社会资本组建体育产业担保基金，以解决中小（微）型体育企业贷款担保的融资瓶颈等问题。因此，在体育产业发展进程中，政府财税宏观调控政策的激励作用不可缺位，也不可越位。综合采用财税支持政策须恰到好处，只有这样，其财税激励的持续性作用才能立竿见影，卓有成效。❶

---

❶ 陈洪平.体育产业财税支持政策的财政法思考[J].武汉体育学院学报，2013（3）:31-35.

第三章 财税调控经济政策与体育产业发展

本章是全书的财税经济理论与实践基础,主要阐述政府财税激励政策和体育产业具有的紧密关联度,财税政策激励体育产业的实现方式;具体探究财税宏观经济政策扶持与激励体育产业发展的作用机理;从现实发展与实践成效的视角总结中国体育产业财税政策的历史演变,现行体育产业财税政策的现状,并对其进行客观的现实评价。

第一节 财政政策与税收政策的相关性

一、财政政策和税收政策

(一)财政政策的内涵

财政政策是国家在宏观调控过程中制定的指导财政分配经济活动和处理各级政府财政分配关系的基本准则,是政府财政宏观经济调控分配关系在国家意志中的客观反映,是国家干预经济的主要政策之一。财政经济政策由国家制定,代表统治阶级的意志和利益,具有鲜明的阶级性,并受一定社会生产力发展水平和相应的经济关系的制约。在市场经济条件下,财政政策是根据政府财政收入和公共支出水平所做出的经济决策,是实现宏观经济目标的工具。政府通过税收调控政策的适时变动(改变税率、税率结构等)和财政公共支出(财政购买支出、财政转移支付等)影响总需求,进而影响人口就业和国民收入。财政政策作为政府重要的经济杠杆工具和宏观调控手段,对提高就业水平、减轻经济波动、防止通货膨胀以及实现经济稳定增长等具有积极的作用。随着不同时期政治和经济发展的不同，国家会对财政政策进行适时的调整（如动态调节、总体调节和主动调节）。❶因此，财政政策调节经济的手段主要有膨胀性财政政策、紧缩性财政政策、平衡性财政政策、总量调节政策和结构调节政策等，但这种调整的政策手段在一定时期又保持相对的稳定性。

（二）财政政策的分类

1.根据财政政策调节经济周期的作用，分为自动稳定的财政政策和相机抉择的财政政策

（1）自动稳定的财政政策。一方面，企业所得税和个人所得税的累进所得税具有自动稳定的作用。在经济萧条时期，企业利润和个人收入降低，符合纳税条件的微观主体（企业和个人）数量减少，税基相对缩小，使用的累进税率相对下降，税收自动减少。由于税收的减少幅度大于企业利润和个人收入的下降幅度，税收会产生一种推力，防止企业投资和个人消费的过度下降，从而起到反经济衰退的作用。在经济繁荣时期，其作用机理正好与经济萧条时期的财政政策操作相反。另一方面，政府福利支出的自动稳定作用。如果经济出现衰退，符合领取失业救济和各种福利标准的人数就会显著增加，失业救济和各种福利的发放趋于自动增加，从而有利于抑制消费支出的持续下降，防止经济的进一步衰退。在经济繁荣时期，其作用机理正好相反。❷

（2）相机抉择的财政政策。它是指政府根据一定时期的经济社会状况，主动灵活选择不同类型的反经济周期的财政政策工具，干预市场经济运行行为，最终实现财政政策目标。相机抉择的财政政策具体包括汲水政策和补偿政策。汲水政策是在经济萧条时期进行公共投资，以增加社会有效需求，使经济恢复活力的政策。例如，美国实施的罗斯福—霍普金斯计划（1929—1933年）、日本实施的时局匡救政策（1932年）等均是相机抉择财政政策的最好范例。补偿政策是政府有意从当时经济状况反方向上调节经济景气变动的财政政策，以实现稳定经济波动的目的。在经济萧条时期，为缓解通货紧缩影响，政府通过增加支出、减少收入以增加投资和社会的有效需求，刺激经济增长；反之，在经济繁荣时期，为抑制通货膨胀，政府通过增加收入、减少支出等抑制和减少社会过剩需求，稳定市场经济。❸

---

❶ 陈共.财政学（第九版）[M].北京：中国人民大学出版社,2017.
❷ 高鸿业,刘文忻,冯金华,等.西方经济学[M].北京：中国人民大学出版社,2007.
❸ [美]罗森,[美]盖亚.财政学（第十版）[M].郭庆旺,译.北京：中国人民大学出版社,2015.

2. 根据财政政策调节国民经济总量和结构中的不同功能，分为扩张性财政政策、紧缩性财政政策和中性财政政策

（1）扩张性财政政策又称积极的财政政策，是指通过增加国债、降低税率、提高政府购买和转移支付等财政分配活动，从而增加和激励社会总需求。

（2）紧缩性财政政策又称适度从紧的财政政策，是指通过减少国债、提高税率、减少政府购买和转移支付等财政分配活动，从而减少和抑制社会总需求。

（3）中性财政政策又称稳健的财政政策，是指通过财政的分配活动对社会总需求的影响，以保持中性供需。

（三）税收政策的内涵

税收政策是政府为了实现一定时期的社会或经济目标，选择确立的税收分配活动的指导思想和原则，是经济政策和财政政策的重要组成部分。它是政府通过一定的税收政策手段，在一定程度上干预市场机制运行的一种经济活动及其准则。税收政策的实施过程是由政策决策主体、政策目标、政策手段、目标和手段之间的内在联系、政策效果评价和信息反馈等内容组成的一个完整的宏观调控系统。❶税收政策是财政政策的重要组成部分，由于具有独特的经济调控功能，因而具有相对的独立性，并且自成体系，具有与财政政策不同的政策内容和政策效应，发挥着自身的宏观经济调控作用。税收政策是税收行为的指导准则，更具有实践性、可操作性。

（四）税收政策的分类

1. 依据一定时期的基本矛盾，分为税收总政策和税收具体政策

（1）税收总政策。它是由国家在一定历史时期税收所发生的基本矛盾所确定的主导政策，是用以解决这些基本矛盾的指导原则，在一定历史时期内具有相对的稳定性。税收总政策及其指导下的具体政策对税制的总体布局和税种结构的建立，以及各种税的税率、税目、减免、课征环节等税制要素的确定都十分重要。

（2）税收具体政策。它是在税收总政策指导下，解决税收工作中具体矛盾的政策，是某一税种的政策。它在每项税收制度中的表现不尽相同，随经济形势和政治形势的变化而变化。如果税收总政策和具体政策不明确或不正确，税制的建立和改革就会发生偏差和失误，对经济产生不良影响。❷

---

❶ 蒋洪. 公共经济学（财政学）（第二版）[M]. 上海：上海财经大学出版社，2011.
❷ 刘怡. 财政学（第三版）[M]. 北京：北京大学出版社，2016.

2. 依据政策的调控手段，分为税收收入政策和税收优惠政策

（1）税收收入政策。税收具有组织财政收入、宏观调节经济和调节收入分配的基本职能。税收收入是财政收入的主要来源，一般占财政总收入的95%以上。

（2）税收优惠政策。税收优惠政策是税收政策的主要组成部分，是鼓励和激励的重要内容。税收优惠政策包括以下几种：①减税（法定减税、特定减税、临时减税）；②免税（法定免税、特定免税、临时免税）；③起征点（达到起征点的全额征税，未达到起征点的不征税）；④免征额（从全部数额中扣除一定的数额，扣除部分不征税，仅对超过的部分征税）；⑤出口退税（鼓励出口给予的增值税或消费税退税）；⑥再投资退税（利润再投资于本企业生产或新办企业时，退还其已缴纳的税款）；⑦先征后返（给予部分或全部退税或返还已纳税款）；⑧税收抵免（在国外缴纳的所得税或财产税准许在国内抵免应纳税额）；⑨投资抵免（鼓励投资给予抵免部分或全部应纳所得税额）；⑩延期纳税（全部/部分税款适当延长缴纳期限）；⑪即征即退（全部/部分退还税款，即特殊方式的减免税）；⑫加速折旧（缩短折旧年限、提高折旧率，加快折旧速度，减少当期应纳税所得额）。

（五）财政政策和税收政策的关系

一方面，财政政策是政府为实现既定的经济目标而采取的各种财政工具和财政手段，是国家整个经济政策的重要组成部分❶，同其他经济政策有着密切的联系。财政政策的制定和执行要与金融政策、产业政策、收入分配政策等其他经济政策协调配合。另一方面，税收政策是财政政策中收入政策的主要组成部分。税收政策是财政政策的另一种形式，通过财政支出与税收政策调节总需求和影响整体经济。首先，税收影响人们的收入。其次，税收影响公共物品和生产要素，进而影响激励机制和行为方式。依据公共财政理论，税收是国家公共财政收入中最主要的部分，是国家为了实现其职能按照法律预先规定的标准，强制、无偿地取得财政收入的一种手段。最后，税收对国民收入的变动具有倍增作用的扩展乘数效应。此外，税收对国民收入是一种收缩性力量，因此增加政府税收可以抑制总需求从而减少国民收入；反之，则可以刺激总需求从而增加国民收入。❷

财政和税收同属经济分配的范畴。尽管税收是财政的重要组成部分，但它具有自身相对的独立性，因而在财政分配关系中具有自身独特的地位和作用。这种独特的地位和作用不仅表现在税收具有独特的宏观调控功能，还表现在税收活动

---

❶ 陈昌龙. 财政与税收（第四版）[M]. 北京：北京交通大学出版社，2016.

❷ 段迎君. 财政学 [M]. 成都：西南财经大学出版社，2010.

对财政的重大意义。首先，税收是财政最主要、最稳定的收入来源。税收分配具有无偿性、固定性、强制性的特点，收入可靠且稳定，为广泛大量地聚集国家财政资金提供了条件。其次，税收有利于规范、明确政府与企业之间的财政分配关系。在市场经济条件下，税收政策是政府参与企业利益分配最根本、最规范的分配方式和手段。税收分配不仅有利于政企分开，还有利于企业公平竞争。最后，多税种、多层次的税源分布有利于政府间的财源分享。税收虽然在财政分配关系中具有特殊的地位，但是受到财政政策的制约。这种制约主要体现在两个方面：一是税收政策调控特别是总量调控只有通过财政支出政策的协调配合，才能有效发挥作用；二是税收的收入特点决定了税收的首要职能是组织财政收入，而财政支出在实践操作上的刚性特征也要求组织收入成为税收的第一要务，这制约了税收发挥调控作用的空间。❶

二、财税政策与体育产业的关联度

体育产业属于典型的绿色产业、朝阳产业和新兴产业，然而其资源过于分散、整体规模较小、服务业相对落后等阻碍了体育产业的快速发展。如果政府不给予政策上的扶持与激励，体育产业的发展就将非常艰难。因此，要激励体育产业快速发展，更需要财税政策的大力扶持。众所周知，税收与国家密不可分，没有国家就没有税收。税收是国家财政的主要聚财工具，是国家为满足社会公共需求、实施宏观调控、参与收入和劳动产品的分配与再分配的一种重要形式。国家制定的一系列财税优惠政策在体育产业发展中的作用既不可忽视又不可缺位。

一方面，政府财政宏观政策与体育产业发展有着紧密的联系。首先，从财政的基本属性分析，财税政策在本质上是为了满足社会公共需要而客观存在的，因而"公共性"是现代财政的基本属性，这个基本属性直接决定了政府应针对某些具有社会公共属性的产业或区域给予必要的扶持。因此，政府需把其中一部分体育产品（服务）纳入公共产品的生产（提供）范围，由国家财政资金支付和补偿体育行业企业因生产（提供）公共体育产品（服务）所消耗的劳动成本。其次，从政府公共财政投入分析，在市场经济条件下，体育产业中为满足广大民众体育消费需求而提供的公共体育产品（服务）的部分，有些已经逐步作为商品进入市场，实现了产业化。但是，对于那些在激烈的市场经济中依然处于发展劣势，暂时无法在市场中独立经营与生存的弱势体育产业门类，政府公共财政仍然需要给予持续性投入，在财政资金上给予包括财政补贴在内的财政政策扶持；对于那些

---

❶ 邓子基.财政学（第四版）[M].北京：中国人民大学出版社，2018.

在激烈的市场经济中已经立足并具有广阔发展前景的体育产业门类，政府则给予适度的财税优惠政策，支持其拓展市场发展空间，促其做大做强。再次，从体育产业公共属性分析，体育产业中生产（提供）的体育产品（服务）同样具有某种公共属性特征，因而对体育产业的支持应当进一步完善财税政策的扶持机制。另外，体育产业迄今仍然是中国的幼稚产业和弱势产业，因此体育产业发展的现实国情决定了仍然需要政府加大对体育产业各门类、各领域的公共财政投入，这也是由中国特色的公共性质决定的。从这个意义来说，政府财税宏观激励政策对体育产业的适度介入与持续扶持具有天然的制度与政策的合理性。❶最后，从公共财政支出分析，体育产业对国民经济的影响主要是拉动消费需求，带动体育生产资料等相关产业门类的快速发展。政府通过对体育产业的财政投资与公共支出，调节国民收入的增减变化，激励包括体育休闲业消费在内的各类体育消费的快速增长，不仅实现了国民经济的增长，还实现了体育产业与经济社会的协调发展。同时，这种政策激励的影响还具有财政乘数扩张效应，即政府对体育产业的公共财政投资与公共财政支出不仅拉动了其他社会投资，扩大了体育相关产业规模与就业规模，还促进了社会生产，增加了税收收入和社会收入。

另一方面，政府税收调控政策与体育产业发展有着紧密的联系。税收政策以其灵活、主动、刚性、直接的特性成为支持体育产业经济发展的重要杠杆工具和政府调节体育产业结构、优化资源配置、激励产业发展的重要手段。首先，税收政策自身的职能和作用能够促进体育产业结构的优化，使体育产业上、中、下游之间的联系更加紧密，产业结构内部与其他部门之间的相互衔接、替代变得更加有序。其次，灵活运用减税免税、出口退税、投资退税、税收抵免等直接或间接的税收优惠政策手段，引导体育产业结构内部的合理协调发展。最后，采取投资抵免、资源折耗、加速折旧、亏损结转、纳税调整等税收调节手段，以及关税中的保税仓库、保税工厂等降低经营成本的税收政策，进一步激励体育产业和其他产业之间、产业内部结构的平衡与优化。❷在体育产业经济发展过程中，税收政策尤其是税收优惠政策必然对体育产品（服务）需求以及体育产业各要素的供给产生深远的影响，即对体育产业市场需求和生产要素及其组合方式产生作用，直接或间接激励体育产业资源的合理配置及产业结构的优化。

---

❶ 杜长亮,吴广亮,谢云.关于体育产业发展与政府行为界入问题思辨[J].首都体育学院学报,2009,21(1)：32-34,38.

❷ 同上.

三、财税宏观经济政策调控体育产业发展

（一）财税政策调控体育产品（服务）

财税政策调控体育产业发展主要体现在对体育产品（服务）的生产、消费、分配，以及对整个体育产业经济稳定等方面的调控。这种政策调控的影响既可能是积极的鼓励和刺激，又可能是消极的限制或压抑。[1]财税政策对体育产品（服务）生产（提供）的影响，主要体现在对体育领域劳动力、储蓄、投资和资源配置的影响。一方面，所得税（企业所得税）等直接税会影响体育产业的投资报酬率，影响体育产业资本的流向或投资倾向；流转税等间接税则会直接影响体育消费水平，从而影响体育产业投资倾向和投资规模。财税政策对体育产品（服务）消费的影响植根于各类纳税主体不尽相同的收入。纳税主体的收入不同，其纳税能力自然不同，因而对不同收入的群体课税，消费能力变化也就有所差异。另一方面，财税政策对分配的影响主要体现在设置相关税种和累进税率，促使体育产品（服务）等社会财富分配的公平合理。因此，财税政策贯穿体育产品生产、分配、消费等阶段的不同税种、不同税制要素。[2]财税政策既影响着体育产业中体育产品（服务）生产（提供）的快慢，又影响着体育产品（服务）消费能力的强弱。

（二）财税政策调控体育市场

在体育产业市场的监督管理方面，政府常常存在缺位的问题，表现在政府监管的标准偏低、监管能力弱化方面，导致体育市场逆向淘汰，落入一个低水平陷阱中，恶性循环而难以自拔，其后果是体育消费用品和体育休闲、体育健康等服务消费大量外流。在此种情况下，政府财税宏观调控政策如果盲目作为一种经济激励政策刺激体育产业经济，其产生的结果将会进一步扭曲体育产业市场，导致产能过剩，劳动生产率下降，最终体育资源配置效率、使用效率均会降低。鉴于此，财税政策调控体育市场要给予适度而必要的鼓励与支持，其激励的领域是体育产业弱化的领域，有针对性、有目的性地扶持政府调控政策缺位、越位以及错位的体育产业发展领域。只有这样，财税政策调控体育市场才更有效率，最终实现帕累托最优。

---

[1] 雷涛.全民健身与体育产业协同发展：理论逻辑与实践路径[J].西安体育学院学报,2017,34(6):664-669.

[2] 张守文.税法原理（第二版）[M].北京：北京大学出版社，2001.

（三）财税政策调控体育产业结构

财税政策能够利用不同的税率、税额、税基等操作手段，以及直接税收优惠政策和间接税收优惠方式，达到促进体育产业结构优化升级的目的。体育产业结构同财税政策相对应且不断变动，在产业高度方面，不断由低级向较高级演进；在产业结构横向联系方面，不断由简单向复杂演进。这种演进不断推动着体育产业结构向合理化、正确的方向发展。❶相反，体育产业结构同样作用于财税调控经济政策。例如，体育产业结构的日益优化促进了产业效率的显著增强和经济效益的提升，这对政府财税收入的获取、规模和税源的稳定来说有着本质上的改善，激励体育微观经营主体（企业和个人）向国家缴纳更多的税，进一步扩大了国家财税收入的规模。但是，在政府财税收入不足的情况下，体育产业因无足够的资金或资本的投资，达不到合理升级优化的目的。可见，政府财税调控政策与体育产业结构息息相关、相互促进、相得益彰。

（四）财税政策调控体育产业研发行为

体育产业的创新发展需要高新技术的强有力支撑，然而体育用品高新技术的研发需要大量的资金作为基础，这使体育产业的投入成本增高，从而抑制了体育产业的高质量发展。为此，财税政策能够引导、鼓励社会民间资本进入体育产业领域，为产品研发提供充足的资金保障。另外，政府实施税收让渡可有效降低因技术研发而投入的设备成本，加快体育产业内部设备的更新换代。一旦体育产业科技成果转化为社会生产力，又进一步促进了国民经济的发展，进而巩固了国家税源的稳定性与确定性。可见，税收调控政策与体育产业研发费用之间有着相互促进、相互抑制的关系。

（五）财税政策调控体育产业就业

体育产业在发展过程中必须承担相应的社会责任，确保社会利益不仅要承担增加国家税收、促进经济结构调整，还应承担增进就业、促进经济发展等社会责任。体育产业作为现代服务产业的重要组成部分，由于其涉及制造业、传媒业与服务行业，以及具有较强的正外部经济性，因而能够在涉及的相关领域扩大就业规模，吸纳较多的就业人口。政府通过调节税率对体育劳动者的所得进行宏观调

---

❶ 任波.中国体育产业结构的形成机理、演进逻辑与优化策略[J].沈阳体育学院学报，2018,37(4):14-20.

控，进而影响体育产业劳动人口的供给与需求；通过对体育产业采取财税优惠政策，鼓励其扩大产业规模，提供更多的就业岗位，而体育产业中就业人口的增加扩大了个人所得税的税源，促进了体育消费。国家财政收入的显著增加进一步扩大了政府对体育产业的投资规模。可见，体育产业发展越好，国家缴纳的财税收入就越多，对社会所做的贡献就越大。这种财税政策与体育产业的关联性促进了体育产业的高质量发展，成为现代服务业新的经济增长点。

总而言之，体育产业作为一国产业经济的一部分，其发展离不开政府的积极引导，受到政府财税经济杠杆工具的有效调节。体育产业的快速发展能够提供更多的财源和税源，为国家做出更多的贡献，实现国家财政聚财的基本功能。基于此，为了加快发展体育产业、促进体育服务消费，政府需要充分利用财政和税收"四两拨千斤"的杠杆工具，充分发挥财税职能，综合运用不同的财税政策激励工具，实现财税宏观调控政策对体育产业的引导与激励作用。但是，财税作为体育产业发展的助力器，仅凭财税政策工具实现体育产业快速发展、体育消费迅速提升的愿景是不切实际的，还需要取决于政府对体育产业发展效率与公平目标的权衡。这是因为，政府财税政策工具自身的局限性同样会加剧"组织收入"与"调节经济"之间的冲突❶，这是政府财税调控政策在实施、影响和激励体育产业发展过程中必须加以解决的现实问题，我们应有清醒而充分的认识。

第二节 财税政策激励体育产业发展的作用机理

一、财政政策激励体育产业发展的作用机理

如前所述，财政政策主要包括财政投资政策、财政预算政策、财政补贴政策、税收政策、国债政策、财政采购政策、购买性支出政策、财政支出政策、财政转移支付等内容。受篇幅所限，本节重点阐述财政补贴政策和财政采购政策对体育产业激励的作用机理。

（一）财政补贴政策激励体育产业的作用机理

一是改变体育需求结构。财政补贴之所以能够改变需求结构，主要是因为它能改变产品的相对价格。一般而言，在体育产品（服务）种类没有什么变化的情

---

❶ 吴超林，杨晓生.体育产业经济学[M].北京：高等教育出版社,2015:81-85.

况下，居民对体育产品（服务）的需求结构取决于各类体育产品的价格。根据供需定律，产品价格高则需求数量少，价格低则需求数量多。政府以此针对需要扶持的体育产品（服务）进行财政补贴，降低这类产品（服务）的实际价格，从而增加居民的需求数量，改变体育产品（服务）的需求结构。

二是改变体育产品（服务）的供给结构。政府针对某类体育企业购进上游产品或销售体育产品的行为实施财政补贴，达到降低产品生产成本或增加产品销售价格的目的，从而影响体育微观经营主体的盈利水平，促进该类体育产品（服务）的生产（提供）。例如，政府对体育企业的科研项目和高新技术研发活动给予一定的财政补贴，鼓励其产品研发创新，促进整个体育产业升级换代。[1]

三是矫正体育产品（服务）的外部性。这类财政补贴主要针对生产准公共产品或具有正外部性体育产品（服务）的企业，其目的是增加准公共体育产品的生产，以满足社会需求。从图 3-1 可知，S 代表体育生产制造厂商提供的体育产品（服务）供给曲线中的边际成本，D_1 代表体育产品（服务）需求曲线中的社会边际效用，D 代表体育公共产品（服务）需求曲线中的私人边际效用（购买者的私人边际效用），它们之间的垂直距离代表该体育公共产品（服务）的外部边际效用。从整个社会的体育产品（服务）供需分析，该体育产品（服务）正好契合外部效应要求的产品水平 Q_0，此时体育产品（服务）购买者的私人边际效用加上体育产品（服务）需求曲线中的社会边际效用正好等于体育公共产品（服务）的社会边际效用。然而，在市场经济环境下，购买者从自身消费的角度决定其购买体育产品（服务）的意愿和数量。因此，由供给曲线与需求曲线共同作用的均衡点 E 决定的产量为 Q_1，此时所决定的价格为 P_1，体育制造厂商所提供的产品（服务）的产量及其价格不能满足或达到外部效应所要求的水平，其体育公共产品（服务）的生产和销售呈现供需不一致的状态。由此可见，这种因外部效应而造成的体育产品（服务）效率损失，客观上需要政府给予适度的政策干预、调节或矫正。政府行为的一个重要职能就是纠正这种私人利益与社会利益的不一致，把体育公共产品（服务）的供应量增加或减少到最优状态。政府宏观调控措施即加大体育业领域的公共财政补贴力度，以激励体育生产厂商和消费者扩大对体育产品（服务）生产与消费的范围与规模。如图 3-1 所示，若每单位体育公共产品（服务）的外部效应为 T，政府向体育产品生产厂商每单位体育产品（服务）提供 T 的财政补贴，鼓励其生产更多优秀的体育精神产品或提供更加优质的体育服务。此时，

---

[1] 张颖. 我国体育用品品牌竞争力培育对策与发展前景[J]. 沈阳体育学院学报，2015, 34(4): 34-38,48.

体育产品（服务）生产者（提供者）实际承担的体育产品（服务）边际成本会显著降低，生产者或提供者能够以较低的市场竞争价格出售物美价廉的体育公共产品（服务），消费者愿意且能够购买的体育产品（服务）数量也会明显增加，从而促使体育产品（服务）的需求曲线上升至社会边际效用 D_1，体育产品（服务）生产者（提供者）的公共产品（服务）产量增加到 Q_0 的最佳水平，生产者（提供者）得到的价格由 P_1 提高到 P_0 的水平。而消费者所支付的购买价格依旧是 P_2，生产者（提供者）最终得到的体育公共产品（服务）销售市场价格为 $P_0 = P_2 + T$。由此可知，通过政府财政补贴的方式，一方面，财政补助体育产业中体育产品（服务）的生产者（提供者），支持其降低生产制造成本，以调动其生产或提供体育产品（服务）的积极性；另一方面，财政补贴给销售终端的体育产品（服务）的价格。此时，体育消费者能够以更加便宜的售价购买到喜闻乐见的体育产品（服务），最终政府财政政策扶持了整个体育产业中生产、制造、消费等诸多环节的发展。

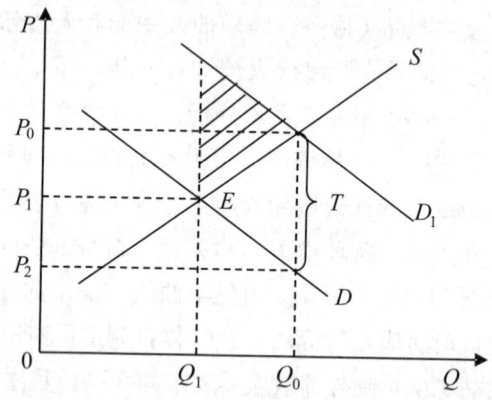

图 3-1　财政补贴政策对体育公共产品（服务）激励的作用机理

（二）财政采购政策激励体育产业的作用机理

政府采购支持体育产业发展的方式主要包括两种：一是采用行政命令方式，政府部门出台指导意见和相关政策，在同等条件下优先购买体育厂商生产或提供的产品（服务）；二是采用市场化方式，通过公开招标、邀请招标、询价采购、网络招标等财政竞标方式，采用公开竞价方式向社会行业、企业采购体育产品（服务）。

首先，政府通过政策导向优化体育资源配置。政府作为采购主体，采购目的是实现政府的财政职能，其资金来源于公共财政资金。政府一方面以市场参与者身份在遵循市场规则基础上参与市场交换，另一方面以政府的身份运用公共财政资金，通过市场实施采购并实现一定的公共目标，因而政府财政采购具有市场性和公共性的双重属性。❶政府财政采购一般针对国家需要重点发展的地区、行业或领域，甚至某类产品进行。从宏观层面看，通过加大对公共体育产品（服务）的采购力度，引导社会资源流向体育产业，促进体育产业发展；从微观层面看，通过对体育相关产业、产业内某类体育产品（服务）的政府购买，优化体育产业结构。例如，加大对公共体育场馆、体育健身公共服务等体育基础设施的采购，这有助于引导体育休闲康健产品的社会消费。其次，引入市场机制，确保体育产品（服务）的质量。再次，政府财政采购应尽可能地节约国家财政资金，提高财政绩效。从实践操作分析，政府通过竞争性的社会公开招投标机制购买体育产品（服务），满足公众的需求。政府采购的市场性可以为体育企业提供公平的市场竞争环境，通过竞争性招标方式遴选最优的体育企业，以提供更加优质的体育产品（服务），提高财政资金的使用效率。最后，同国外体育产业发达的国家相比，中国的体育产业仍然处于幼稚产业阶段，政府财政采购的市场化行为可以对采购企业资格、采购额度、采购产地、采购标准等进行明确界定，达到有效保护中国体育产业的目的。在恪守有关市场化规则的前提下，政府加大对自主知识产权体育产品、自主创新产品、优质体育服务的购买力度，不仅可以为体育产业提供良好的生存环境和市场发展环境，还能够较好地抵御外来体育产业对中国的过度冲击，维护体育安全和促进体育产业健康发展。

　　财政采购政策激励体育产业的具体作用机理如图3-2所示。S代表体育产品（服务）供给曲线中的边际成本。D_1代表体育产品（服务）需求曲线中的社会边际效用，D代表体育产品（服务）需求中购买者的私人边际效用，它们之间的垂直距离代表该体育产品（服务）的外部边际效用。从整个社会的供需看，该体育产品（服务）正好符合外部效应要求的产品水平Q_0，此时的体育产品（服务）社会边际成本等于社会边际效用。P_2是在无政府主导干预、调节或矫正的情况下，体育产业经济市场达到供求均衡时的价格，此时T为广大民众体育消费私人边际效用与社会边际效用之差。然而，在市场经济条件下，体育大众消费的社会边际成本与消费者私人边际成本之差并不一定等于社会效益与私人效益优化过程的均衡价格之差，因而由供给曲线与需求曲线共同作用的均衡点决定的产量为Q_0，此

---

❶ 雷涛.全民健身与体育产业协同发展：理论逻辑与实践路径[J].西安体育学院学报，2017,34(6):664-669.

时所决定的价格为 P_0。同时，消费者愿意且能够购买消费的体育产品（服务）的产量及价格不能满足或达到外部效应所要求的水平，这时该体育产品（服务）的购买消费呈现供需不足的状态。这种因外部效应造成的体育产品（服务）效率的损失需要政府适度地干预和调节。其措施是政府部门运用财政采购方式购买体育行业企业的体育产品（服务），满足广大消费者对体育精神产品（服务）的迫切需求，从而减轻或消除由外部经济效应对体育产品消费行为造成的不利影响。

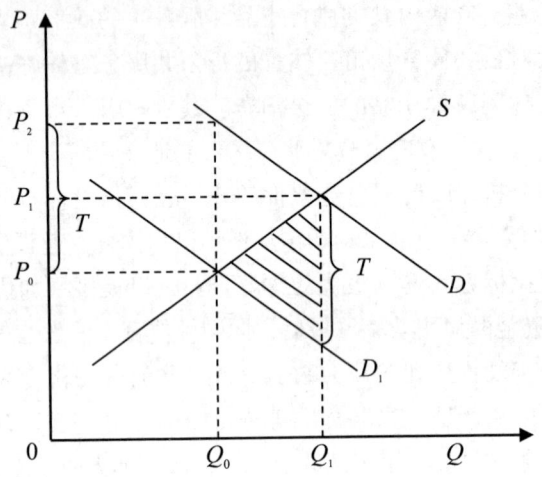

图 3-2　政府财政采购政策对体育厂商及体育消费行为激励的作用机理

再如图 3-2 所示，如果每单位体育产品（服务）的外部效应为 T，政府向体育产品（服务）的生产者或提供者购买 T 个每单位体育产品（服务），鼓励其生产更多优秀的体育精神产品或提供优质的体育服务，而且生产与提供的是广大体育消费者不能够、不愿意购买的体育产品或体育服务。由于政府财政资金参与体育产业中公共体育产品（服务）的市场化购买，体育产品（服务）的生产者或提供者能够且愿意按照较低的市场价格提供公共体育产品（服务）给广大消费者，满足广大体育消费者对优质体育精神产品的需求。此时，体育产品（服务）的需求曲线下降到社会边际效用 D_1，进而使体育生产者的体育产品（服务）产量增加到 Q_0 的水平。这时，体育产品（服务）生产者能够得到的价格由 P_1 下降到 P_0。消费者最终获得体育产品（服务）的价格是 $P_0 = P_2 - T$。这样，政府通过购买公共体育产品（服务），既鼓励了体育厂商生产（提供）体育产品（服务）的积极性，又调动了广大民众体育消费的积极性和主动性，还有效引导了消费者的消费行为，最终为社会大众提供优秀的体育精神产品或优质的体育服务，进而扶持和鼓励了体育产业在生产制造领域和消费领域的发展。

总而言之，政府通过编制年度财政预算的形式实施政府财政采购，一般从公共财政预算资金中设置专项体育产业发展资金，支持目前仍处于体育产业生命周期中幼稚产业早期阶段的产品（服务）创新，鼓励体育厂商生产、制造或提供更多优质的体育精神产品（服务）；通过公开招标、竞争性采购、询价采购、单一来源采购等多种财政采购形式，购买价廉质优的体育产品（服务）。此外，政府对一些普及程度低的体育项目（滑雪、高尔夫、赛车、帆船、冰球等），通过财政采购后，再以低价或免费提供给广大民众参与、赏鉴和享受，既扩大了受众群体的范围，提高了体育产品（服务）的普及率与影响力，又进一步满足了广大人民群众日益增长的体育产品（服务）精神需求。

二、税收政策激励体育产业发展的作用机理

税收政策对体育产业的扶持与激励主要通过税收优惠政策加以具体体现。从税收理论和税收实践看，税收优惠政策主要包括直接税收优惠和间接税收优惠两种方式。

直接优惠方式是一种事后的利益让渡，主要是针对纳税人的经营结果给予一定的减免税优惠，优惠方式更加简便易行，具有确定性。其作用主要体现在政策性倾斜、补偿企业损失上。直接优惠方式包括优惠税率、再投资退税、减税、免税、延期纳税、出口退税、即征即退、先征后退、税收抵免等内容。

间接优惠方式是一种事前的利益让渡，是一种前置条件的优惠方式。它以较健全的企业会计制度为基础，主要通过对纳税人征税税基的调整，从而激励纳税人调整生产、经营活动以符合政府的政策目标。间接优惠方式主要包括税收扣除、加速折旧、准备金制度、税收抵免、盈亏相抵和延期纳税等内容。

政府通过税收优惠政策中的直接优惠方式和间接优惠方式，直接或间接地影响消费者对体育产业中体育产品（服务）的选择行为，并对体育产品（服务）生产制造者的生产决策产生一定的影响。具体而言，一是引导社会资金进入体育产业领域。政府根据当时的经济环境和实际情况，对体育产业给予直接或间接税收优惠，鼓励社会民间资本和资金对体育产业投资，或对体育领域捐赠，目的在于利用税收优惠政策将社会资金引入原来不曾或不愿意投资或进入的体育产业项目或领域中，从而改变体育产品（服务）的需求结构。❶二是促进体育需求结构的优化。通过政府对不同的体育产品（服务）实行课征或不征、高税率或低税率等差

---

❶ 茆晓颖.促进我国体育产业发展的财政政策支持研究[J].成都体育学院学报,2015,41(4):13-18.

异化的个性政策影响体育产品（服务）的相对价格，以减少征税或重税体育产品（服务）的需求，或增加轻税或不征税体育商品（服务）的需求。通过直接税收优惠或间接税收优惠，引导消费者对体育产品（服务）需求结构的变化，实现对体育产业调控的目的。三是影响对体育产业项目的投资。投资决策由投资净收益和投资成本两方面决定，政府通过制定针对性的体育产业投资项目的税收优惠政策，或增加微观体育经营主体的投资收益，或降低其投资成本，激励体育行业企业加大对高新技术研发等方面的投入，扩大产业规模，提升体育产品（服务）的质量，从而达到促进体育产业项目投资的目的。❶

（一）税收政策作用体育产业中厂商行为的一般机理

依据公共财政理论，政府征税后不可避免地减少了微观经营主体的实际可支配收入和本年利润，导致体育经营企业用于购买生产要素和生产资源的经费支出减少，其生产能力也随之下降。税收政策作用于体育产业中体育厂商的经营行为，其传导机理采用税收经济学原理进行阐释。如图3-3所示，假设市场上的体育厂商生产、制造两种体育产品 X 和 Y，两者均属于国家既不鼓励也不限制发展的普通体育产品。政府没有对该体育厂商征税之前，这两种体育产品的消费者无差异曲线 U_0 与体育厂商生产可能性曲线 C_0 相切于均衡点 E_0。此时，两种体育产品的生产数量分别为 X_0 和 Y_0。政府对该体育厂商征税后，由于课征导致体育厂商的销售（营业）收入及其本年利润随之减少，生产可能性曲线由原点移动到 C_1，与新的无差异曲线 U_1 相切于点 E_1。此时，所对应的最优组合生产数量为 X_1 和 Y_1。由此可知，由于政府的课税无形中改变了体育厂商的生产经营决策和生产经营行为，相应地也减少了这两种体育产品的产量，进而达到了政府制约体育厂商生产、制造体育产品能力的宏观调控目的。基于此，政府的税收调控直接影响着体育厂商的生产量，制约着其销售量，甚至影响到了体育厂商的生存问题。一方面，如果政府对体育厂商生产这些体育产品课税的税率过高，会导致体育厂商的生产经营成本增加、边际收益下降，使平均可变成本曲线的最低点高于体育厂商实际得到的价格，体育厂商没有经营利润甚至亏损。此时，体育厂商被迫放弃生产或制造。另一方面，政府如果课税过多，会导致体育厂商没有足够的营运经费和可利用的资源维持持续性生产，最终退出完全竞争的体育经济市场。在这种情况下，可以通过税收政策中税率高低的课征调控，最终实现政府对体育产业中微观经营主

---

❶ 徐茂卫，郑永芳. 基于资源视角的我国体育产业资源整合的实施路径分析[J]. 武汉体育学院学报，2013(1): 40-43.

体——体育厂商经营行为的宏观调控目的。

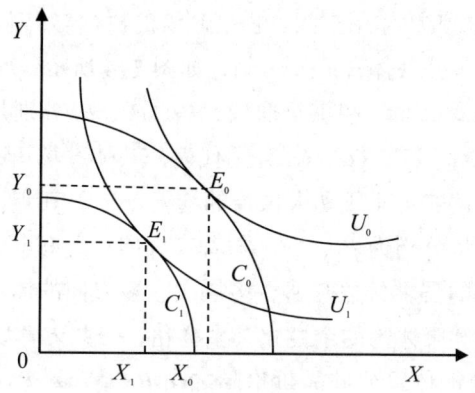

图 3-3　税收政策作用体育产业中厂商行为的一般机理

（二）税收政策作用体育产业供给的一般机理

　　税收调控经济政策作用于体育产业的供给效应，一般通过税收对体育产业部门各投入要素实施不同的调控政策，如对劳动力的投入、资本及其他耗用资源征收实施差异化的课征。一方面，通过调整税收收入结构，体育产业各部门的资源应用能力和耗用量发生增减变化，实现体育产业各部门的扩张或收缩；另一方面，税收收入的增减变化导致体育产业相关部门的变动影响，此影响不仅表现在体育产业自身领域，还表现在其他产业部门。

　　税收政策作用于体育厂商某些生产要素和生产资源的使用，调控生产这些要素部门的资源配置，特别是税收优惠政策作用于体育产业，政府灵活运用税收优惠政策（投资减税、利润保留、加速折旧、延期纳税等）以及针对体育厂商外贸出口的税收优惠政策（出口退税，投资退税、投资返还等），选择激励体育产业中关联度高（前向关联和后向关联）的主导产业，根据体育产业中不同发展时期、不同发展阶段、不同区域以及体育产业在国民经济中的重要性，来确定激励的内容与目标。依据公共财政理论和外部经济理论，税收政策中的税收优惠政策对矫正外部性体育公共产品（服务）具有正向的激励效应，可以通过弥补私人边际成本的方式使市场经济活动满足边际社会成本等于边际社会收益这一效率条件，实现生产外在性产生的更广泛的经济和社会效益。根据公共产品理论，社会产品（服务）中的公共产品（服务）在市场上是较少提供的，鉴于政府公共财政资金的有限性，政府公共财政支出无法大包大揽，全部满足广大民众对体育基础公共设施的需求，这就在客观上决定了对公共体育场馆这类介入纯公共产品与私人产品之间的混合公共产品由体育厂商和政府公共财政共同承担并供给。与此同时，充分发挥政府财税调控政策的作用空间，提高政策的执行与实施效率。

以公共体育场馆等公共体育产品为例，如图 3-4 所示，D_1、D_2 与 S_1、S_2 分别代表公共体育场馆的需求曲线和供给曲线，P_1、P_2、P_3 分别是公共体育场馆等体育公共产品的不同价格，Q_1、Q_2、Q_3 分别代表公共体育场馆的不同供给数量，此时，运营公共体育场馆的企业或私人供给的均衡点位于 G 点，与之对应的公共体育场馆的价格和供给量分别为 P_1、Q_1。随着广大体育爱好者对公共体育场馆等公共体育产品（服务）的需求日益旺盛，多层次、多方面的体育愉悦、强身健体愿望的显著增强，以及健康休闲的个性化、多样化，公共体育场馆的需求曲线从 D_1 上移至 D_2，与之相应的体育公共品价格随之由 P_1 上升到 P_2，产品供给数量也随之由 Q_1 移至 Q_2 的水平，同时产生了新的均衡点 H。然而，这时的 H 点并不是公共体育场馆等体育产品（服务）的最佳均衡点，即公共体育场馆这类体育产品（服务）供给没有达到帕累托最优的状态，造成了公共体育场馆这类资源的浪费，出现了经营亏损的状态。在这种情况下，需要政府运用税收优惠政策适时介入公共体育场馆这类体育产业领域，给予生产、建造公共体育场馆等公共体育产品的行业企业（法人）或者私人（自然人）直接或间接的税收优惠，从而激励体育厂商建造或提供更多、更好的公共体育场馆等体育产品（服务）。这时，其供给曲线由 S_1 下移至 S_2，在 T 点达到帕累托均衡的状态。在政府税收优惠政策的持续激励下，公共体育场馆等体育产品（服务）的服务价格明显下降，从 P_2 点下降到 P_3（或恢复到 P_1），而与之对应的这类公共体育场馆的供给数量明显上升，即由 Q_2 向右移至 Q_3 的位置，此时，实现了公共体育场馆等体育产品（服务）价格的下降，但其供给量明显提升。不但满足了广大民众对公共体育场馆等的迫切需求，而且极大地激励了体育生产、建造厂商（法人）和私人（自然人）生产、建造和提供体育公共场馆的积极性，降低了体育厂商的生产经营成本，使体育场馆等体育基础设施资源得到了明显的配置和优化❶，提高了体育厂商的市场竞争力，最终促进了体育产业中公共体育场馆这类体育产品（服务）经济效益和社会效益的最大化。

---

❶ 雷涛．全民健身与体育产业协同发展：理论逻辑与实践路径[J]．西安体育学院学报,2017,34(6):664-669．

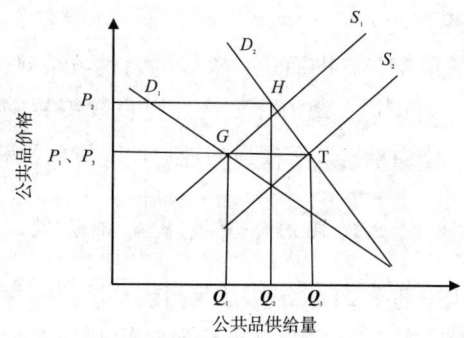

图 3-4　税收政策作用体育产业体育公共产品供给的作用机理

第三节　中国体育产业财税政策的发展现实

一、中国体育产业财税政策的历史演变

中国体育产业发展于 20 世纪 80 年代改革开放初始,经历了产业的自发萌芽期、培育发展期、深化发展期三个历史演进阶段。与此相应,体育产业财税政策的发展历程也经历了三个历史演变阶段,经历了中国的经济体制从计划经济向社会主义市场经济过渡的历史时期,即从产业政策的不成熟、启蒙、培育到初步发展、深化的过程,或者说由大包大揽体育事业逐步走向体育产业市场经济发展的演进过程。与此同时,国家和政府体育产业财税政策的适时出台与实施极大地推动了中国体育产业的可持续速发展,起到了积极引导、加快促进、有效激励的推动作用。

(一)体育产业财税政策的初步建立与有限扶持阶段

20 世纪 80 年代初期至 90 年代中期是中国体育产业发展的萌芽阶段,也是财税政策初步建立的有限扶持阶段。此阶段,国家专门针对体育产业发展的财税政策很少,鼓励与扶持程度有限,当时的财税政策主要以全国体育事业的单独扶持为主,财政政策包括财政补贴、全额财政拨款、老少边穷地区体育事业的财政转移支付等;税收政策主要是税收优惠政策,其局部、零星、分散在增值税、房产税、营业税(2017 年 5 月 1 日废除)、土地使用税、契税、耕地占用税、企业所得税等流转税类、财产税类、行为税类、所得税类等的税收优惠政策之中。此阶段的政府财税调控体育产业经济的政策不全面、不完整，无针对性，而且在政策实践中缺乏相应的政策配套，因而这一阶段的财税政策对体育产业所起到的扶持、促进作用十分有限。可以说，政府体育产业财税政策效应微乎其微。但此阶段的体育事业财税政策具体而丰富，有极强的针对性、专门性和有效性。

（二）体育产业财税政策的培育发展支持阶段

20世纪90年代中期至21世纪初是我国体育产业的探索阶段与财税政策逐步培育的扶持阶段。随着中国社会主义市场经济体制的逐步建立，我国开始初步探索具有中国特色的体育产业的发展道路。一批国有体育事业单位开始进行改制转型，有力地推动了体育产业的市场化经营发展和市场化进程。此阶段，国家对体育产业发展的财税政策支持力度逐步加大，特别是对体育事业改革的重点领域给予更多、较为全面的财政和税收政策激励。例如，针对国家供给的体育事业性支出和体育公共产品（服务），给予全额或绝大部分的公共财政拨款资助，进一步加大对体育事业的公共财政投入；对于走向市场化经营的部分体育产品和体育服务，政府给予必要的减免税优惠，尤其是针对体育类公益性活动（项目）和体育基础公共设施等方面的捐赠，均给予捐赠金额税前减免扣除的税收优惠待遇。这一阶段拓宽了体育产业的财税优惠范围，丰富了体育产业财税优惠内容，例如，在税种优惠政策上，既包括增值税、营业税（2017年5月1日废除）等流转税类和企业所得税、个人所得税等所得税类，也包括土地、服务等资源税类以及印花税、车船使用税等行为目的税类。这一时期，国家为鼓励体育业改革和走向市场化，体育产业财税政策呈现逐步加大支持与持久激励的良性发展态势。

（三）体育产业财税政策的深化发展和全面激励阶段

21世纪初乃至今后相当长的一段时间均属于中国体育产业加速深化发展的黄金时期。随着国家和政府对体育产业重要性和必要性认识的日益加深，一系列扶持、激励体育产业发展的财税政策相继出台，这标志着中国体育产业进入了一个快速发展的新阶段。为进一步转变政府对体育产业的管理方式，就必须改进宏观调控手段，防止和消除对体育市场资源的限制和垄断，推动体育体制改革试点，加快适宜市场运作的体育领域的产业化进程，建立产权清晰、权责明确、政企分开、管理科学的现代企业制度。按照管办分离的原则，积极调动社会力量参与体育的市场化运作。由此，围绕这一时期的体育产业发展目标与主要任务，国家制定了优化体育产业结构、壮大体育消费市场、加快区域体育产业协调发展、推动体育产业基地建设、促进体育产业与相关产业的互动融合发展、推进体育产业基础工作、盘活体育场馆资源等一系列财税优惠措施。一方面，落实相关税费优惠政策。积极推动在体育赞助、体育捐赠等方面的税收优惠政策，体育赞助企业产生的符合条件的广告费支出，可以按照税法规定税前扣除；自然人、法人或其他组织向公益性体育组织捐赠财产，依照有关规定在年度应纳税所得额中按照一定比例扣除；鼓励社会力量捐资设立体育基金会，鼓励境内外组织与个人向基金会提供捐赠和资助等。另一方面，加大财政对体育产业的支持力度。鼓励各地设立体育产业发展引导资金或争取其他专项资金，采用贷款贴息、项目补贴、后期赎买、政府奖励等方式，对符合政府重点支持方向的体育产品、重大项目和行业企业给予大力扶持。尤其是在"十一五"和"十二五"时期，政府全面落实《国务院办公厅关于加快发展体育产业的指导意见》，体育产业财税政策基调以正向激励为主，内容具体而丰富，调控政策全面而高效。主要体现在以下几方面：①在财政政策激励方面，中央和地方各级人民政府加大对体育产业的财政投入支持力度，通过贷款贴息、项目补贴、补充资本金等多种财政政策方式，支持国家级体育产业基地建设、体育产业重点项目建设及跨区域整合，支持体育新产品、新技术的研发，支持体育产品和服务的出口；②在税收政策激励方面，鼓励发展体育产业的税收优惠形式多样，既包括减税、免税、起征点、免征额、优惠税率、再投资退税等直接税收优惠政策，又包括加速折旧、准备金制度、税收抵免、盈亏相抵、投资抵免、加计扣除等间接税收优惠方式的激励。可见，国家通过进一步转变政府职能，加快培育体育市场主体，深化财税体制和体育体制机制改革，优化、调整体育产业调控措施，促进了体育产业在全国范围内的全面展开和深入推进。这一时期，无论中国体育产业发展还是财税政策实践均呈现出了由量变到质变的飞跃。

二、中国现行体育产业财税政策的现状

体育产业是市场经济发展的必然产物，体育社会化、产业化、商业化是体育发展的必由之路。改革开放以来，中国以体育健身服务、体育竞赛表演、体育用品市场等为主要内容的体育产业体系初步形成，体育产业已经构成了一个独具特色的产业门类。[1]随着中国经济结构的不断优化升级，人们生活水平的不断提高，人们的消费意识开始从注重温饱生存向关注体育休闲娱乐转变，这给中国体育产

---

[1] 王子朴,原玉杰,詹新寰.我国体育产业政策发展历程及其特点[J].上海体育学院学报，2008(2)：15-19.

业带来了更加广阔的发展空间和极大的发展潜力。因此,从现行财税政策的视角审视中国体育产业的大发展具有积极的促进作用与现实意义。

体育产业是中国改革开放以来最具活力的新兴产业之一。其市场潜力大,启动速度快、产业关联度广、就业机会多,社会贡献大,具有显著的经济、社会等综合效益,还具有污染小、产值高、关联强、潜力大、正外部性、就业机会多等特征。❶目前,中国从事健身娱乐业、竞赛表演业、技术培训业的体育行业、体育企业等经营性机构4万余家,总投资额已超过4 000亿元人民币,年营业额达1 000亿元人民币。❷另据北京奥组委统计,2008年北京奥运会直接带动体育产业的收入约30亿美元,间接收入约54亿美元,促进国民生产总值增长0.5个百分点。❸由此可知,体育产业由于科技含量高、资源消耗低、环境污染少、附加值高、发展潜力大,因而具有广阔的发展前景,是永不衰落的"朝阳产业"和"绿色产业"。

当前,中国的体育产业仍然处于初期发展阶段,其产业规模小,产业结构不合理,产业社会化、产业化程度不高,体育市场零星单一、发育缓慢,面对市场经济环境的适应能力不强,运用市场机制推进体育产业发展的竞争能力弱,是典型的弱势朝阳产业。基于此,其运行和发展迫切需要国家制定相应的激励政策予以扶持和促进。体育业是产业和事业的结合,并不排斥政府公共财政对体育的大力支持,因为体育产业的许多内容是公益性、社会性的,不完全是商业性的。在目前中国体育业仍然是"举国体制"的国情下,体育事业和体育产业的发展均离不开国家政策的强有力支持。国家在财税政策上给予税收优惠支持,这是财税杠杆的经济调节手段。特别是在体育产业的发展进程中,财税政策的激励目标体现了国家对这一绿色、朝阳产业以及仍处于初步增长阶段弱势产业的支持与激励,同时强调对体育产业的税收公平,其核心是普遍课征和平等课征,包括横向公平和纵向公平。前者是以同等的课税标准对待经济条件相同的纳税人;后者应以不同的课税标准对待经济条件不同的纳税人。在现行企业所得税的税收优惠政策中,高新技术产业、软件产业、集成电路产业和小型微利企业、创投企业、非居民企业等均制定有完善的税收优惠政策,这极大地促进了新兴产业(行业、企业)的

---

❶ 樊道明,王子朴.中外体育财政问题比较研究[J].北京体育大学学报,2008(12):24-27.

❷ 任波.中国体育产业结构的形成机理、演进逻辑与优化策略[J].沈阳体育学院学报,2018,37,(4):14-20.

❸ 江和平,张海潮.中国体育产业发展报告(2008—2010)[M].北京:社会科学文献出版社,2010.

发展。然而，政府对体育产业等具有国民经济增长点的新兴产业却没有制定相应的税收优惠政策专门给予必要的扶持，无形中制约了仍然处于幼稚期的体育产业的发展，也严重违背了横向公平和纵向公平的税收政策激励目的，势必不利于这些体育产业项目的长足发展。因此，不管从体育产业具有国民经济新经济增长点的长远角度看，还是从产业周期理论中仍然是幼稚产业的视角看，体育产业都应得到政府财税政策的大力扶持与持久激励。因此，国家要立足于体育产业的现实发展国情，依据受益原则和能力原则，采用财税激励传导机制，通过减免税、财政补贴、税前扣除、宽限期、加速折旧、财政转移支付、财政投资、投资抵免等财税优惠措施对体育产业资源实施优化配置，降低企业的税收负担，促使其投入与产出效率最大化，进而调节体育产业中的产品或服务的总需求和总供给[1]，为体育产业的做强做大创造有利条件，使之获得良好的投资效益。鉴于此，中国体育产业的发展离不开政府的积极引导，财税政策作为支持体育产业发展的宏观政策调控工具，激励体育产业发展，有其客观必然性，必将大有作为。

三、中国现行体育产业财税政策的现实评价

改革开放以来，中国体育产业形成了"体育竞赛表演业、体育健身娱乐业、体育用品业"比较成熟的三大产业板块。[2]现行促进体育产业发展的税收激励政策在相关税种的税收优惠措施中有所体现，主要反映在流转课税、所得课税、资源课税和财产课税中（表3-1）。

表3-1　现行体育产业税收优惠激励政策内容

税　种	体育产业税收优惠措施的具体内容	征税对象分类
增值税	（1）国家体育总局所属的国家专业体育运动队进口的（包括国际体育组织赠送和国外厂商赞助的）特需体育器材和特种比赛专用服装，免征增值税；（2）体育彩票发行收入，不征收增值税	流转税类

---

[1] 张华.我国体育产业财政投融资体制问题探讨[J].体育与科学，2007,28（3）：9-12.
[2] 余兰.改革开放30年来我国体育产业发展进程研究[J].北京体育大学学报,2008（10）：138-141.

续 表

税 种	体育产业税收优惠措施的具体内容	征税对象分类
关税	（1）体育交流活动中使用的表演、比赛用品，暂不缴纳关税；（2）对科学研究机构和学校，不以营利为目的，在合理数量范围内不能生产的科学研究和体育教学用品，直接用于科学研究和教学的，免征进口关税和进口环节增值税或者消费税；（3）国家体育总局所属的国家专业体育运动队进口的（包括国际体育组织赠送和国外厂商赞助的）特需体育器材和特种比赛专用服装，免征关税；（4）对奥运会场馆建设所需进口的模型、图纸、图板、电子文件光盘、设计说明及缩印本等非贸易性规划设计方案，免征关税和进口环节增值税	流转税类
企业所得税	（1）新办文教、体育卫生的企业或经营单位，自开业之日起，减征或免征企业所得税1年；（2）纳税人用于文教、体育卫生业的公益、救济性捐赠，在年度利润总额12%以内的部分，准予在计征企业所得税时税前扣除	所得税类
个人所得税	（1）对省级人民政府、国务院部委和中国人民解放军军以上单位以及中国组织、国际组织颁发的体育、文化、教育、科学、卫生等方面的奖金，免征个人所得税；（2）对个人购买体育彩票，一次中奖收入在1万元以下（含1万元）的，暂免征收个人所得税；（3）个人将其所得通过中国境内的社会团体、国家机关向教育和其他社会公益事业捐赠，金额不超过纳税人申报的应纳税所得额30%的部分，准予从应纳税所得额中扣除	所得税类
房产税	由财政部门拨付事业经费的体育、科技、教育、文化、卫生等事业单位自用的房产，免征房产税	财产税类
城镇土地使用税	由财政部门拨付事业经费的体育、科技、教育、文化、卫生等事业单位自用的土地，免征城镇土地使用税	资源税类
车船税	由财政部门拨付事业经费的体育、科技、教育、文化、卫生等事业单位自用的车船，免征车船使用税	财产税类

资料来源：全国注册税务师执业资格考试教材编写组.税法（Ⅰ）[M].北京：中国税务出版社,2018；全国注册税务师执业资格考试教材编写组.税法（Ⅱ）[M].北京：中国税务出版社,2018.

从表3-1可知，中国对鼓励体育产业发展的税收优惠政策比较零散、分散，没有形成完整、规范、统一的税收政策激励体系，而且税收政策不稳定，特别是临时性的体育税收政策扶持多，持久性的税收激励政策少，总体上税收支持力度不大、激励不足，存在诸多的问题和制约因素。

（一）现行税收政策对体育产业的激励手段单一、内容不完整，税收负担沉重

一是支持体育产业发展的税收政策激励手段单一，以直接优惠政策为主，其他方式较少。❶即从产业（行业）税收优惠的角度促进体育产业发展的税收政策极少。二是没有建立一套长久、有效执行的财税激励政策体系。缺乏通过投资抵免、减税、免税、退税（出口退税和再投资退税）、财政投资、加速扣除、税项扣除、财政转移支付、亏损弥补等直接和间接税收手段来全面激励体育产业发展的财税政策体系。三是现行扶持体育产业发展的财税政策内容不完善。例如，针对未来发展前景广阔的体育创意产业、体育休闲旅游业、体育用品业、体育竞赛表演业、全民健身服务业、体育广告业、体育会展业等新兴体育产业以及重点培育大型体育企业集团、龙头体育企业的资产重组、创业投资等的税收优惠政策几乎没有，致使支持体育产业的税收政策激励内容不全面、不完善。四是目前体育产业的税收负担沉重。现行对体育产业征税的税种主要分布在流转课税和所得课税中，其中增值税和个人所得税是对体育产业征税最多的税种（表3-2）。比如，体育赞助、体育广告等创收收入均要征收25%的企业所得税等，而且体育赞助不得在企业所得税税前列支扣除，应按照《中华人民共和国企业所得税法实施条例》第五十四条的规定进行纳税调整，并入体育企业收入总额中全额缴纳企业所得税。❷可见，其税收负担的沉重。

表3-2 现行体育业税收政策的征税内容

税 种	具体征税内容	税 率
增值税	销售体育用品的销售收入	13%
	文化体育业（体育比赛、表演、提供体育场所等）	6%
	娱乐业（台球、高尔夫球、保龄球及其服务）	6%
	服务业（体育代理业、广告业、租赁业）	6%
	其他服务业（划船、溜冰、钓鱼、漂流等）	6%
	文化体育服务	6%

---

❶ 冯国有，贾尚晖.中国财政政策支持体育产业发展的承诺、行动、效应[J].体育科学，2018,38（9）：37-46.

❷ 武鹏.我国体育产业财税激励的构建[D].上海：华东政法大学，2015.

续表

税 种	具体征税内容	税 率
企业所得税	（1）体育制造企业、体育服务企业的经营利润 （2）体育赞助、体育广告、体育捐赠等	25%
个人所得税	运动员工资、薪金所得	3%~45%等7级税率
	体育影视、录音、录像、演出、表演、广告、展览、技术服务、体育经纪服务、代办服务等	20%（加征50%或100%）
	体育财产租赁、体育财产转让	20%
	体育彩票中奖收入（中奖1万元以上的）	20%
城市维护建设税	体育企业实际缴纳的增值税、增值税税额	7%、5%、1%三档
教育费附加	体育企业实际缴纳的增值税、增值税税额	3%

资料来源：全国注册税务师执业资格考试教材编写组.税法（Ⅰ）[M].北京：中国税务出版社,2018；全国注册税务师执业资格考试教材编写组.税法（Ⅱ）[M].北京：中国税务出版社，2018；杨京钟.税务流程与纳税申报（第2版）[M].厦门：厦门大学出版社.2014.依据以上资料以及2019年3月最新税率调整等资料整理而得。

（二）体育业捐赠税收政策存在诸多的限制性矛盾，极大地制约了体育产业筹资融资的积极性

一方面，2017年2月，第12届全国人民代表大会常务委员会第26次会议修订通过的《中华人民共和国企业所得税法》第九条、《中华人民共和国企业所得税实施条例》第五十三条均规定，企业发生的公益性捐赠支出，在年度利润总额12%以内的部分，准予在计算应纳税所得额时扣除。另外，在计算应纳税所得额时，赞助支出不得在税前扣除，也不允许企业将其计入成本，这意味着企业对各类体育竞赛和体育行业企业的赞助支出不能扣除，增大了体育产业的纳税成本和体育企业的税收负担，极大地制约了体育产业的筹资融资规模❶，而且影响了社会对体育业（包括体育事业和体育产业）赞助捐赠的主动性和积极性。

另一方面，2018年8月新修订的《中华人民共和国个人所得税法》和《中华

---

❶ 汪洋,殷建华,马力.体育产业税收政策与法律问题探讨[J].体育科学研究，2008（2）：25-27.

人民共和国个人所得税法实施条例》第二十四条同时规定，个人将其所得向非营利性的社会团体和其他社会公益事业的捐赠，未超过个人应纳税所得额30%的部分准予扣除。然而，两部法律法规中的税收捐赠存在诸多的矛盾和限制性规定。具体体现在：个人向非营利性的半官方社会团体或体育组织的捐赠，超过个人所得税应纳税所得额30%的部分不准扣除，而且须纳税调整，缴纳个人所得税。尽管2017年颁布的《中华人民共和国企业所得税法》第九条规定，企业发生的公益性捐赠支出，在年度利润总额12%的部分准予税前扣除，但企业捐赠给其他民间体育公益性团体等非营利性组织，仍然没有享受到捐赠扣除比例的税收优惠政策，由此可见，对官办和民办团体或组织纳税没有一视同仁。此外，新修订的《中华人民共和国企业所得税法》对体育业税前捐赠12%的扣除比例依然偏低，国际上体育产业发达的国家，如西班牙，对体育产业捐赠扣除比例高达100%，免征企业所得税；英国对体育产业的赞助实施"体育配对"计划和"一英镑对一英镑"政策[1]，鼓励社会进行捐赠，以发展体育产业服务于社会。因而，与其他国家相比，中国现行对体育产业的税收捐赠比例仍然偏低。

（三）缺乏顶层设计，现行财税激励政策缺乏科学的制度设计

首先，从激励职业体育投资的视角看，由于缺乏科学的顶层制度设计，仅靠政府公共财政资金的无限投入，没有社会民间资本的有效参与，整个体育职业赛事产业既缺乏高水平的市场化运作能力，又没有形成政府与社会共同参与的有效机制，导致政府财政压力十分沉重。其次，从激励体育健身休闲服务供给的视角看，体育俱乐部、体育场馆及相关健身设施的提供是实现体育健身休闲的重要载体。但在实践中，现有体育场馆开放率与利用率不高，闲置严重，公共体育场馆的设计与后续赛后运营出现了市场脱节现象，存在资源短缺与体育基础设施浪费并存的尴尬现象。一是在公共体育场馆基础建设方面，缺乏必要的财税政策激励以及社会资本的有效参与，造成公共体育场馆的投资与建设偏低；二是大型公共体育场馆建设投入前后不均衡，如政府财政前期投入金额巨大，建成后的长期日常维护财政经费不足，政府管理滞后，这造成了严重"贫血"以及"自我造血"功能不足。随着广大民众生活水平的日益提高，参加体育健身锻炼的人群越来越多，但是由于诸多问题的存在，严重制约了公共体育场馆等体育基础设施健身休

---

[1] 蔡俊五.体育赞助在体育发展中的作用[C].体育产业现状趋势与对策论文集.北京：人民体育出版社，2001：86-92.

闲服务功能的发挥。❶最后，从财政公共投入和财政转移支付的视角看，为支持西部地区体育产业发展，中央财政投入巨额的财政资金，通过"雪炭工程""体育三下乡"等活动向中西部以及广大农村地区倾斜，极大地促进了中西部特别是西部地区体育产业的崛起与发展。但相对而言，对中西部的公共财政投入依然不足，由于中国城乡以及东部、中部、西部经济发展的不平衡，不同地方政府建设投入往往差别较大，致使中央财政对全国体育产业的投入存在不均衡性。

（四）现行体育业财税政策大多是临时性的，缺乏政策连续性和持久性

从现行财税政策看，体育业财税政策更多具有临时性和非持续性。其主要是针对国际（国家）某一大型比赛专门特殊制定而实施的，多数具有一定的针对性和临时性，当这些国际（国家）大型赛事结束时，其财税政策也随之失效，缺乏政策的连续性和持久性。例如，为支持2008年第29届奥运会和第13届残奥会在首都北京盛大举办，从2003年开始，政府先后制定和颁布了一系列专门针对2008年北京奥运会的税收优惠政策。比如，①财政部、国家税务总局、海关总署《关于第29届奥运会税收政策问题的通知》（财税〔2003〕10号）对第29届奥运会组委会实行了13项税收优惠政策。②财政部、国家税务总局《关于奥运会场馆建设占用耕地免征耕地占用税的批复》（财税〔2004〕38号）明确规定，为支持北京市举办2008年奥运会，同意对奥运会场馆及其配套设施建设占用耕地免征耕地占用税。③2008年，财政部、国家税务总局《关于第29届奥运会 13届残奥会和好运北京体育赛事有关税收政策问题的补充通知》（财税〔2008〕128号）等明确确定了在第29届奥运会和第13届残奥会举办期间短期性的财税优惠政策。（红字是修改的内容）。④除了国家给予必要的财政补助和政府采购外，针对国际奥委会和奥运会参与者实行6项税收优惠政策。至此，国家对涉及奥运会的增值税、消费税、关税、土地增值税、印花税、企业所得税、个人所得税、车船使用税和新购车辆应缴纳的车辆购置税等11个税种给予了免税待遇，这无疑对奥运会在中国的成功举办发挥了巨大的支持和促进作用。然而，上述财税政策均具有一次性、临时性的特征，2008年奥运会和残奥会结束后，这些财税优惠政策也随之弱化或者废除。此外，上述税收政策均是以"通知""批复""补充通知"等形式颁布的。因而，其财税政策制定的层次、级别和效力都较低，其规范性不强、约

---

❶ 常荣霞.大型公共体育场馆改革的财税政策研究[D].武汉：武汉体育学院，2015.

束力不够、执行力不足，无形中影响了这些体育业财税政策的有效实行。❶

综上所述，现行财税政策的扶持与激励主要体现在对体育产业财税政策的鼓励引导和税收优惠两方面。从财税政策实施成效看，中国对体育产业的财税优惠政策多数为临时性、短期性的，不具有长期稳定性和持久性。同时，政府财税激励缺乏科学的制度设计，财税立法不足、执法刚性不强，财税优惠政策弱化，特别是仅对体育彩票有明确持久的优惠规定。在企业所得税方面，仅提及高新技术企业和小型微利企业有一定的优惠政策措施，在体育行业企业中难以实现合理覆盖。由此可见，这种单一的、临时性的财税优惠政策显然无法对中国体育产业的发展提供有效、持久的扶持与强有力的激励，客观上需要政府专门对体育产业财税政策与时俱进地优化、调整与完善。

---

❶ 杨京钟，吕庆华，易剑东.中国体育产业发展的税收激励政策研究[J].北京体育大学学报，2011（3）：5-8.

第四章 体育服务产业与财税调控经济政策

本章研究体育服务产业与政府财税宏观调控经济政策的关联性，运用理论分析和实践分析的方法，阐述财税调控政策对体育服务产业中的微观经营主体行为的激励效应，并为此开展定性研究。由此表明，一方面，由于现行税制和财税政策的不健全与不完善，使中国体育服务产业发展面临诸多的制约因素；另一方面，政府财税激励政策和体育服务产业具有紧密的关联度，财税宏观政策具有调控产业经济的作用，能够以财税经济政策为依托，有力扶持与激励中国体育服务产业的快速发展。

第一节 体育服务产业概述

一、体育服务产业的内涵

体育服务产业已经成为当今全球体育产业未来发展的重要领域。伴随着体育产业的迅猛发展和人们对优质体育服务的不断追求，体育服务产业成了新兴绿色朝阳产业门类。市场经济条件下的体育服务产业是现代服务业的重要组成部分，是体育产业的主体部分，因而具有现代服务产业（第三产业）的共同特性，也是一国或地区新的产业经济增长点和促进社会就业的重要载体。体育服务产业是体育行业劳动者以自己参与劳动的形式，满足人们对体育的各种需求而进行的产业经济活动。即为满足人们日益增长的体育需求，使体育劳务进入生产、交换、消费、服务的产业门类而进行的有目的的经济活动。体育服务业是为体育制造业提供消费群体，其发展水平及产业程度是体育产业是否成熟的重要标志之一，直接或者间接地影响着整个体育产业的高质量发展。

现代体育服务产业属于以市场经济制度为资源配置方式、以提供优质的体育服务为载体、以获取经济利益回报为目的的产业门类。从狭义的内涵讲，体育产业或者体育本体产业均是体育服务产业。发展体育服务业，先要认识到体育服务业的发展是体育产业结构的一次产业转型升级，因而必须逐步建成开放、竞争的体育市场体系，在体育产业中创新应用互联网技术，促进中国体育服务业的商业经济产业化程度逐步提高，为体育服务消费提供更多的发展契机。

二、体育服务业的分类

体育服务产业是体育产业的核心，以提供体育服务产品和劳务为主，直接影响和关系到整个体育产业发展的进程，其发展程度是判断一国或地区的体育产业是否成熟的重要标志之一。依据《中华人民共和国统计法》、国务院《关于加快发展体育产业促进体育消费的若干意见》（国发〔2014〕46号）和2017年《国民经济行业分类》（GB/T 4754-2017）等的相关规定，以及国家统计局再次修订并于2015年9月6日发布实施的《国家体育产业统计分类》对体育服务业的分类[1]，结合体育服务业自身的特性与用途，体育服务业可分为以下几类：

一是体育场馆服务。包括公共体育场馆和其他体育场地（如社区、公园、健身步道、多功能城市广场等运动场所的管理服务）等内容。

二是体育中介服务。包括以下内容：①体育经纪与广告活动；②体育经纪人；③体育广告服务，如体育广告制作、发布、代理等服务；④体育活动的策划服务，如运动会及其他体育赛事策划组织、群众体育活动策划组织以及体育赛事票务服务等；⑤其他相关体育中介服务，如各类体育赞助活动、体育招商活动、体育文化活动推广以及其他体育音像、动漫、影视代理等服务。

三是体育培训与教育服务。包括以下内容：①体育培训；②体校及体育培训；③其他体育培训，如各种体育培训机构（武术、棋类、赛车、气功、航空等专项运动俱乐部）的体育技能培训，青少年、少儿体育培训，体育经营管理、创意设计、科研、中介等体育专门人才培训；④体育教育，如高等院校、中等职业学校的体育专业教育。

四是体育传媒与信息服务。包括以下内容：①体育出版物出版服务，如体育书籍、期刊、报纸、音像、电子出版物、互联网出版服务；②体育影视及其他传媒服务，如体育广播电视节目的制作与播出、体育电影的摄制与放映、体育录音录像等音视频内容制作、体育新闻的专业活动以及体育摄影服务等；③互联网体育服务，如互联网体育信息采集、传输、存储、分析、处理与传播等服务，体育网络平台服

---

[1] 中华人民共和国国家统计局.国家体育产业统计分类（中华人民共和国国家统计局第17号）[Z].2015-09-06.

务，体育动漫游戏及电子竞技服务，体育 APP 应用，互联网与体育其他业态的融合发展服务；④其他体育信息服务，如含文字、视频、数据等形式的非互联网体育信息内容加工服务，体育健身、竞赛、管理、市场调查与体育经济等咨询服务，含专业分析、电子竞技、动漫游戏等体育应用软件开发与经营等的信息技术服务。

五是其他与体育相关的服务。包括以下内容：①体育旅游活动，如观赏体育赛事、体育节、体育表演等观赏性体育旅游活动，滑雪、帆船、帆板、漂流、马拉松等体验性体育旅游活动，户外宿营、徒步骑行、汽车露营等景区体育旅游活动；②体育健康服务，如国民体质监测与康体服务，科学健身调理服务，社会体育指导员服务，体育运动医学和创伤医院、体育康复疗养场所服务，中医运动康复医疗服务；③体育彩票服务，如体育彩票管理、发行、分销等服务；④体育会展服务，如体育用品、体育旅游、体育文化等各类体育博览、展览或展会以及体育博物馆等服务；⑤体育金融与资产管理服务，如体育基金（含体育产业投资基金）管理服务，体育保险服务，体育投资与资产管理、产权交易服务；Ⅱ体育科技与知识产权服务，如体育人文社会科学、运动医学、体育工程等研究与技术服务，体育著作权、体育无形资产评估等体育知识产权相关服务；⑦其他未列明与体育相关的服务，如体育设施工程管理与勘察设计服务，专业化体育用品、服装、动漫及衍生产品的设计活动，体育场所清洁服务。

三、体育服务产业的特征

首先，具有服务产业的本质属性。服务业作为第三产业，其发展形态一般是无形的，受特定主体控制且不具有实物形态，但能持续为所有者、消费者和经营者等不同微观经营主体带来经济效益或社会效益。体育服务产业的无形资源能够产生不可估量的经济效益和社会影响力。从这个意义上来说，体育服务产业包括以体育场馆为活动地点的体育健身娱乐业、体育竞赛表演业和体育培训业。[1]

其次，体育服务产业既是体育产业的主要构成部分，又是现代服务业的重要组成部分。作为体育服务产业的主体，体育健身娱乐业、体育培训业、体育竞赛表演业面向消费者提供体育产品服务，提供无形产品及无形产品交易过程的结果。因而，体育服务业是以公共体育场馆为依托、以体育自身的价值和本质功能为资源、以提供体育产品服务为主的各类服务部门的集合。

最后，体育服务业具有精神属性。体育服务业既提供有形的体育物质产品，又提供无形的体育精神产品，它是提供现代体育服务的各行业的总和。由于体育

---

[1] 吴香芝.我国体育服务产业政策研究[D].上海：上海体育学院，2012.

的本质属性决定了体育服务产品不同于其他服务产品，体育服务产品还具有结果的可积累性。消费者参与体育休闲健身活动，获得的不仅是精神上的享受，锻炼的效果还具有积累性❶，这满足了广大人民群众日益增长的物质与精神需求，极大地减轻了人民日益增长的美好生活需要和体育资源不平衡、不充分发展之间的矛盾。

四、体育服务产业链

体育服务产业链是指在上游、中游、下游主体之间资源依赖性，体育服务产业辅助组织的配套性，体育服务产业消费市场，政府政策等各种影响因素作用下，形成的具有链条绞合能力的产业经济关系，如图 4-1 所示。体育服务产业链资源是指不具有实物形态（无形的）但可供上游、中游、下游各运营主体开发和利用的产业资源。主要包括以下几方面：①体育无形商标、体育品牌、著名体育运动员的声誉、体育赛事冠名、优秀体育教练、体育品牌服装、体育健身器材无形品牌等体育特许经营权；②国内外各类体育赛事竞技培训、各种体育教育等体育竞技教育培训；③体育文化、体育新闻、体育文艺、体育专题报道、体育文学等体育文化宣传；④体育竞技比赛录音录像、体育多媒体、文字与数据等体育音像制品；⑤体育邮票、画报、徽章等体育邮品类画刊；⑥体育教练员技艺交流、体育运动赛事项目技战术、体育文化交流等国内外体育交流与合作；⑦体育愿景、体育理念、体育标语以及各种体育精神产品的扩充与拓展等。

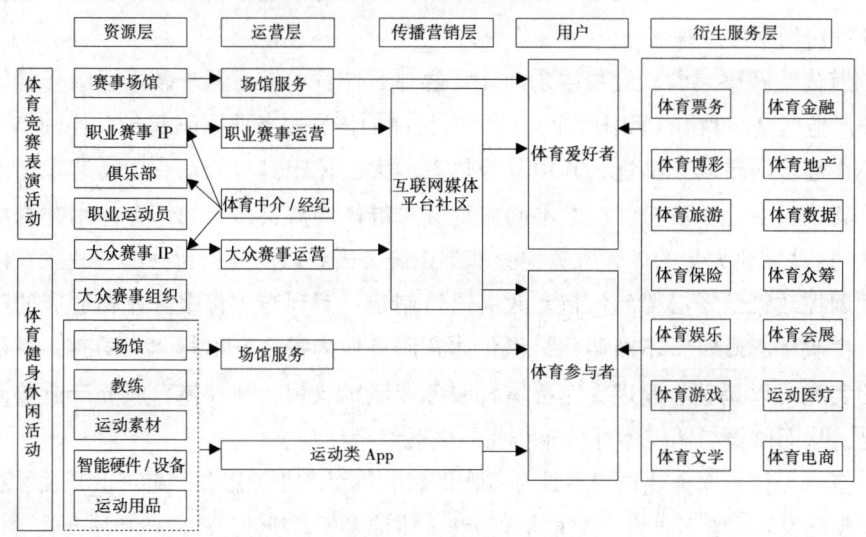

图 4-1 体育服务产业链

---

❶ 王晓艳.促进体育事业与产业发展税收政策的优化[J].税务研究，2013(8):82-84.

上述体育服务上游、中游、下游产业的产业链发展对人们的意识、思路和行为均产生了巨大而深远的影响。因此，充分利用和合理挖掘体育服务产业资源不仅对国内体育产业与国民经济的发展产生了巨大的效用，还对国际经济发展产生了积极的影响。为深入贯彻"全民健身"和"健康中国"两个国家战略，适应体育产业经济发展新常态，国务院于2014年10月20日出台的《关于加快体育产业发展促进体育消费的若干意见》（国发〔2014〕46号）中指出，以体育设施为载体，打造城市体育服务综合体，积极调整产业链，大力发展体育服务业，这既符合中国体育产业发展的需求，也符合国际体育产业的通行惯例。

第二节 体育服务产业与财税调控政策的关联度

一、体育服务产业与财税调控政策的相关性

体育服务产业是体育产业的核心，同体育产业一样，现阶段均是中国的弱势产业和幼稚发展产业。基于此，政府财税宏观调控政策的扶持与激励就显得尤为迫切和必要。这是因为财税政策作为政府实施宏观调控的重要杠杆工具，对体育服务产业和国民经济的发展具有促进作用，其财税职能和激励体育服务产业发展的独特作用不可或缺。

首先，赛事运营、健身娱乐、体育媒体、体育场馆运营、教陪练服务等体育服务产业是21世纪的朝阳产业，但中国目前的体育服务业刚刚起步，各种体育赛事还在逐步向市场化推进，其中最为热点的大众休闲健身处在一个高速发展的阶段，其项目多，年龄跨度广，不同体育健身群体均需要参与到体育休闲健身活动中[1]，这就需要大量的体育服务配套基础设施，需要政府凭借包括财税政策在内的各种调控政策给予必要的扶持。政府通过制定一系列与体育服务业相适应的产业差别税收优惠政策，不断调整、优化体育服务业的投入产出行为。同时，财税政策的实施可以调整、改进、完善体育服务业激励政策，弥补体育服务产业政策的不足，从而监督与调控体育行业企业的微观经济活动。

其次，体育服务业作为不具有实物形态的体育产业类服务，有可供开发和利用的产业资源，其给不同的经营主体和消费主体带来了可观的经济效益和社会效益。然而，中国体育服务产业的现有发展水平与国际平均水平相比，存在相当大的差距。由

---

[1] 吴香芝. 我国体育服务产业政策研究[D]. 上海：上海体育学院，2012.

此，作为政府重要的宏观经济调控工具，财政政策可以充分发挥自身独特的职能、作用和功能，在当前中国体育产业和体育服务产业均处于弱势的境况下，政府财税政策的调控扶持行为显得尤为迫切和必要。依据税收优惠制度，间接税收优惠方式具有扶持体育服务持久性、目标明确性和有效性的特征，能够避免产业的短期投机行为，降低产业发展风险。同时，侧重对体育服务的税前优惠。通过对体育服务企业征税税基的调整，激励纳税人调整体育服务经营活动，以契合政府支持体育服务产业发展目标和体育服务业的财税政策激励目的。直接税收优惠是一种对体育服务产业税后优惠的利益让渡，是对体育服务行业企业的运营成果给予必要的减免税，但这种直接税收优惠容易使体育微观纳税主体故意钻营政府税收优惠政策的漏洞，并逃避国家税收。因此，政府实施以间接优惠政策为主、直接优惠政策为辅，两者互为补充的体育服务税收优惠政策体系。[1]即将税收抵免、投资抵免、税项扣除、税收递延、年度结转、亏损弥补结转、加速折旧、再投资退税、费用扣除、税收饶让、特别准备金、出口退税、延迟纳税等间接税收优惠方式与免征额、期限优惠、减税、免税、起征点、以税还贷、税率优惠、税额扣除等直接税收优惠方式相结合，作用于体育服务产业发展的各个过程，丰富激励体育服务业发展的税收优惠政策方式，弱化直接减免优惠手段，增加间接税收优惠措施。多采取间接优惠政策，少运用直接优惠手段。通过税收优惠政策方式或手段的选择与运用，既使体育微观经营主体从中受益，又使税收优惠政策真正发挥"四两拨千斤"的杠杆调节作用。

再次，体育服务产业发展存在市场先天性的缺陷与不足，亟须政府财税调控政策的扶持及调控。虽然市场机制具有不可替代的优越性，但是在产业实践中，市场垄断经营、市场信息不对称等导致体育服务业不可避免地存在市场失灵的现象，即市场机制本身对体育服务产业结构的调整存在先天性的缺陷。仅依靠市场机制和市场经济难以完全克服和彻底解决市场先天性的缺陷与不足，这就需要政府的宏观政策调控加以纠正、引导和支持。作为政府重要调控政策之一的财税政策可以对市场机制和市场失灵现象实施宏观调控和规范治理，弥补体育服务市场自身的缺陷与不足。通过财政政策和税收政策的有机协调与运用，对体育服务产业结构优化调整，主动引入产业创新机制，采取财政补贴政策、财政转移支付政策、财政投资政策、财政信贷政策以及直接税收优惠政策与间接税收优惠手段的有机结合，引导各类服务要素和资源禀赋向体育服务产业转移，进而推动体育服务产业的结构升级，可以实现对体育服务资源配置的优化整合，而且产业的关联

---

[1] 杨京钟，吕庆华，易剑东.中国体育产业发展的税收激励政策研究[J].北京体育大学学报，2011,34(3):5-8.

度能有力带动相关产业的快速发展。

最后，体育服务产业与财税调控政策密切关联。一是从体育服务业的公共属性分析，鉴于体育服务业提供的主要是不具有实物形态的资产，因而所提供的体育服务直接影响着广大消费者的消费行为和拼搏精神，对体育产业发展具有极大的推动力。由此，国家须把其中一部分体育服务纳入政府公共产品（服务）的范畴，由公共财政资金给予必要的劳动成本耗费补偿，以扶持其发展。二是从体育服务业的公共财政投入分析，在市场经济条件下，对于那些条件尚未成熟、暂时无法在市场中独立生存的弱势体育服务产业门类，公共财政须给予持续性的扶持；对于那些已经在市场经济中发展较为成熟的体育服务产业门类，政府则给予相应的财税优惠，支持其拓展市场竞争空间。三是从体育服务产业的财政支出分析，对体育服务产业的财政支出增加了其他的社会投资支出，拉动了体育资源等相关产业的快速发展，继而带动了一国或地区的体育消费服务供需，扩大了就业，扩大了社会生产，最终促进了国民经济的增长。这种财税调控政策的乘数扩张效应超过了财政投资支出本身的幅度，其意义也大大超过了公共财政投资本身。

二、现行体育服务产业财税政策

国务院于2014年下发的《关于加快发展体育产业促进体育消费的若干意见》（国发〔2014〕46号）提出，积极扩大体育产品和服务供给，加快体育行业协会建设，充分发挥行业协会作用，引导体育用品、体育服务、场馆建筑等行业企业发展。大力培育健身休闲、竞赛表演、场馆服务、中介培训等体育服务业，实施体育服务业精品工程，着力提升体育服务业比重，促进产业结构更加合理，促进体育服务层次更加多样。中国现行体育服务业财税政策（表4-1）主要体现在：

一是体育服务业税收方面。充分考虑体育服务业的特点，将体育服务及其支撑技术纳入国家重点支持的高新技术领域，完善体育服务税费价格政策。经科技部、财政部、国家税务总局联合认定为高新技术的体育企业，按15%的税率征收企业所得税；提供体育服务的社会组织，经认定取得非营利性组织企业所得税免税优惠资格的，依法享受相关优惠政策；体育服务企业发生的符合条件的广告费支出，符合现行《中华人民共和国企业所得税法》规定的，可在税前扣除；落实符合条件的体育服务企业创意和设计费用，允许企业所得税税前加计扣除政策[1]；体育服务企业捐赠体育服装、器材装备，支持贫困和农村地区体育事业发展，对符合税收法律法规的向体育事业的捐赠，按照相关规定在计算应纳税所得额时扣

---

[1] 国务院.关于加快发展体育产业促进体育消费的若干意见[Z].2014-10-20.

除；体育场馆自用的房产和土地可享受房产税和城镇土地使用税的优惠。

二是企业大型体育场馆服务税收方面。自2016年1月1日起，体育企业拥有并运营管理的大型体育场馆，其用于体育活动的房产、土地，减半征收房产税和城镇土地使用税；依据财政部、国家税务总局《关于体育场馆房产税和城镇土地使用税政策的通知》（财税〔2015〕130号）第三条规定，大型体育场馆是指由各级人民政府或社会力量投资建设、向公众开放、达到《体育建筑设计规范》（JGJ 31—2003）有关规模规定的体育场（观众座位数20 000个及以上），体育馆（观众座位数3 000个及以上），游泳馆、跳水馆（观众座位数1 500个及以上）等体育建筑。同时规定，所称用于体育活动的房产、土地是指运动场地，看台、辅助用房（包括观众用房、运动员用房、竞赛管理用房、新闻媒介用房、广播电视用房、技术设备用房和场馆运营用房等）及占地以及场馆配套设施（包括通道、道路、广场、绿化等），享受上述税收优惠的体育运动场地用于体育活动的天数不得少于全年自然天数的70%。否则，体育场馆辅助用房及配套设施用于非体育活动的部分不得享受上述税收优惠。

三是体育类非营利法人在体育场馆运营税收方面。自2016年1月1日起，经费自理事业单位、体育社会团体（如中国奥林匹克委员会、体育科学社会团体、各级体育总会、全国性的单项体育协会等）、体育基金会、体育类民办非企业单位拥有并运营管理的体育场馆，其用于体育活动的房产、土地，免征房产税和城镇土地使用税；根据财政部、国家税务总局《关于体育场馆房产税和城镇土地使用税政策的通知》（财税〔2015〕130号）第二条规定，必须同时满足下列条件：①向社会开放，用于满足公众体育活动需要的；②体育场馆取得的收入主要用于公共场馆的维护、管理和事业发展；③拥有公共体育场馆的体育社会团体、体育基金会及体育类民办非企业单位，除当年新设立或登记的以外，前一年度登记管理机关的检查结论为"合格"。

四是体育服务增值税方面。①体育服务纳入生活服务中的文化体育服务领域需要缴纳增值税。需要说明的是，这里的体育服务包含举办体育比赛、体育表演、体育活动，以及提供体育训练、体育指导、体育管理等满足城乡居民体育生活服务需求的各类业务活动。②在境外提供的文化体育服务、体育旅游服务等跨境体育服务，免征增值税。需要说明的是，这里的境外服务是在境外举办的体育科技、体育演出、体育比赛、体育表演、体育活动而提供的体育服务。③依据财政部、国家税务总局《关于全面推开营业税改征增值税试点的通知》（财税〔2016〕36号）规定：一方面，以分账、买断、委托等方式，向影院、电台、电视台、网站等单位和个人发行体育类广播影视节目（作品）、转让体育赛事等活动的报道以及播映权的业务活动，按照6%的税率缴纳增值税；另一方面，纳税人经营台球、高尔夫球、保龄球、射击、狩猎、跑马、游戏机、蹦极、卡丁车、热气球、动力伞、射箭、飞镖等游艺活动，纳入体育娱乐服务，按照6%的税率缴纳增值税。④依据财政部、国家税务总局《关于全面推开营业税改征增值税试点的通知》（财税〔2016〕36号）的规定，体育彩票的发行收入免征增值税。⑤依据财政部、国家税务总局《关于全面推开营业税改征增值税试点的通知》（财税〔2016〕36号）的规定，体育运动员、教练员转会按照销售无形资产依照6%的税率缴纳增值税。需要说明的是，这里的体育无形资产服务包括技术、商标、著作权、商誉、其他权益性无形资产等内容，具体包括各种体育品牌、体育著作、体育作品、肖像权、冠名权、转会费、体育代理权等权益性无形资产。

五是个人所得税优惠方面。①依据财政部、国家税务总局《关于个人取得体育彩票中奖所得征免个人所得税问题的通知》（财税字〔1998〕12号）规定，对个人购买体育彩票中奖收入的所得税政策：凡一次中奖收入不超过1万元的，暂免征收个人所得税；超过1万元的，应按税法规定全额征收个人所得税；②根据新修订的《中华人民共和国个人所得税法》和国家税务总局《关于个人取得的奖金收入征收个人所得税问题的批复》（国税函〔1998〕293号）的规定，省级人民政府、国务院部委和中国人民解放军军以上单位以及外国组织、国际组织颁发的体育、卫生、文化等方面的奖金，免征个人所得税；体育运动员、教练员等自然人因在各行各业做出突出贡献，从省级以下人民政府及其所属部门取得的一次性奖励收入，不论其奖金来源于何处，均不属于税法所规定的免税范畴，应按"偶然所得"项目依法征收个人所得税。

表4-1 中国现行体育服务业财税政策

征收税种	财税优惠政策内容	扶持目的
增值税	（1）将体育服务纳入生活服务中的文化体育服务的，应缴纳增值税；（2）组织举办体育比赛、体育表演、体育活动，以及提供体育训练、体育指导、体育管理的业务活动，减按6%税率，征收增值税；（3）一般纳税人提供体育服务可以适用增值税简易计税方法征税；（4）在境外提供的文化体育服务，免征增值税；（5）体育彩票发行收入免征增值税；（6）体育运动员的名称权、肖像权、冠名权、转会费等按照销售无形资产减按6%的税率缴纳增值税；（7）体育赛事播映权转让纳入广播影视服务，减按6%的税率缴纳增值税；（8）台球、高尔夫球、保龄球、游艺（包括射击、狩猎、跑马、游戏机、蹦极、卡丁车、热气球、动力伞、射箭、飞镖）等体育娱乐服务，减按6%的税率缴纳增值税	扶持体育文化服务、体育娱乐服务业

续 表

征收税种	财税优惠政策内容	扶持目的
个人所得税	（1）个人取得体育彩票中奖所得，凡一次中奖收入不超过1万元的，暂免征收个人所得税；超过1万元的，应按税法规定全额征收个人所得税。（2）省级人民政府、国务院部委和中国人民解放军军以上单位以及外国组织、国际组织颁发的科学、教育、技术、文化、卫生、体育、环境保护等方面的奖金，免征个人所得税	鼓励体育运动员，减轻其税收负担
关税	（1）进口的体育器械、设备，用于体育训练比赛使用的，免征进口关税；（2）为提供体育服务而进口国内不能生产的自用设备及配套件、配件，免征进口关税、进口环节增值税和消费税	扶持体育服务行业企业发展
企业所得税	（1）对经认定为高新技术的体育服务企业，减按15%的税率征收企业所得税；（2）提供体育服务的社会组织，经认定为非营利组织的，免征企业所得税；（3）体育服务企业发生的符合条件的广告费支出，符合税法规定的，在企业所得税税前扣除；（4）符合条件的体育企业创意和设计费用税前可加计扣除；（5）体育服务企业的社会捐赠按照年利润所得的12%税前扣除	扶持体育服务企业和体育场馆发展
房产税	（1）自2016年1月1日起，国家机关、军队、人民团体、财政补助事业单位、居民委员会、村民委员会拥有的公共体育场馆，用于体育活动的房产，免征房产税；（2）自2016年1月1日起，经费自理事业单位、体育社会团体、体育基金会、体育类民办非企业单位拥有并运营管理的体育场馆，同时符合条件的，用于体育活动的房产，免征房产税；（3）自2016年1月1日起，企业拥有并运营管理的大型体育场馆，用于体育活动的房产，减半征收房产税	扶持体育服务企业和公共体育场馆发展
城镇土地使用税	（1）自2016年1月1日起，国家机关、军队、人民团体、财政补助事业单位、居民委员会、村民委员会拥有的公共体育场馆，用于体育活动的土地，免征城镇土地使用税；（2）自2016年1月1日起，经费自理事业单位、体育社会团体、体育基金会、体育类民办非企业单位拥有并运营管理的体育场馆，同时符合条件的，用于体育活动的土地，免征城镇土地使用税；（3）自2016年1月1日起，企业拥有并运营管理的大型体育场馆，用于体育活动的土地，减半征收城镇土地使用税	扶持公共体育场馆市场化运营
消费税	为提供体育服务而进口国内不能生产的自用设备及配套件、配件，免征进口环节消费税	扶持体育服务企业发展
车船税	由财政部门拨付经费的体育单位或企业，其自用车船，免征车船税	扶持体育企业发展

资料来源：全国注册税务师执业资格考试教材编写组.税法（Ⅰ）[M].北京：中国税务出版社,2018；

全国注册税务师执业资格考试教材编写组. 税法（Ⅱ）[M].北京：中国税务出版社,2018; 吴香芝. 我国体育服务产业政策研究[D].上海：上海体育学院,2012.

第三节　制约体育服务产业发展的财税政策因素

一、财税优惠政策不完善，激励不足，制约体育服务产业的发展

中国体育服务产业同体育产业一样，作为新兴的朝阳产业、绿色产业、健康产业和休闲产业，迄今仍然是弱势产业，理应得到国家财税政策的强有力的扶持，需要政府拥有的各种优质资源提供相应的体育服务。[1]然而，现行体育服务业税收优惠政策内容不具体、不完善，限制了其健康发展。首先，现行体育服务业以减免税、起征点、免征额、再投资退税等产业税后直接税收优惠鼓励为主，而以投资抵免、税项扣除、加速折旧、盈亏相抵、准备金制度等体育服务业税前激励为手段的间接税收优惠方式极少。其次，中国体育服务业的内涵非常丰富，既包括传统的竞技体育服务，又包括引领新供给、新消费+5G、"互联网+"、大数据、云计算等"互联网+体育健身"、体育旅游、电子竞技、体育医疗等新兴业态的体育服务，特别是互联网体育、休闲体育的发展，是中国未来体育业发展的一个趋势，人们对休闲体育的需求必然会逐年增加。[2]现行扶持休闲健身、体育竞赛表演、体育文化娱乐、体育经纪（中介）服务、体育广告赞助、体育技术培训、体育理疗康复、体育旅游、体育彩票、体育传播、体育信息咨询和公共体育场馆等现代体育服务业的财税优惠政策极少，甚至没有制定相关的激励内容，致使扶持中国体育产业的财税政策激励内容不全面、不完善。[3]最后，目前，鼓励发展现代体育服务业的税收优惠政策零星分布在增值税、企业所得税、房产税等少数几个税种中，涉及税种单一，享受优惠政策面不宽，不成体系，激励力度也不大。迄今为止，政府尚未制定完善且专门扶持体育服务产业发展的税收优惠政策，也未

---

[1] 丁辉侠. 我国地方政府提供公共服务的困境与对策分析[J].吉首大学学报（社会科学版），2012(4)：158-161.

[2] 白晋湘. 我国体育教育训练学科未来发展趋势研究[J].吉首大学学报（社会科学版），2012(1)：153-156.

[3] 杨京钟，吕庆华，易剑东.中国体育产业发展的税收激励政策研究[J].北京体育大学学报，2011(3)：5-8.

构建专门的财税政策激励体系，尤其是在流转课税、所得课税、财产课税、资源课税、行为目的课税五大税类中极其缺乏，欠缺完整发展现代体育服务产业的财税优惠激励体系。

二、体育服务产业仍然缺乏完整的财税激励政策的支持

长期以来，中国传统经济发展模式是以计划经济为主导的，迄今，人们的思想和产业政策的制定与实施仍然受到计划经济的长期影响，因而产生严重的思想束缚与制约，政府的政策扶持过分强调政府的公共财政投入，对市场经济条件下的产业性开发重视不够、认识不足，对体育服务产业经济没有准确的战略发展定位，存在体育服务产业与市场经济之间的严重脱节，市场化经营中的产业经济方式较为单一。长期以来，中国体育赛事服务的社会化、市场化发展严重滞后，社会行业企业在体育赛事服务业中的参与度严重不足，缺乏自主权，获利也较少，体育行业企业没有形成体育服务供给能力与市场竞争能力，而且产业经营机制上的不健全、不完整导致体育服务产业发展停滞不前。国家体育总局与国家统计局联合发布的《2017年国家体育产业总规模与增加值数据公告》显示，2016年体育服务业占比仅为35.9%，远低于美国同期70%的占比水平。近年来，政府虽然制定了相关的财税激励政策，但总体而言，其政策缺乏有效性和系统性，体育服务产业政策仍然不完善。从整体上看，中国体育服务产业发展仍缺乏有效的财税政策扶持：一是对体育行业企业利润的经济性重复课征，主要是对服务业的人力成本和产品的增值部分实施重复征税，例如，个人所得同一税源先后被具有价外税特征的增值税和具有价内税特性的个人所得税重复征收了税金。体育企业利润也被增值税和企业所得税先后两次课征。针对体育企业或各类体育俱乐部征收企业所得税后，还对其股东持有的股息和红利重复征税，这势必对体育服务消费产生不利的影响。此外，体育运营行业企业收益减少，也阻碍了体育服务行业企业的发展。二是税收优惠手段单一。长期以来，中国激励体育服务产业多采用利润后的直接税收优惠，而忽视了经济发展过程中对体育服务业固定资产加速折旧、对高新技术研发投资的税收减免以及相关费用的抵扣等间接优惠方式。这些直接优惠方式仅对体育服务业最终营业额实施优惠，缺乏对体育服务产业发展过程的优惠与引导，而且税收优惠措施缺乏前后呼应的配套政策。以职业体育运动员为例，都是在其取得一定成绩后，对其收入和各类奖金等给予一定的减免税优惠，而在其日常训练过程中却没有相应的税收优惠措施予以扶持与激励。[1]再以职业体育俱

---

[1] 陈冠楠.我国体育赛事税收政策中的问题及对策[D].西安：西安体育学院,2015.

乐部为例，中国多数职业俱乐部几乎均处于亏损状态，而政府采取的优惠措施只是对赛季结束后给予部分所得税优惠，对其运营过程中的门票收入、运动员转会、广告费用、体育品牌等无形资产的税收优惠政策极少。可见，现行的体育服务业财税政策对微观体育服务主体的财税引导作用不明显，也没有较强的针对性，难以促进其可持续发展。

三、现行税收制度不健全，体育服务业税收负担较重

中国的税收制度逐渐形成了流转课税和所得课税并重的复合税制结构体系。因此，现行体育服务业税制中的税收征管和税收负担主要体现在两大税制中。由表4-2可知，从征管税种（费）分析，涉及体育服务业征收的税种（费）有11个之多，既有流转课税、所得课税，又有财产税类和行为税类，远远超过现有高新技术产业、环保产业、农业等的征收税种。从流转课税和所得课税征税内容分析，①在流转课税方面，从事体育服务业的单位或个人销售产品或提供体育服务等应税劳务的，须缴纳增值税；体育服务企业购进的体育商标专用权、体育专有技术使用权等无形资产，以及将体育服务用于集体福利或个人消费的，均不得在税前抵扣进项税额，无形中增加了体育服务业的税收负担。此外，体育服务业作为现代服务业的组成部分，法人企业和自然人的日常体育休闲游艺娱乐服务、体育中介代理、体育竞赛表演等均须征收增值税。②在所得课税方面，体育服务企业从事多种体育服务，且在一个纳税年度的所得除了缴纳企业所得税外，还须对企业产生的"三项"经费、广告费与业务宣传费、业务招待费、借款利息费用、公益性捐赠等经营性支出，按照《中华人民共和国企业所得税法》规定的标准调整增加项目，须补缴企业所得税；体育服务纳税人直接的公益性捐赠支出必须缴纳增值税和企业所得税，对其符合税法规定的间接公益性捐赠支出，超过企业纳税年度利润总额12%的部分，不得税前扣除，应调整增加项目缴纳企业所得税；体育服务企业因生产经营需要的任何性质的赞助性支出，均不得税前扣除，应缴纳企业所得税；自然人从事体育服务的所得，既要依照七级超额累进税率缴纳工资、薪金性质的个人所得税，又按照20%的高税率缴纳劳务报酬性质的个人所得税，特别是对体育服务业的非独立劳动所得还须加成（五成或十成）重课。由此可见，流转课税中的增值税和所得课税中的企业所得税是体育服务业征收内容最多、税收负担最重的两个税种。体育服务业沉重的税收负担制约了现代体育服务业的发展。

表4-2 我国体育服务业税收征管和税收负担表

税 种	具体征管内容	税 率
增值税	（1）销售或提供体育产品或服务的销售收入，征收增值税 （2）将体育服务用于集体福利或个人消费的，不得进项税额抵扣 （3）进口体育服务商品或劳务征收进口环节增值税	13%
企业所得税	（1）体育服务企业的生产经营所得或利润 （2）体育广告服务、捐赠体育服务业等经营活动 （3）体育服务企业超过企业所得税法规定的成本、费用、税金（价外税）、损失等标准的，须调增收入补缴企业所得税	25%
个人所得税	从事体育服务业人员的非独立劳动所得	3%~45%等七级累进税率
	体育（录像、影视、表演、广告）服务、体育技术服务、体育经纪（代办）服务等个人独立劳动劳务报酬所得	20%（加成征收50%或100%）
	（1）体育财产租赁（财产转让）的自然人服务所得 （2）体育彩票服务的自然人所得 （3）个人出版体育类图书、作品的自然人所得	20%
关税	从境外进口体育服务类产品或劳务征收进口关税	18%~45%
土地使用税	体育服务企业或个人占用的城镇土地	0.6~30分级幅度税额
房产税	为体育服务的经营性（融资性）租赁用房	12%
印花税	体育技术服务合同应贴花征税	0.3‰
	体育作品版权、体育商标专用权、体育专有技术使用权等无形资产服务的产权转移书据	0.5‰，1‰
车辆购置税	体育服务企业采购的生产经营用车辆或船舶	10%
车船税	体育服务企业经营服务的车或船舶	车：96元或360元；船：3~6元
城市维护建设税	体育服务企业缴纳的流转税类应纳税额	7%、5%、1%三档
教育费附加	体育服务企业缴纳的流转税类应纳税额	3%

资料来源：全国注册会计师执业资格考试教材编写组.税法：第二版[M].北京：中国财政经济出

版社,2017;李瑶.税法[M].北京:北京师范大学出版社,2017.

四、高新技术体育服务企业认定难度大，制约其享受国家税收优惠政策

体育服务产业作为一种消费性的新兴产业和一个产业发展的整体，具有规模经济的产业集聚效应，对其相关产业经济的影响力会进一步增大，这就需要体育服务业在产业结构调整和升级阶段，紧跟高新技术产业拓展新的产业发展空间。❶然而，长期以来，中国公共服务供给过程中缺乏其他市场主体的有效参与❷，绝大多数体育服务企业重经营服务，轻研发投入，体育服务企业的技术研发水平、研发能力与R&D支出均落后于体育用品制造业，尤其高技术体育服务企业数量稀少。❸依据2016年新修订的《高新技术企业认定管理办法》(国科发火〔2016〕32号)明确规定，认定为高新技术企业的，必须同时满足以下条件：①企业申请认定时须注册成立一年以上。②企业通过自主研发、受让、受赠、并购等方式，获得主要产品（服务）在技术上发挥核心支持作用的知识产权的所有权。③对企业主要产品（服务）发挥核心支持作用的技术属于《国家重点支持的高新技术领域》规定的范围。④企业从事研发和相关技术创新活动的科技人员占企业当年职工总数的比例不低于10%。⑤企业近三个会计年度（实际经营期不满三年的按实际经营时间计算）的研究开发费用总额占同期销售收入总额的比例符合如下要求：最近一年销售收入小于5 000万元（含）的企业，比例不低于5%；最近一年销售收入在5 000万元至2亿元（含）的企业，比例不低于4%；最近一年销售收入在2亿元以上的企业，比例不低于3%。其中，企业在中国境内产生的研究开发费用总额占全部研究开发费用总额的比例不低于60%。⑥近一年高新技术产品（服务）收入占企业同期总收入的比例不低于60%。⑦企业创新能力评价应达到相应要求。⑧企业申请认定前一年内未发生重大安全、重大质量事故或严重环境违法行为。由此可知，尽管高技术服务业是国家重点扶持的产业领域，但国家对包括高科技体育服务业在内的各类高新技术企业的认定必须同时达到八项必备条件，其申请和认定的难度明显增大，这对提供各种体育服务为主，还未达到企业规模经济和

---

❶ 李国岳.新时期我国体育服务业的都市集聚现象思考[J].体育与科学,2006(5):55-57,30.

❷ 丁辉侠.我国地方政府提供公共服务的困境与对策分析[J].吉首大学学报(社会科学版),2012(4):158-161.

❸ 吴国生,任保国,廖越.我国高新技术体育企业形成与发展模式研究[J].山东体育学院学报,2007(6):25-28.

规模效益,仍然处于产业幼稚发展时期的中国体育服务业而言,显然是"雪上加霜"。国家严格的高新技术企业认定标准与诸多限制性条件使公共体育服务供给的外部压力难以有效地转化为地方政府提高公共服务质量、提高公共服务效率的动力机制。[1]这致使98%以上的中小体育服务企业排除在高新技术企业之外,制约其持续的自主创新能力,其也无法享受到国家高新技术企业的税收优惠待遇,导致税收政策引导作用弱化,激励严重不足。

第四节 激励体育服务产业发展的财税调控经济政策

国务院办公厅于2010年3月印发的《关于加快发展体育产业的指导意见》(国办发〔2010〕22号)和国家体育总局2016年5月发布的《体育发展"十三五"规划(2016—2020年)》均明确提出,不断完善基本公共体育服务,进一步完善支持体育服务业发展的税费优惠政策,不断增强和提升体育服务的供给能力和服务质量,至2020年,建立以体育服务业为重点,门类齐全、结构合理的体育产业体系。因此,政府应找到适合中国国情的体育服务产业财税调控政策,化解制约体育服务产业的财税政策。

一、完善税收优惠政策,推动体育服务业市场化改革

体育服务产业是以精神与服务产品为主的绿色朝阳产业,其发展是以体育服务市场发展为前提的,这决定了中国应培育体育服务产业市场,推动体育服务业市场化改革,重要手段就是完善体育服务业市场的税收优惠政策。首先,完善竞技体育训、科、医一体化的科技服务税收优惠激励体系。一方面,竞技体育训、科、医一体化科技服务的进口仪器和设备,免征关税和进口环节的增值税;对其科技服务取得的有偿收入,免征增值税。另一方面,体育企业购置竞技体育训、科、医一体化科技服务的专用设备,其投资额的30%可从企业当年企业所得税应纳税额中税前抵免;当年不足抵免的可在以后5个纳税年度中结转抵免。其次,鉴于间接税收优惠手段在激励产业税前优惠方面远比以产业税后为特性的直接税收优惠效果显著,政府应更多采用投资抵免、税项扣除、加速折旧、成本扣除、盈亏相抵、税额抵免准备金制度、加计扣除等间接税收优惠手段,重点扶持休闲体

---

[1] 丁辉侠.我国地方政府提供公共服务的困境与对策分析[J].吉首大学学报(社会科学版),2012(4): 158-161.

育、体育竞赛表演、体育文化娱乐、体育经纪（中介）服务、体育广告赞助、体育技术培训、体育理疗康复、体育旅游、体育信息咨询和公共体育场馆等现代新兴体育服务业的发展，减少这些服务行业的纳税成本和税收负担。再次，制定鼓励体育服务标准化的税收优惠政策。对体育服务企业通过 ISO 9000 或 ISO 14000 体系认证的，准许企业认证的相关成本、费用在应纳税所得额中扣除；对企业或个人推广体育服务标准化获取的收入，免征增值税。最后，实施境外税收抵免、出口退税、税收饶让、投资退税等激励出口的优惠政策，鼓励体育服务业"走出去"参与国际市场竞争，以扩大体育技术服务贸易，扩大体育服务业规模。

二、深化体育税制改革，减轻体育服务行业的税收负担

一方面，实施 OECD 国家体育服务业的税制模式。自 1994 年税制改革以来，中国体育服务业主要征收劳务税（相当于增值税），此种劳务税制导致体育服务业自身以及生产制造企业购进的体育服务等应税劳务支出在经营流转过程中被重复征税，增加其生产服务成本，不利于体育服务行业或企业的技术改造与服务创新，导致税负不公平。基于此，应把更多的公共资源投入公共服务设施的改善和公共服务数量和质量的提高方面。[1]这不仅能够减轻体育服务业的税收负担，促进税负公平，还能促进体育服务业的产业升级和结构的优化调整。

另一方面，实行体育服务业税收优惠政策。一是休闲体育是人们在闲暇时间以增进身心健康、丰富生活情趣、调节心理状态为目的的身体锻炼活动。[2]因此，对于纯娱乐性与营利性相结合的体育文化娱乐、体育康乐、体育竞技表演等高消费、高利润的体育休闲服务行业，在现行增值税 6% 税率基础上降到 3% 的轻税率水平，以增强体育休闲服务业的盈利能力。二是属于体育服务业核心层的休闲体育、体育经纪（中介）、体育广告、体育培训、体育康复、信息咨询和公共体育场馆等服务可实行 2% 的优惠增值税率，比较符合激励体育服务产业发展的税收政策目标。三是依照国际惯例，对体育服务应税劳务出口实行"全额征收、全额退税"的零税基全额出口退税模式，即在国内依照 13% 的税率征收增值税，出口体育服务应税劳务也应按照 13% 的退税率全额给予退税，以改变当前体育服务业出口"多征少退、征收不退"而增加税负的不良现象，减少行业出口成本和税收

---

[1] 丁辉侠. 我国地方政府提供公共服务的困境与对策分析 [J]. 吉首大学学报（社会科学版），2012(4): 158-161.

[2] 白晋湘. 我国体育教育训练学科未来发展趋势研究 [J]. 吉首大学学报（社会科学版），2012(1): 153-156.

负担，使其在国际体育服务市场中更具市场竞争力。

三、完善现行体育服务产业税收优惠政策，减轻税收负担

首先，现行体育服务产业税收优惠仅局限于增值税、企业所得税、个人所得税等少数几个税种，税收激励力度不大。所以，应将体育服务税收优惠政策扩大到现行所有税种中，以全面激励体育服务产业。其次，在完善税收优惠属性方面，改变现行只在流转税类、所得课税才有体育服务业税收优惠政策的现状，在税收优惠属性上可扩充到财产税类、资源税类、行为税类和目的税类等其他税种中，从而完善中国体育服务产业的税收优惠方式。再次，在税收优惠内容方面，增加体育类非物质文化遗产保护、体育娱乐休闲、数字体育游戏、体育信息技术、体育广告会展、体育文化创意、体育动漫、体育网络等新兴体育服务的税收优惠内容，特别是对重点支持的体育服务项目，准许其税前据实扣除加速折旧的部分和风险准备金；对中小体育企业的创业投资，可按其创投资金的相应比例，税前抵扣创投企业的应纳税所得额，完善体育服务产业的税收优惠政策。最后，由于行业企业购买的体育品牌、商标等无形资产无法抵扣，增加了纳税人的税收负担，应允许增值税一般纳税人购买的体育产品（服务）的专利权、著作权、专利技术等无形资产，可在进项税额中全额抵扣，鼓励这些体育服务项目从生产企业分离出来，减轻其税收负担。这样不仅利于提高体育服务业投资者的积极性，还能鼓励纳税人加大体育服务的科技投入，增强体育服务产业转型升级的动力。

四、因地制宜，分门别类，实施差异化的高新技术企业认定标准，鼓励更多的体育服务企业享受税收优惠政策

鉴于中国体育服务业98%以上具有中小劳动密集型的产业结构特征❶，获得国家认可的高新技术体育服务企业极少的现状，政府应因地制宜，分门别类，实施差异化的高新技术产业认定标准和发展战略。从表4-3内容可知，按照产业类型和产业属性确定五大体育服务业高新技术认定标准，从鼓励与扶持原则出发，坚持公平公正，适当降低认定条件，拓宽体育服务业高新技术领域的规定范围，简化认定程序，促使更多的体育服务行业企业能够达到国家高新技术企业认定的条件和标准，使之能够享受到国家诸多的税收优惠政策，这样，在提供公共服务时既能有效地满

---

❶ 卢文云.论竞技体育服务产品的市场供给[J].体育学刊，2008（1）：46-50.

足公众的需求，又能减少决策失误，降低公共服务成本，提高公共服务效率。❶

表4-3 体育服务企业高新技术认定标准一览表

类型	产业属性	认定标准	优惠政策
体育健身娱乐产业	收入需求弹性与体育服务业关联度较大	技术研发投入费用比例达到25%以上，产品（服务）收入占企业当年总收入的40%以上，且符合国家产业发展政策	享受6%的增值税优惠税率和15%的企业所得税优惠税率，研发费用按照150%加计扣除
体育竞赛表演（旅游）产业	收入需求弹性较大，具有体育服务产业的基础性地位	技术研发投入费用比例达到3%上，产品（服务）收入占企业当年总收入的50%以上，符合国家产业发展政策	享受6%的增值税优惠税率和15%的企业所得税优惠税率，研发费用按照150%加计扣除
体育产业金融保险业等	旁侧关联性强，对经济运行与国民经济各个产业紧密度高	技术研发投入费用比例达到40%以上，产品（服务）收入占企业当年总收入的60%以上，符合国家产业发展政策	享受6%的增值税优惠和15%的企业所得税优惠，研发费用支出按照200%标准加计扣除
体育信息科研技术服务产业	体育科技研发服务，提升体育科技生产力，提高产业运行效率	研发投入费用比例达到50%以上，拥有核心自主知识产权，产品（服务）收入占企业当年总收入的40%以上，符合国家产业政策	享受6%的增值税优惠和15%的企业所得税优惠，研发费用支出按照200%标准加计扣除
体育教育培训产业	提高体育人才素质，对体育服务业产生长远影响	技术研发投入费用比例达到30%以上，产品（服务）收入占企业当年总收入的60%以上，符合国家产业发展政策	享受6%的增值税优惠和15%的企业所得税优惠，研发费用支出依照150%标准加计扣除

综上所述，体育服务产业作为新兴的绿色朝阳产业，既是体育产业的主力军，又是现代服务业的重要构成部分。体育服务产业同体育产业一样，作为中国的幼稚产业和弱势产业，有赖于政府包括财税政策在内的多种宏观经济调控政策的扶持与激励，这就需要让公众更多地参与体育公共服务的决策过程，更顺利地监督体育公共服务的提供过程。但由于现行体育服务业税制不健全，体育服务业财税

---

❶ 丁辉侠.我国地方政府提供公共服务的困境与对策分析[J].吉首大学学报（社会科学版），2012(4)：158-161.

政策存在诸多制约因素，阻碍了中国体育服务产业的发展。唯有强化改革，完善现行体育服务业财税制度和税收优惠政策措施，剔除阻碍体育服务产业发展的不利因素与制约瓶颈，政府财税宏观调控经济政策才能更好地扶持与激励体育服务产业的发展。

第五章　体育用品产业与财税调控经济政策

本章研究体育用品产业与政府财税宏观调控经济政策的相关性。采用文献分析、理论分析、定量分析、比较分析、案例分析等研究方法，阐释财税调控政策对体育用品产业中的微观经营主体（行业企业）的作用机理，并开展定量评价和规范定性研究。由此说明：一方面，政府财税激励政策与体育用品产业具有紧密的关联。为此，探究财税调控经济政策对体育用品产业的制约因素，运用税收经济学原理对体育用品产业的实践成效进行定性研析。另一方面，构建一个理论框架概念模型，对调研数据进行实证评析，旨在充分发挥政府财税宏观调控政策对中国体育用品业的引导、调节与激励作用。

随着人们收入水平的显著提升、人们生活的富足以及休闲时间的增多，大众体育和全民健身在中国盛行，人们对健康娱乐休闲的个性化精神需求日益迫切。随着国内体育用品市场需求的快速增长，出口规模持续稳定增长，带动了国内体育用品行业规模的不断扩大，促进了中国体育用品产业的发展。中国体育用品业联合会 2018 年公布的《中国体育用品产业发展白皮书》数据显示，2017 年中国体育用品行业整体增速加快，体育用品产业（运动服、运动鞋、运动器材及相关体育产品的制造和销售）的增加值突破 3 400 亿元大关，增长率高达 13.84%，连续三年保持两位数增长。同时，2017 年行业销售收入显著增长，人均体育用品消费超过 130 元，同比增长超过 15.4%。由此可知，中国体育用品产业整体发展态势良好，特别是产业升级引发的新动能将成为体育用品产业和行业企业持续发展的重要驱动力，这决定了体育用品业新黄金十年的发展路径。中共中央、国务院于 2016 年 10 月发布的《"健康中国 2030"规划纲要》明确提出全民健康与全民健身的融合发展，充分发挥体育用品产业和健身休闲运动产业在推进健康关口前移的作用，体育用品产业升级为"大健康"产业的重要组成部分。同时，国家各部委联合密集发布了多项支持体育用品产业发展的相关政策文件，政策环境持续改善，并汇聚成各种有利因素，不仅指明了体育用品向服务驱动转型升级的战略方向，还为拓展细分市场空间、撬动更多存量体育产业和体育用品资源创造了良好的条件。

第一节　体育用品产业概述

一、体育用品产业的内涵

体育用品产业是体育产业的重要组成部分，体育用品是在进行体育教育、竞技运动和身体锻炼的过程中使用到的所有物品的统称。可以说，体育用品产业是面向社会生产制造体育用品和销售体育用品的同一类经济活动的集合，具体包括体育器材及配件制造、训练健身器材制造、球类制造、运动防护用具制造以及其他体育用品制造等。而且，体育健身娱乐业、体育竞赛表演业、体育培训业和体育中介业等体育服务产业的发展都离不开体育用品业的赞助和上中游的支持。体育用品业伴随着中国体育事业的蓬勃发展，深入到广大消费者生活健康、娱乐休闲消遣的各个领域，与人们的日常生活紧密相联，在促进广大民众的身体健康、陶冶情操以及培养高尚品格等方面发挥着不可替代的重要作用。

二、体育用品产业的分类

依据《中华人民共和国统计法》、国务院《关于加快发展体育产业促进体育消费的若干意见》（国发〔2014〕46号）和2017年《国民经济行业分类》（GB/T 4754—2017）等的相关规定，国家统计局重新修订并于2015年9月6日发布实施的《国家体育产业统计分类》对体育用品业进行规范的分类。❶鉴于体育具有专业性与业余性、竞技性与休闲娱乐性、医疗性与锻炼性、社会性与群众性特征，根据体育用品业的不同特性和用途，其一般分为以下类别：

一是体育用品制造，包括球类制造、体育器材及配件制造、运动防护用具制造、其他体育用品制造等，包括健身器材、跑步机、健身器械、踏步机、仰卧起坐器、哑铃、杠铃等日常家用健身器械和体育用品。

二是运动车、船、航空器等设备制造，包括运动船艇制造、运动航空器制造、

---

❶ 中华人民共和国国家统计局.国家体育产业统计分类（中华人民共和国国家统计局第17号）[Z].2015-09-06.

运动休闲车及配件制造（含越野车、运动跑车、赛车、高尔夫球车、休闲雪地车、沙滩车、滑板车、卡丁车等）、潜水设备制造等。

三是特殊体育器械及配件制造，包括武术器械和用品，运动用枪械、运动枪械用弹，可穿戴运动监测装备，体育场馆用显示屏、计时记分系统等设备制造；卡丁车场、赛车场等用显示器、计时记分设备，飞行用风向标、测风仪制造；无线电测向、导航、定向用电子打卡计时设备及运动轨迹实时监控系统等体育用品制造。

四是体育服装鞋帽制造，分为运动服装制造和运动鞋帽制造两类。前者包括田径服、球类运动服、水上运动服（含泳装）、举重服、摔跤服、体操服、体育舞蹈服、击剑服、赛车服、航空运动服、登山和户外运动服、冰雪运动服、领奖服、体育礼服等服装及其相关服饰用品的制造；后者包括纺织面运动鞋、运动皮鞋、运动用布面胶鞋、运动用塑料鞋靴及其他运动鞋制造，运动帽、游泳帽等体育用品的制造。

五是体育游艺娱乐用品设备制造，包括台球器材及配件、沙狐球桌及其配套器材、桌式足球器材及配件、棋类娱乐用品、牌类娱乐用品、专供游戏用家具式桌子制造，带动力装置仿真运动模型及其附件制造，保龄球设备及器材制造等。

六是其他体育用品及相关产品制造，包括运动饮料、运动营养品生产，按摩器材、户外帐篷制造，人造运动草坪、运动地板、运动地胶、体育场馆看台座椅、移动游泳池等体育用品的制造。

三、体育用品产业的中国实践

中国体育用品产业化是从20世纪80年代开始的。随着改革开放的发展，中国已成为世界上最大的体育用品生产制造国，是全球能够独立设计、研发、生产体育用品种类最全、最多的发展中国家。特别是中国2008年北京奥运会、第十六届亚洲运动会、国际马拉松赛等世界级体育赛事的成功举办以及民众生活水平的日益提高，极大地提升了广大民众对健康运动、娱乐休闲的积极性和主动性。尤其是城市居民对体育用品的消费已经从以低档为主向中高档方向发展；已经达到小康生活标准的农村地区对中低档体育用品的消费也逐步形成新的体育消费需求。这些因素激发了广大民众对体育健身休闲的关注与热情，使热爱运动、加强锻炼、增强体质、强身健体的观念日益深入人心，广大人民群众积极投身于各类体育休闲健身活动中，广泛的群众基础有力地拉动了体育用品的市场需求，掀起一场体育用品消费的高潮。

纵观全球体育用品产业，体育用品业正朝着大众体育用品、新型体育运动用品及高科技体育用品等领域拓展。在当今中国，时尚体育用品、青少年体育用品、老年人体育用品等正朝着多层次、多样化方向发展。随着体育用品产业的转型升级和产品的不断丰富创新，中国体育用品产业在国民经济中的地位将不断提升。至2020年，全国将有约40%的人口积极参加各类体育健身活动。❶这些利好因素促使中国体育用品产业（行业、企业）未来有较大的发展空间，必将推动中国体育用品产业市场持续保持高速增长，中国体育用品产业将是未来最具投资价值的产业领域之一。

第二节 体育用品产业财税理论及政策实践评析

一、体育用品产业经济活动的财税经济学理论

一般而言，体育用品产业包括体育服装业、体育建筑业、体育设施业、运动饮料业和体育科研仪器业五大类。例如，归属体育建筑业的公共体育场馆主要提供公共集会和体育比赛运营，是具有竞争性和非排他性特点的准公共产品，即在产品供给上具有公共性质、在消费上具有私人性质的产品，是具有较大外部性效益的物品或劳务。由于这类体育用品消费时不是独占，但也不是全社会人人均可共享。若人人共享，可能造成拥挤和容量短缺。此外，有些体育用品（服务）是非营利性的，主要是为社会大众提供的纯公共体育用品或准公共体育用品，这样就会导致体育用品业提供的公共体育用品或准公共体育用品供给不足。❷例如，免费安放在露天公园的各种康乐设施（如塑胶跑道、健身器材、球类器材、游乐设施）等公共体育用品均具有不同程度的外部经济性，既具有实物性与精神性消费品的特性，又具有十分明显的正外部性特征，这意味着提供的体育用品完全依靠市场机制和市场经济是不能完全解决的，必须依靠国家一系列财税宏观调控政策予以必要的扶持。公共财政理论认为，公共财政资源是有限的，若对体育用品的所有行业和领域不分目标、不分重点、不分次序地给予财税政策支持，会导致公共体育用品资源利用效率较低，甚至导致政府调控政策失灵。因此，在公共产品（服务）供给不足，外部经济性、经济周期性波动，收入分配不公等市场难以自发调节的领

---

❶ 国务院.全民健身计划（2016—2020年）（国发〔2016〕37号）[Z].2016-06-15.
❷ 卢元镇，郭云鹏，费琪，等.体育产业的基本理论问题研究[J].体育学刊.2001（1）：41-44.

域，需要政府对市场进行适度的干预与必要的调控。❶另外，公共政策的执行成果最终应由人民群众共享，这是政策执行的最根本出发点❷，这就要求政府积极回应公众不断增长的公共服务需求，大力推进公共服务创新，采取的干预方式是对体育用品外部边际效益进行适当的财政补助和各种税收优惠政策的多种扶持。税收优惠政策作为公共财政理论的重要组成部分，担负着调节和引导微观经济主体体育用品企业（制造业和来料加工业）的生产经营活动，以引导体育资源的优化配置，实现社会效益的最大化。

就体育用品制造业而言，中国体育用品生产企业有三个特点：一是数量众多，二是规模偏小；三是行业集中度低。❸这说明我国是典型的体育用品制造业大国，而不是强国，要推动体育用品由"中国制造"向"中国创造"转变，国家财税政策的强有力支持是其主要动力。鉴于中国体育用品业科技研发、竞争条件、产业规模、技术创新、产业带动等方面均不及发达的体育用品强国，因而体育用品产业仍属于幼稚产业，客观上需要政府对体育用品制造业的科技研发采取税额扣除、加计扣除、出口退税、加速折旧、减免税等间接和直接税收优惠方式给予重点支持；通过给予中小型体育用品企业减免税、税前列支、投资抵免、进项税额抵扣等优惠政策，减轻其税收负担，促进体育用品业内的企业增加投资，扩大生产规模。政府还可以采用"取予结合，取之有度"的税收政策导向，激励处于成长壮大期的体育用品制造业通过资本运营、股权投资等方式形成产业集聚规模效应，发挥税收政策的正效用来优化、调整其产业结构，鼓励自主创新，突破体育用品"中国制造"价值链低端的瓶颈，最终推动体育用品业向"中国创造"根本蜕变。

就体育用品来料加工业而言，财税政策通过改变或影响体育用品微观主体在生产经营活动中的来料加工生产方式，鼓励"走出去"的外向型发展道路。对体育用品的来料加工、来件装配、补偿贸易等国际贸易形式，给予免征收进（出）口关税、增值税、消费税的税收优惠，同时运用全额出口退税、即征即退、投资抵免、税额转出、税收饶让、研发扣除等间接税收优惠方式激励其积极参与国际市场竞争。税收能够引导体育用品市场的发展，因为其本身就有引导作用❹，因而通

---

❶ 王龙飞,王岩,刘运洲.美国体育场（馆）的公共财政支持及其启示[J].体育科学.2009(10):23-27.

❷ 谭九生,杨建武.服务型政府理念下提升政府执行力的对策探讨[J].吉首大学学报（社会科学版）,2012(4):153-157.

❸ 夏碧莹.加快我国体育用品制造业转型升级的问题和对策[J].北京体育大学学报,2011(7):37-40.

❹ 闫艾萍.税收对体育市场影响的经济学分析[J].山西师大体育学院学报.2007(12):16-17.

过税收政策工具对体育用品制造业和来料加工业的生产、经营行为实施必要的调节，从而充分发挥政府调控政策的引导和激励作用。

二、体育用品产业财税政策的经济学评析

大众体育健身休闲活动是社会公共体育用品主要的消费领域，也是社会公共体育用品供给的主要领域。❶政府无偿提供休闲健身娱乐的各种球类用品、健身器械、休闲娱乐品等具有非排他性、非竞争性的公共产品（服务）。依据《经济学》中的外部经济性理论，公共产品具有外部性，突出表现为公共用品（服务）的社会供给不足和生产体育用品服务效率低下的缺陷。从此意义而言，公共体育用品（服务）须由政府运用财税政策来支持，从而促进体育用品企业的生产制造，为广大消费者提供喜闻乐见、丰富多样的体育用品。本节运用税收经济学理论加以说明，如图5-1所示，公共体育用品供给曲线为S，D_1、D分别代表体育用品需求曲线中的社会边际效用和需求中的购买者私人边际效用。它们之间的垂直距离表示该体育用品的外部边际效应。假设由私人供给的公共体育用品正好符合外部效应要求的产品水平OQ_0，在市场经济条件下，体育用品消费者从自身角度衡量该体育用品消费得到的收益决定其购买数量，此时，由体育用品的供给曲线与需求曲线共同作用的均衡点E决定的产量为OQ_1，价格为OP_1，但E点并非最佳均衡点。这表明由私人厂商提供体育用品的生产与销售，均呈现出供需不足的状态。这种因外部效应而造成的体育用品效率损失客观上需要政府予以及时干预和调节。政府的一个重要作用就是纠正这种私人利益和社会利益之间存在的不一致，把体育用品的供应量增加或减少到最优。❷此时，政府采取的主要措施是对提供公共体育用品的私人厂商或消费者给予一定的税收优惠。如图5-1所示，假使每单位体育用品的外部效应为T，政府对体育厂商或个人每单位体育用品提供T的税收优惠，此时，厂商实际承担的体育用品边际成本显著降低，体育用品厂商能够以较低的市场价格提供质优价廉的体育用品，同时，消费者愿意且能够购买的体育用品数量也会明显增加，这就促使体育用品的需求曲线上升到社会边际效用D_1，体育用品产量增加到Q_0的最佳水平。此时，体育厂商能够得到的价格由P_1提高到P_0的价格水平。消费者支付的体育用品购买价格仍然是低价格P_2，生产厂商最终得到的体育用品市场销售价格为$P_0 = P_2 + T$。由此可见，体育用品所具有的外部经济

---

❶ 闵健,李万来,卿平,等.社会公共体育产品的界定与转变政府职能研究[J].体育科学,2005(11):3-10.

❷ 黄世贤.政府干预经济的负外部效应分析[J].探求,2005(1):43-45.

性特征为政府运用税收政策适当调控提供了可能,通过给予体育用品厂商或消费者税收优惠,激励体育厂商增加体育用品的生产与供给。此外,随着中国经济的发展与综合国力的不断提升,人们的价值观念已经从以往的追求物质生活逐渐向追求精神享受与身体健康转变❶,这直接提高了体育爱好者和消费者对体育用品的消费水平和积极性,支持了体育用品产业(行业、企业)的发展。

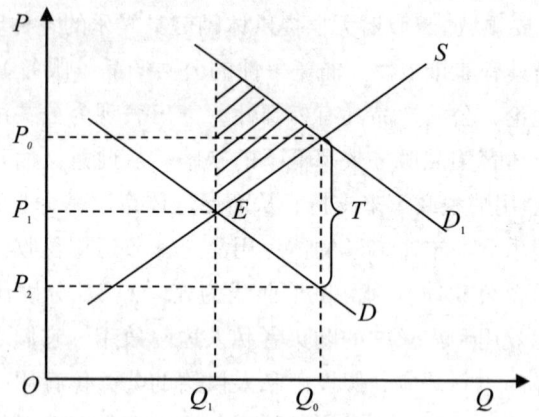

图 5-1　外部性对体育用品产业的影响及税收政策效应

三、财税调控政策支持体育用品业经济活动的实践案例评析

(一)安踏(中国)体育用品有限公司简介

安踏(中国)体育用品有限公司(以下简称"安踏体育",股份代号:2020.HK)创建于1991年,地处中国民营经济发达的中国三大鞋都之首——福建泉州晋江市(地级市),由安踏(福建)鞋业有限公司、北京安踏东方体育用品有限公司、安踏(香港)国际投资公司和安踏鞋业总厂等组成。该企业秉承"安心创业、脚踏实地"的经营理念,从一个地区性的运动鞋生产型体育用品企业发展为全国最大的集生产制造与营销导向于一体的综合体育用品企业集团。安踏(中国)体育用品有限公司现为香港安大国际投资有限公司全额控股的有限责任公司,集"中国驰名商标""中国名牌产品""中国质量免检产品"等荣誉于一身。根据新浪网的报道,2018年,该企业全年营业收入同比增长44.4%至241亿元,净利

---

❶ 白晋湘.我国体育教育训练学科未来发展趋势研究[J].吉首大学学报(社会科学版),2012,33(1):153-155.

润增长32.9%至41亿元，营收和净利润两项核心指标均创下历史新高，并且连续5年保持双位数的增长，成为中国体育用品领域的行业领先者，位居全球行业第三位。❶

首先，安踏体育是中国运动科学的开拓者和引领者。该企业长期贯彻"单聚焦、多品牌、全渠道"的经营发展战略，其销售业绩居于全国前列，运动鞋市场综合占有率连续多年在全国同类产品中荣列第一，其市场综合占有率位居全国同类产品第一位，已成为众多消费者尤其是广大青少年喜爱的时尚运动品牌。2005年，安踏体育率先在中国成立了体育用品行业的第一家运动科学实验室，致力于运动力学的研究，旨在推动中国体育业的快速发展。在产品研发的科技创新上，安踏体育获得多项国家级专利，并成为体育用品行业标准的制定者之一。

其次，安踏体育是体育用品销售专卖体系的实践者。2001年，安踏体育率先在中国建立体育用品专卖体系，完成了从生产单一产品向综合性体育用品品牌运营的过渡。截至2018年底，安踏体育拥有10 057家安踏主品牌门店（包括安踏儿童独立店）、1 652家FILA门店以及117家迪桑特门店，❷建立了最完备的覆盖一、二、三线城市的市场营销网络，成为体育用品行业的领跑者。

最后，安踏体育是中国专业赛事的忠实合作伙伴和赞助者。中国体育业的快速发展给体育品牌带来了无限的商机。作为中国体育事业和体育产业的忠实合作伙伴，安踏体育长期支持中国男子篮球职业联赛（CBA）、中国男（女）子排球联赛、中国男（女）子乒乓球超级联赛等体育赛事。2018年，安踏体育总共赞助24支中国国家队，并以中国奥委会官方合作伙伴的身份亮相平昌冬奥会，被誉为"中国联赛的发动机"。❸

（二）税收政策支持安踏体育用品企业发展的实践案例

发展休闲娱乐体育业是未来体育产业发展的一个趋势，安踏体育生产的体育用品正契合了这一发展契机，其生产经营与成长壮大均离不开国家税收优惠政策的有力扶持，使其获得更多、更快的资本积累。安踏体育自成立以来，凭借自身的体育用品知名品牌和经营业绩，享受到了国家一系列的税收优惠政策（表5-1），从而做大做强。

---

❶ 林可情.安踏2018年营收达241亿元 连续5年保持双位数增长[EB/OL].(2019-02-26)[2019-04-05]http://sports.sina.com.cn/.

❷ 同上。

❸ 同上。

表 5-1 安踏体育用品公司享受国家税收优惠政策一览表

时间	税种	税收优惠政策内容	优惠方式
2006年8月14日开始	企业所得税	在厦门同安成立的属于港澳台企业性质的安踏（厦门）体育用品有限公司可享受在厦门特区办厂15%的企业所得税税率优惠	所得课税的直接税收优惠
2007年4月6日开始	企业所得税	在深圳市福田区成立的深圳跨域体育用品有限公司（安踏分公司）享受在深圳特区经营15%的企业所得税税率优惠	所得课税的直接税收优惠
2007年7月10日	地方教育费附加，财政奖励	安踏企业在香港改制上市，地方政府给予财政奖励，在地方税收上给予减免税优惠	附加税费的直接税收优惠
2012年至今	企业所得税 关税 增值税 消费税	（1）被国家认定为高新技术企业，享受15%的所得税税率优惠；（2）企业研发支出按照150%的标准加计扣除；（3）研发进口设备免征进口关税；（4）企业用于科学研究、试验的国外进口用品可免缴进口关税、进口环节的增值税和消费税	流转课税和所得课税的直接税收优惠与间接税收优惠
2008年 2010年 2016年	企业所得税	（1）向汶川、玉树地震灾区捐赠的救灾支出允许全部扣除；（2）日常捐赠按照年利润总额的12%税前扣除，不需要缴纳企业所得税；（3）募资8亿港元成立慈善基金可享受一定的税收优惠政策	所得课税的间接税收优惠
2011年 2015年	个人所得税返还奖励	安踏在厦门享受总部型优惠政策：（1）享受厦门总部企业财政奖励；（2）安踏高管的个人所得税，区级税收部分返还奖励100%，后两年按50%的比例返还奖励	财政奖励与地方税收返还的直接税收优惠

资料来源：黄衍电，林瑞斌．中国税制教程[M]．北京：中国财政经济出版社，2002；全国注册会计师执业资格考试编写组．税法[M]．北京：经济科学出版社，2018；福建省晋江市税务局提供的资料．

一是安踏体育特别注重科技创新和技术研发，2005年率先在国内成立了首家体育用品业的运动科学实验室，致力于运动力学的研究。每年研发经费投入在其销售收入的3%以上，其先后获得了双重减震技术、服装领域的吸湿排汗技术和"防"功能，新的减震技术持久减震鞋垫、弹力足弓结构，超轻EVA材料等多项国家专业技术专利，进而被国家分别认定为先进技术企业和高新技术企业。2009年11月，国家发改委、科技部、财政部、海关总署、国家税务总局等五部委联合发布的2009年第16号公告,安踏体育成为中国体育用品行业首家获得国家权威认定的国际级企业技术中心,进而获得了更多、更广泛的税收优惠。例如:①高新技术企业可按照15%的优惠税率缴纳企业所得税;②企业可按15%所得税税率延长3年减半征收企业所得税;③产品出口企业产值达到当年企业产品值70%以上的,可按税法规定的税率减半(7.5%)征收企业所得税;④安踏研发新技术、新产品、新工艺体育用品产生的研究开发费用,依据2016年新修订的《中华人民共和国企业所得税法》规定,未形成无形资产的按其研发费用的50%加计扣除,形成无形资产的按其无形资产成本的150%进行摊销扣除;⑤企业研发进口设备和用品免征进口关税、进口环节的增值税和消费税等。

二是安踏2007年7月10日在中国香港上市,享受政府鼓励改制上市的地方教育费附加减免,同时获得晋江地方政府至少400万元的财政补贴奖励。❶

三是安踏热衷慈善,积极回馈社会,2009年10月安踏体育的控股股东丁世忠及其家族配股8 000万股,募资8亿港元成立慈善基金,可享受税收优惠政策。❷

四是厦门、泉州等地区吸引安踏设立企业研发总部和产业管理总部,给予其多种总部型企业经济的财税优惠政策以及企业高管个人所得税返还奖励等。

综上所述,安踏能成为当今中国体育用品领域的行业领先者,除了有其"爱拼才会赢"的努力拼搏的"内因"外,还有一系列国家税收优惠政策的"外因"对其持续性扶持与持久激励,促其做大做强。

第三节 中国体育用品产业财税调控政策的现实评价

长久以来,中国的体育用品业产业规模小,产品科技研发投入不足,自主创新严重不足,缺少具有市场竞争力的民族体育用品品牌,致使体育用品业竞争力不足。迄今为止,国家没有专门制定体育用品业的税收政策,仅在增值税、企业所得税、土地使用税等相关税收优惠政策中予以体现,但税收征管政策不完善,存在诸多问题,主要表现在以下几个方面:

---

❶ 施纯志,邹京,王联聪.福建省民营体育用品企业现状、问题及对策[J].武汉体育学院学报,2008(6):39-43.
❷ 李凌霞.配售安踏股份丁世忠家族套现8亿港元[N].每日经济新闻,2009-10-27(4).

一、国家对具有高新技术企业性质的体育用品企业认定门槛高，体育用品业自主研发薄弱，难以享受到高新技术企业的税收优惠待遇

中国是全球体育用品大国，但不是体育用品强国。在全国300多万家的各类体育用品企业中，绝大多数企业没有研发团队，缺乏自主知识产权，科研力量利用率低下，体育用品技术研发投入力度、创新能力、技术含量等方面都面临发展制约瓶颈，而且体育用品业75%的技术依靠外来，依赖贴牌生产、模仿生产，体育用品企业缺乏一个较完善的自主创新发展环境。❶当前，中国体育用品行业规模以上企业约为3.2万家，"中国制造"已占世界体育用品市场的78%以上。❷此外，在1万余家的体育用品制造业中，绝大多数重生产、轻研发，简单模仿和抄袭全球知名体育企业的产品设计。据有关资料反映，当前我国体育用品企业的研发经费占销售收入的平均比例还不到1%。❸一方面，为鼓励高新技术企业投入产品研发，实施自主创新，科技部、财政部、国家税务总局2016年1月29日联合发布《高新技术企业认定管理办法》（国科发火〔2016〕32号），依照《中华人民共和国税收征收管理法》《中华人民共和国企业所得税法》及《中华人民共和国企业所得税实施条例》等的相关规定，体育用品企业若实施了研发与技术成果转化，拥有核心自主知识产权，可申请享受税收优惠政策。然而，新的高新技术企业认定标准高、限制条件多，企业必须全部满足八项必备条件，其申请和认定的难度明显增大。现有95%以上的体育用品企业都是劳动密集型中小企业，投入研发和拥有核心自主知识产权的企业极少，绝大多数体育用品企业根本达不到国家规定的高新技术企业的认定标准，这意味着全国300余万家体育用品企业中高达90%以上无法被认定为高新技术企业，也完全享受不到国家给予高新技术企业的一系列税收优惠政策。另一方面，体育用品中小企业的科技研发能力和水平极其低下。由表5-2的内容可知，中国体育用品业的科技研发（R&D）在科技研发人数、R&D平均经费支出比例、R&D平均项数等方面，均落后于全国制造业的科技研发。特别是体育用品行业规模以上企业和大中型企业的科技研发平均经费支出比例分别为12.7%和21.6%，明显低于全国制造业科技研发平均经费支出5和6.2个

---

❶ 王凯，朱爱玲.浙、闽体育用品民族企业创新能力的研究[J].科技信息,2015(14):372-373.
❷ 林维真.闽南体育休闲产品年出口超90亿元[N].东南早报,2017-04-09(6).
❸ 宋亚刚.基于专利视角的我国体育用品企业技术创新能力评价研究[D].上海：上海体育学院，2017.

百分点。❶《高新技术企业认定管理办法》明确规定，高新技术企业要对企业主要产品（服务）的核心技术拥有自主知识产权，且在中国境内产生的研究开发费用总额占全部研究开发费用总额的比例不低于60%，同时企业的产品（服务）要属于《国家重点支持的高新技术领域》规定的范围，可见其认定门槛之高。从表5-2可知，按照上述标准被国家认定的体育用品高新技术企业只有247家，仅占我国体育用品规模以上和大中型企业总数的13.4%，大大低于我国制造业中高新技术企业所占的42.6%的比例。由此可见，全国绝大多数体育用品企业被高标准排除在高新技术企业之外，无法享受到国家给予高新技术企业的诸多税收优惠政策。税收政策的引导、激励作用严重弱化，这不利于提升众多体育用品企业的科技含量，也不利于科技研发的积极性。

表5-2　2016年我国体育用品业和制造业调动体育用品企业投入科技研发（R&D）活动情况表

项目	体育用品企业数	体育用品研发人数	体育用品业高新技术企业数	体育用品业R&D平均经费支出比例	体育用品业拥有自主知识产权比例	体育用品业R&D平均项数（万元/个）	我国制造业R&D平均项数（万元/个）	我国制造业R&D平均经费支出比例
规模以上企业	1041	2673	205	12.7%	2.38‰	29.43	47.91	25.24%
大中型企业	1177	3851	42	21.6%	2.81‰	164.8	229.36	28.86%
平均数	1109	3262	123.5	17.15%	2.6‰	97.12	162.59	27.05%

资料来源：宋亚刚.基于专利视角的我国体育用品企业技术创新能力评价研究[D].上海：上海体育学院,2017; 罗刚林,高建新.中国体育用品业自主创新现状与展望[A].Proceedings of 2017 5th International Conference on Physical Education and Society Management(ICPESM 2017)V71, 2017[C].Singapore:Press Lecture Notes in Management Sience,2017.

二、现行税收政策加大了体育用品业的税负成本，制约其持续发展

长期以来，中国体育用品业很少获得专门的税收优惠政策的扶持。相反，在税收征管实践中，其税收负担重，纳税成本高。如表5-3所示，一方面按照现行

---

❶ 郑建岳,童莹娟,李建设.体育用品业产业地位与特性研究[J].体育文化导刊,2005(6):40-42.

税收政策，体育用品企业须缴纳流转课税、所得课税、财产课税、行为课税和附加税类，涉及增值税、消费税、企业所得税、个人所得税、土地使用税、房产税、印花税、车辆购置税、车船税以及城建税、教育费附加等至少11个税种，其中增值税和企业所得税是体育用品企业纳税金额最多的税种。特别是在增值税征管中，提供游戏机、射击、台球、溜冰、高尔夫球、保龄球等体育休闲服务的企业，要依照"文化体育服务"或"旅游娱乐服务"税目缴纳增值税。❶另一方面，在体育用品企业所得税征管中，无论何种形式的赞助支出均不得在税前扣除，体育用品企业还须依照《企业所得税法》的规定，调整并全部缴纳企业所得税；企业合理的公益性捐赠支出中，超过年度利润总额12%的部分，准予结转以后三年内在计算应纳税所得额时扣除。总之，体育用品企业需要缴纳诸多课税税种，其纳税成本高，税收负担重，这极大地阻碍了众多体育用品企业的持续发展。

表5-3 现行体育用品业税收征管政策及企业纳税成本一览表

课税属性	课征内容	税率
流转课税	对于在向境内外购进、销售等多个环节中产生的增值额，企业应缴纳增值税。	13%
	提供保龄球、射击、高尔夫球、游戏机等体育休闲服务的企业应缴纳增值税。	6%
	小规模体育用品企业的购进材料成本不得抵扣进项税额。	3%
	对于生产、销售的快艇、高尔夫球及球具，企业应缴纳消费税。	10%
	对于体育用品博览会所取得的收入，企业应缴纳增值税。	6%
所得课税	对于体育用品企业的年所得（利润），企业应缴纳企业所得税。	25%
	体育用品企业的赞助支出不得税前扣除，企业应全额缴纳企业所得税。	25%
	体育用品企业捐赠支出超过年利润总额12%的部分，准予结转后三年内在计算应纳税所得额时扣除。	25%

---

❶ 杨京钟.企业纳税实务[M].北京：北京出版社.2017.09.

续表

课税属性	课征内容	税率
所得课税	体育用品企业中超过标准的个人需缴纳个人所得税。	5%~45% 或 20%
财产课税	对于体育用品企业自用和出租的经营用房，企业应缴纳房产税。	1.2% 或 12%
	对于体育用品企业购买的生产经营厂房，企业应缴纳土地使用税。	0.6~30 元/每平方米
行为课税	对于体育用品企业的合同、会计凭证等，企业应缴纳印花税。	0.05‰~1‰ 4 档
	对于体育用品企业购买的生产经营用车或机动船舶，企业应缴纳车辆购置税。	10%
	对于体育用品企业购买的生产经营车或船，企业应缴纳车船税。	机动车：96 元或 360 元；船舶：3~6 元
附加税（费）类	对于实际缴纳的流转课税额，企业应缴纳教育费附加。	3%
	对于实际缴纳的流转课税额，企业应缴纳城市维护建设税。	1%、5%、7% 等三档

资料来源：全国注册税务师执业资格考试教材编写组.税法（Ⅰ）[M].北京：中国税务出版社，2018.05.全国注册税务师执业资格考试教材编写组.税法（Ⅱ）[M].北京：中国税务出版社，2018；杨京钟.企业纳税实务[M].北京：北京出版社，2017.等等

三、国家对体育用品品牌等无形资产征税，致使体育用品品牌等无形资产的支持与保护力度遭到削弱

长期以来，中国体育用品业主要依靠简单模仿、假冒、抄袭国际知名体育品牌获得微薄的经营利润，产品科技含量低，知名体育品牌少，品牌经营费用投入增速缓慢，产品宣传方式单一。[1]体育品牌是体育用品企业核心竞争力的外在表现，企业须对自身拥有的知识产权予以保护。而现行税制不仅未制定和支持与保护体育用品品牌相关的税收优惠政策，反而对品牌形成的商标权、专利权、商誉或著作权等无形资产征收各种税收。从表 5-4 可知，政府对体育品牌形成的特许使用权等无形资产需征收四种主要税收（增值税、企业所得税、关税、个人所得税）

---

[1] 金硕.我国体育用品产业集群的区域品牌建设研究[J].天津体育学院学报，2009(1):52-55.

和两种附加税费（城市维护建设税和教育费附加），其中，增值税是对体育品牌征税金额最多的税种。可见，现行税收优惠政策对体育用品品牌的支持与保护十分欠缺，且使体育用品企业税收负担加重，这对本已具有"三低"（档次低、附加值低、科技含量低）特征以及依靠模仿、假冒、抄袭来获取盈利的中国体育用品品牌而言更是雪上加霜，制约了体育用品品牌等的培育、塑造与长远发展。

表5-4 我国体育用品品牌无形资产纳税情况一览表

税 种	具体征税内容	税 率
增值税	（1）代理体育品牌广告、营销业务；（2）代办体育品牌申报相关中介业务服务；（3）体育品牌租赁、融资业务；（4）转让体育品牌的商标权、专利权、商誉等	6%
企业所得税	体育用品企业转让体育品牌形成的无形资产所得	25%
关税	进口的在体育交流活动中使用的比赛体育用品及品牌	30%
个人所得税	个人转让体育用品专利权、商标权、著作权的特许权使用费	20%
城市维护建设税	实际缴纳体育用品品牌的营业税税额	7%、5%、1%三档
教育费附加	实际缴纳体育用品品牌的营业税税额	3%

资料来源：全国注册会计师执业资格考试编写组.税法[M].北京：经济科学出版社,2017；全国注册税务师执业资格考试教材编写组.税法（Ⅰ）[M].北京：中国税务出版社,2018；全国注册税务师执业资格考试教材编写组.税法（Ⅱ）[M].北京：中国税务出版社,2018.

四、现行体育用品业的出口退税不彻底，"走出去"参与国际竞争的税负沉重

自1994年税制改革以来，中国的体育用品业出口退税税率整体偏低，退税不彻底增加了其出口的经营成本，也增加了其"走出去"参与国际市场竞争的税收负担。依据税收理论，只有采取"征多少，退多少"的全额退税模式（即出口零税率），才能真正鼓励体育用品的出口，具有税收中性的保护性国际竞争力。网球、高尔夫、瑜伽、户外运动等以往被人们认为是"贵族"的休闲体育运动现今

已经被大多数人认可。❶然而，中国对与上述体育运动相关的体育用品长期采取的是"征多退少"的不彻底出口退税政策。特别是2016年全面降低体育用品行业的出口退税率，其出口退税率平均降低了3%，这对那些长期利用退税来维持低价竞争的体育用品企业是个严峻的挑战。❷从表5-5的内容可知，体育用品企业在国内生产、销售体育用品时，依照2018年3月下调的13%的税率缴纳了增值税，其产品出口境外时，政府没有按照13%的出口退税率给予完整退税，而是分别依照9%、11%、10%、6%不等的退税率给予部分退税。众所周知，体育用品业是一个出口依存度极高的产业，如运动鞋、运动服装、体育纪念品等的出口依存度高达50%左右，这说明这个行业的生存与发展取决于出口环境的好坏和税收负担的轻重。❸在实际操作中，出口越多，退税越少，这对于长期利用退税来维持自身生存和低价竞争的中小体育用品企业而言无疑是严峻的挑战，出口税收负担的增加无形中增加了体育用品企业的生产、出口经营成本，极大地制约了中国体育用品业"走出去"参与国际市场竞争的积极性。

表5-5　中国体育用品业部分体育用品出口退税率一览表

生产销售的体育用品	增值税（消费税）税率	出口退税率
高尔夫球车，雪地行走专用车	13%增值税率	9%
娱乐或运动用快艇、摩托车（气缸容量在250毫升以上的）	13%增值税率和10%消费税率	11%和9%
运动服装、鞋帽类	13%增值税率	11%
体育棋类用品	13%增值税率	10%
台球用品及附件	13%增值税率	10%
保龄球（瓶）、保龄球自动分瓶机	13%增值税率	6%
高尔夫球、高尔夫球棍、高尔夫球器械	13%增值税率和10%消费税率	6%
乒乓球及器械、羽毛球拍或类似球拍	13%增值税率	10%

---

❶ 白晋湘．我国体育教育训练学科未来发展趋势研究[J]．吉首大学学报（社会科学版），2012,33(1):153-155.
❷ 王泽和．我国体育用品产业的现状与发展对策[J]．北京体育大学学报，2008,31(3):300-302.
❸ 鲍明晓．加快我国体育用品业发展的对策[J]．体育科研，2014,25(4):1-6.

续 表

生产销售的体育用品	增值税（消费税）税率	出口退税率
足球、篮球、排球及其他运动用球	13%增值税率	10%
溜冰鞋、旱冰鞋、滑板、帆板等	13%增值税率	10%
钓鱼竿、钓鱼钩、钓线轮	13%增值税率	6%
健身及康复器械等	13%增值税率	6%

资料来源：国家税务总局和国家海关总署网站相关资料

五、中小体育用品企业的税收支持力度不足，制约其快速发展

体育用品业是民营中小企业发展的密集领域，中国体育用品业产值的90%以上都是中小企业创造的，中小企业的数量和产值在体育用品行业中占绝对优势[1]，它们为体育产业的快速发展做出了巨大的贡献。然而，中小体育用品企业在市场竞争中依然是"弱势群体"，尤其是政府在财税政策上的支持力度严重不足，无论是在扶持内容、税收优惠上，还是在支持方式上均未能为中小体育用品企业的发展提供应有的支持与帮助，这使中小体育用品企业没有完全享受到一视同仁、平等一致的税收国民待遇。由表5-6可知三方面内容。一是绝大多数中小体育用品企业采取的是核定征收的税收征管方式，其弊端是没有科学准确的计税依据，弱化了税收的经济调节功能，增加了中小体育用品企业的税收负担和纳税成本，导致税负不公。二是多数中小体育用品企业属于增值税小规模纳税人，依据现行增值税法规的规定，纳税人购买的体育品牌价值、产品创意、商誉等知识智力型无形资产以及购进的土地、厂房等固定资产进项税额抵扣严重不足[2]，致使体育用品小规模纳税人的税收负担沉重。三是多数民营中小体育用品企业由于盈利能力、产业规模、商业信用等因素无权自行进出口，必须借助有进出口资质的外贸企业，代其实现自身原材料和产品的进（出）口，这无形中增加了进出口成本，中小体育用品企业的盈利能力明显降低。

---

[1] 乐仁油,高松龄.体育会展与体育用品产业集群互动研究[J].体育文化导刊,2011,(2):52-54.
[2] 杨京钟.我国体育用品产业税收政策评析[J].体育文化导刊,2012(12):72-75.

表5-6　现行税收政策对中小体育用品企业支持不足的具体内容

税种	税收征管滞后，税收支持不足的具体内容	支持不足的影响
增值税	中小体育用品企业的进项税额不准抵扣	增加其纳税负担
	增值税出口退税少、退税不完善	产生重复征税
	体育用品品牌价值、知识产权不准抵扣进项	未公平税负
	中小体育用品娱乐企业的税率高	税收负担沉重
企业所得税	对中小体育用品企业采取核定征收	增加纳税成本，未公平税负
	对中小体育用品企业的高新技术企业认定标准高	不能享受诸多税收优惠政策
	小型微利体育用品企业的税率偏高	税负重，扶持弱化
关税	中小民营体育用品企业无权自行进出口	增加进出口成本
个人所得税	体育用品企业个人高管股东再投资缴纳20%的个税	制约其扩大再生产的积极性

资料来源：全国注册税务师执业资格考试教材编写组.税法（Ⅰ）[M].北京：中国税务出版社.2018；全国注册税务师执业资格考试教材编写组.税法（Ⅱ）[M].北京：中国税务出版社.2018.

第四节　体育用品产业财税经济政策效率的效应评析

长期以来，中国体育用品产业财税政策的执行与实施效率不高，存在产业财税政策缺位、错位、越位的现象。鉴于此，如何在国家各种宏观调控经济政策的引导下，充分发挥体育用品产业的主导作用，是当前体育用品产业（行业、企业）在市场竞争中面临的现实问题。学术界针对此领域的研究大多局限于定性研究，规范性的实证研究甚少，更鲜见以体育用品产业财税政策效率的影响因素为研究对象，从体育用品产业政策制定和产业政策实施两个视角，作用于产业政策效率的相关影响因素，并通过构建政策模型进行实证分析研究。基于此，本节采用数量统计研究的方法，使用理论分析框架，借用数理统计工具研讨中国体育用品产业财税政策的执行实施及其效率的影响因素，丰富体育用品产业财税政策理论与实践内容。

一、研究变量的影响因素及研究假设

本节的概念模型将体育用品产业财税政策效率的影响因素分为10个方面,以此说明中国体育用品产业财税政策的效率,由此做出如下研究假设。

(一)决策主体的行为动机

我们知道,构成决策主体的基本单位是人,决策主体站在更有利于自身利益的角度,可能拥有制定合理产业政策的愿望。依据公共选择理论,政策制定者的行为符合"经济人"假设,参与决策的人也是有理性即关心个人利益的,他们按个人的诱因行事,从个人角度看待问题并按个人的成本与收益对比来行动,具有社会和自身的二元利益的动机。❶尤其在一个以维护整体利益为目标的制度框架中,决策主体极可能钻政策"真空"的空子,制定一些貌似合理而实际有失公允的政府宏观调控政策,进行政策"寻租"。在政策制定过程中若缺乏激励和约束,反映客观经济趋势和社会整体利益最大化要求的政策目标等会产生偏离。❷此外,政府在制定产业财税政策的过程中,习惯于各自为战、自成体系,具有明显的部门特色。这种情况致使不同政府部门之间为追逐各自的利益,可能会发生冲突或矛盾。

研究假设1:决策主体的行为动机越偏向产业的整体利益,体育用品产业财税政策的效率越高。

(二)决策主体的能力

产业财税政策的制定过程实质上是一种决策过程。决策主体通过收集大量信息,根据产业、经济、社会环境等诸多因素,有意愿、有能力整合一切相关资源,并用科学的方法将其加以处理,才能让制定的产业政策反映客观实际,实现资源优化配置,最终决策主体从各种可行方案中选择一个合理满意的方案。

研究假设2:决策主体的能力越强,体育用品产业财税政策的效率越高。

(三)外部环境

首先,在经济全球化的背景下,国家产业财税政策的制定越来越受制于经济全球化因素。其次,国家及地区经济的总体发展状况与水平对产业财税政策的制定有客观强制作用,一国的经济发展水平很大程度上决定了产业财税政策制定和

---

❶ 布坎南.自由、市场和国家[M].北京:首都经济贸易大学出版社,1988.
❷ 张泽一,赵坚.产业政策实施效果的分析与述评[J].中国流通经济,2008(7):28-30.

推行的力度。再次，跨国公司的经营行为会影响相关产业的市场结构、企业行为、经济绩效，因而跨国公司战略也影响着产业财税政策制定的方向。最后，一个国家或者地区的制度安排、决策传统和政策理念也限制着决策者的思想范围，并且反映着决策者的习惯和偏好❶，决定着产业政策的制定与实施效率。

研究假设3：外部环境越有利于体育用品产业的发展，体育用品产业财税政策的效率越高。

（四）体育用品产业的特征

我国体育用品产业主要有四种特征。一是劳动成本优势减弱。据《华盛顿邮报》报道，中国纺织工人的平均工资是0.68美元/小时，而印度纺织工人的平均工资是0.38美元/小时，可见中国劳动力的成本优势在逐渐减弱。二是中国体育用品产业以制造、加工为主，处于全球价值链的最低端。调查显示，中国体育用品行业有60%~70%的企业为国外品牌进行贴牌生产，只能赚取10%左右的微薄加工费，而90%以上的利润被国外品牌商、渠道商和零售商获得。❷三是我国体育用品产业的外贸依存度高，文教体育用品制造业的出口依存度高达60%。❸对国际市场的过度依赖会导致产能过剩与贸易保护问题。四是体育用品产业的生产区域主要分布于广东、福建、江苏、浙江、上海5省(市)，集中度超过了85%。由于路径依赖和锁定效应，体育用品产业呈现出一定的产业集群优势，而负效应则在于老工业区的衰退和区域经济的演进。

研究假设4：体育用品产业财税政策越具有针对性，其执行效率越高。

（五）体育用品产业链上相关产业的特征

一方面，体育用品产业上游生产要素的表现和能力能较好地为体育用品企业提供最低成本的投入，而产业对资源和技术的支持可促进信息在产业间的传递，加快产业创新。另一方面，中国体育用品消费市场需求旺盛。截至2008年，参加体育活动的人数从2001年的1.3亿增加到5亿，若城市人口收入增加1%，其体育消费就增加1.5%❹，从而这刺激了位于产业链下游的消费者的体育用品消费，这

---

❶ 赵英.中国产业政策实证分析[M].北京：社会科学文献出版社,2000.5.
❷ 杨再惠.提高我国体育用品国际竞争力的对策研究[J].体育科学,2005(8):16-20.
❸ 靳英华.论国际间产业转移与中国体育用品制造业的结构调整[J].北京体育大学学报,2009(6):1-3.
❹ 江和平,张海潮.中国体育产业发展报告(2008-2010)[M].北京：社会科学文献出版社,2010.

是中国体育用品产业链所具有的独特竞争优势。

研究假设5：产业链相关产业发展越好，体育用品产业财税政策效率越高。

（六）财税政策自身的科学性

体育用品产业财税政策自身须具有合理性、可行性和持续性。产业财税政策若没有顺应市场规律，不考虑企业的利益取向，不仅难以有效执行，而且需要较大成本，进而会阻碍产业的发展。产业财税政策目标的实现依赖于其手段（金融、外贸、法律、信息、行政等手段）的运用。政策手段及其组合要与所推行的产业财税政策以及经济运行机制相匹配，我们要依据经济运行机制、经济发展阶段、产业政策目标等因素选择合适的产业财税政策手段，提高产业财税政策的有效性与科学性。[1]否则产业财税政策目标就容易落空。

研究假设6：政策本身的有效性越高，体育用品产业财税政策的效率越高。

（七）体育用品企业的能力

企业是市场竞争的微观主体，是受产业财税政策影响最大的主体。随着经济市场化程度的提高，企业行为自主性的增加以及政府职能的转变，决策主体与运作主体之间成为一种契约关系。履行契约关系要求双方各自承担相应的责任与义务，建立起权责对等的规范性传导方式，最终产业财税政策能否落实取决于企业的能力与反应，这也决定着财税政策的目标能否实现及其实现的程度。企业要想使财税政策给其带来机会或者规避政策带来的风险，就必须有足够的人力、财力、信息和政治优势，从而提高与政府的议价能力，争取对产业财税政策的制定有较大的影响力。

研究假设7：体育用品企业的能力越强，产业财税政策的效率越高。

（八）体育用品企业的行为

产业财税政策的传导机制是否有效，涉及政策主体与客体的行为动机、传导手段、传导的层级等诸多因素，而最终取决于企业的行为。在产业财税政策的传导过程中，企业既是运作主体又是市场主体。在市场经济条件下，各个市场主体的经营方式和利益取向存在较大的差异，不同企业会对同一政策有完全不同的反应。如果产业财税政策本身与企业的既定战略和目标相吻合，那么企业会更加主动、更有动力地去贯彻和执行政策。反之，执行效果则大打折扣。

---

[1] 廖长友,刘垂玖.浅论产业政策的有效性及其影响因素[J].北方经贸,2004(8):19-21.

研究假设8：体育用品企业的执行力度越强，产业财税政策的效率越高。

（九）产业财税政策执行时的约束方

一方面，行业协会由于其非营利性质，在行业内具有权威性、公正性、独立性，可以接受政府部门的委托并独立充当政府与企业之间的中间人，监督政策的有效执行与实施。另一方面，社会公众是体育用品产业潜在和现实的客户群体，因而社会公众有效而完善的舆论监督能够实现外部督促与体育用品相关产业利益主体政策的有效落实，从而贯彻体育用品产业财税政策。

研究假设9：产业财税政策执行时约束方的力度越强，产业财税政策的效率越高。

（十）政府的利益博弈

政府产业财税政策的制定主体包括经济综合部门、宏观调控部门、专业部门，这些调控主体之间既存在利益的一致性，亦存在利益的冲突性，因而中央政府各部门之间存在利益博弈行为。中国五级政府政治体制在一定制度框架下的政策主体利益是一致的，但不可避免地具有各自的利益动机。这决定了中央政府与地方政府在制定政策中各自测算可能的损益，并实施相应的博弈行为，形成各自的利益博弈。

研究假设10：政府利益博弈越有利于产业整体利益，产业财税政策的效率越高。

综上所述，我们构建一个体育用品产业财税政策效率理论框架的概念模型，如图5-2所示。

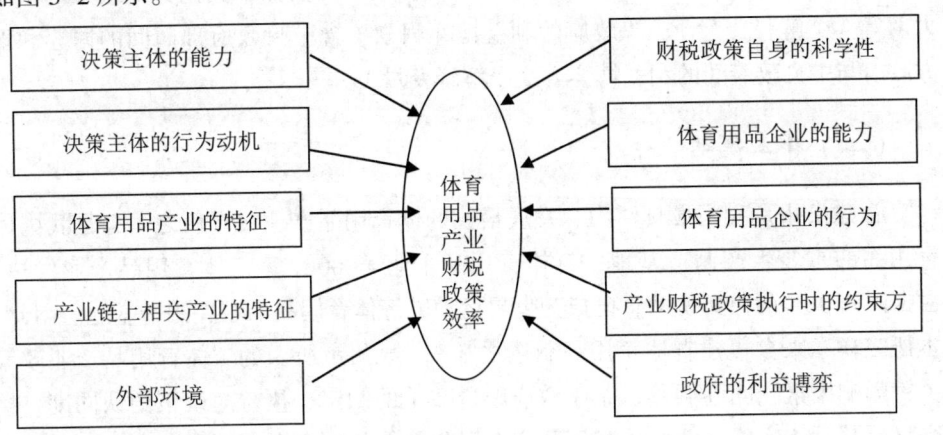

图5-2　体育用品产业财税政策效率框架图

二、研究数据的收集

（一）变量选择

根据研究假设，本研究涉及10个政策因素变量及31个解释变量。主要包括①决策主体的行为动机因素（含决策主体对个人利益的追求不同和政府部门政策目标的不一致性等2个解释变量）；②决策主体的能力因素（含决策主体收集处理信息的意愿和能力，决策主体整合社会资源的能力，学术界对产业财税政策的意见与建议，决策主体的认知水平等4个解释变量）；③外部环境因素（含全球经济形势，国家经济发展水平及战略目标，跨国公司战略的导向性作用和决策者的政策理念、思想范围、习惯和偏好等4个解释变量）；④体育用品产业的特征因素（含劳动力成本优势逐渐减弱，处于全球价值链的最低端，出口依存度较高导致的生产能力过剩，企业数量多、规模小、效应低和体育用品产业集群现象明显等5个解释变量）；⑤产业链上相关产业的特征因素（含生产要素及相关支持产业的发展态势和体育用品市场需求旺盛等2个解释变量）；⑥财税政策自身的科学性因素（含财税政策自身的合理性、可行性、持续性，产业财税政策所采取手段的针对性，与其他政策的协调性等3个解释变量）；⑦体育用品企业的能力因素（含企业对财税政策变化的判断力，企业消化产业财税政策的能力和企业与政府的议价能力等3个解释变量）；⑧体育用品企业的行为因素（含企业对产业财税政策的认同度，企业对信息的接受和反应速度和企业经营目标、战略与政策导向的吻合性等3个解释变量）；⑨产业财税政策执行时的约束方因素（含行业协会对财税政策落实发挥的作用，特殊利益集团对财税政策的操控和舆论界对政策的监督力度等3个解释变量）；⑩政府的利益博弈因素（含中央政府部门间的博弈和地方政府与中央政府间的利益博弈等2个解释变量）。

（二）样本说明

福建泉州是我国最具活力、发展最快的体育用品产业集聚区之一，是我国体育用品的重要生产制造基地，有体育用品企业4 000余家，体育用品产业发达，占据国内80%的市场份额，已成为世界运动鞋等体育用品的主要制造基地。因此，本研究样本来自福建省体育用品制造之都——泉州市所做的"体育用品产业政策关键影响因素"问卷调查。鉴于政府财税政策的制定、执行与政策的认同度、接受性及其具体实施，涉及体育用品产业财税政策的制定者（政府相关政策的制定部门）和政策的具体实施者（体育用品企业）所产生的政策影响因素，因此，在实际问卷中，调查对象以泉州的体育用品企业为主，约占调查总数的75%。同时，问卷的被调查者还包括体育用品产业财税政策制定和执行的行政主管部门，此部分占调查总数的25%。因此，我们选取规模以上体育用品企业614家和泉州各级政府主管部门72位人员实施问卷调查，实际回收问卷636份，由于部分问卷为无效问卷，最终获得有效问卷617份，有效回收率为89.9%。从问卷描述的内容看，问卷构建了包括10个因素变量指标和31个解释变量在内的体育用品产业政策效率指标体系。问卷采用Likert量表（Likert Scale）进行测量，并在问卷设计中采取五级Likert量表，选项有"非常重要""比较重要""一般""比较不重要""非常不重要"五种，分别计分为5、4、3、2、1分。Likert量表是现代调查问卷中普遍采用的度量方式，由美国社会心理学家Rensis Likert于1932年在原有总加量表的基础上改进而成，是一种测量态度的方法。对于应采用几点量表，学者Berdie（1994）根据研究经验，综合提出以下看法：大多数情况下，五点量表是最可靠的，选项超过五点，一般人难有足够的辨别力。三点量表限制了温和意见与强烈意见的表达，五点量表则正好可以表示温和意见与强烈意见之间的区别。[1]

三、研究数据分析

本研究对调研数据采用效度分析、信度分析、因子分析和回归分析等方法，同时运用SPSS17.0统计软件对调研数据进行规范实证评析，以期获得影响体育用品产业财税政策效率的关键因素，为体育用品产业财税政策的制定及其有效执行、实施提供决策参考。

（一）数据质量

（1）效度检验。因子分析是检验结构效度最常用的方法，以因子分析去检验问卷的效度，并有效地抽取共同因素，则此共同因素与理论结构的心理特质非常接近，可以说此问卷或量表具有建构效度。因此，本研究采用因子分析对问卷的理论构思效度进行验证，检验了数据的内容效度、建构效度和维度效度。内容效度用于检验是否有足够有代表性的变量来度量所属概念；建构效度通过因子分析来检验结构效度，以测量出概念的程度或理论的特质；维度效度用来验证上文中所提出的10个研究假设。具体效度检验分析如表5-7所示。

---

[1] 吴明隆.SPSS统计应用实务：问卷分析与应用统计[M].北京：科学出版社，2003.

表5-7 体育用品产业财税政策研究假设的因子载荷分析

研究假设变量指标	测量变量	因子载荷	因子载荷标准	分析结果
决策主体的行为动机	(1) 决策主体对个人利益的追求不同； (2) 政府部门政策目标的不一致性。	(1) 0.683 (2) 0.585	特征根 >1 因子载荷 >0.5	维度正确。2个可测量变量能够反映其因子
决策主体的能力	(1) 决策主体收集处理信息的意愿和能力； (2) 决策主体整合社会资源的能力； (3) 学术界对产业财税政策意见与建议； (4) 决策主体的认知水平。	(1) 0.807 (2) 0.788 (3) 0.583 (4) 0.614	特征根 >1 因子载荷 >0.5	维度正确。4个可测量变量能够反映其因子
外部环境	(1) 全球经济形势； (2) 国家经济发展水平及战略目标； (3) 跨国公司战略的导向性作用； (4) 决策者的政策理念、思想范围、习惯和偏好。	(1) 0.801 (2) 0.656 (3) 0.526 (4) 0.533	特征根 >1 因子载荷 >0.5	维度正确。4个可测量变量能够反映其因子
体育用品产业的特征	(1) 劳动力成本优势减弱； (2) 处于全球价值链的最低端； (3) 出口依存度较高，生产能力过剩； (4) 企业数量多，规模小，效应低； (5) 体育用品产业集群现象明显。	(1) 0.716 (2) 0.761 (3) 0.631 (4) 0.540 (5) 0.815	特征根 >1 因子载荷 >0.5	维度正确。5个可测量变量能够反映其因子
产业链上相关产业的特征	(1) 生产要素及相关支持产业发展态势； (2) 体育用品市场需求旺盛。	(1) 0.558 (2) 0.750	特征根 >1 因子载荷 >0.5	维度正确。2个可测量变量能够反映其因子

续 表

研究假设变量指标	测量变量	因子载荷	因子载荷标准	分析结果
财税政策自身的科学性	（1）产业财税政策的合理性、可行性、持续性； （2）产业财税政策所采取手段的针对性； （3）与其他政策的协调性。	（1）0.826 （2）0.737 （3）0.597	特征根 >1 因子载荷 >0.5	维度正确。3个可测量变量能够反映其因子
体育用品企业的能力	（1）企业对财税政策变化的判断力； （2）企业接受和消化产业财税政策的能力； （3）企业与政府的议价能力。	（1）0.557 （2）0.680 （3）0.614	特征根 >1 因子载荷 >0.5	维度正确。3个可测量变量能够反映其因子
体育用品企业的行为	（1）企业对产业财税政策的认同度； （2）企业对信息的接受和反应速度； （3）企业经营目标、战略导向与政策导向的吻合度。	（1）0.675 （2）0.855 （3）0.697	特征根 >1 因子载荷 >0.5	维度正确。3个可测量变量能够反映其因子
产业财税政策执行时的约束方	（1）行业协会对财税政策落实发挥的作用； （2）特殊利益集团对政策的操控； （3）舆论界对财税政策的监督力度。	（1）0.669 （2）0.761 （3）0.587	特征根 >1 因子载荷 >0.5	维度正确。3个可测量变量能够反映其因子
政府的利益博弈	（1）中央政府部门间的利益博弈； （2）地方政府与中央政府间的利益博弈。	（1）0.724 （2）0.860	特征根 >1 因子载荷 >0.5	维度正确。2个可测量变量能够反映其因子

综上所述，基于回收问卷的调查数据，效度检验验证了问卷的有效性。

（2）信度检验。为提高整个度量系统的有效性和可靠性，本研究中的自变量和因变量均采用了数量不等的多个指标进行衡量。本研究采用Cronbach's alpha参数法评价同一概念项的内部一致性，度量其是否符合一般的信度检验要求。信度是一致性的指标，信度系数越高，表示测量的结果越一致、稳定。其公式为

$$\alpha = \frac{k}{k+1}\left(1-\frac{\sum_{i=1}^{K}\sigma_i^2}{\sigma_T^2}\right)$$

其中，K代表量表中的题项总数，σ_i^2是第i题项得分的题内方差，σ_T^2为总题项（总得分）的方差。若概念有多维，alpha参数对每一维分别计算其信度。Tang（2000）认为，在探索性研究阶段，alpha达到0.6即满足要求。[1]吴明隆认为这与研究目的和测验分数的运用有关，如果研究者的目的在于编制预测问卷或测量某构思的先导性研究，信度系数在0.5~0.6已足够。[2]因此，将信度标准设定为$\alpha \geq 0.6$。各因素的Cronbach's alpha值如表5-8所示。

表5-8 体育用品产业财税政策影响因素的Cronbach's alpha值

项目	Cronbach's alpha	参考标准
总量表可靠性	0.805	
决策主体的行为动机	0.713	
决策主体的能力	0.739	
外部环境	0.627	
体育用品产业的特征	0.766	$\alpha \geq 0.6$
产业链上相关产业的特征	0.674	
财税政策自身的科学性	0.675	
体育用品企业的能力	0.638	
体育用品企业的行为	0.633	

---

[1] Shung-Ming Tang. An impact factor model of intranet adoption: an exploratory and empirical research[J].Journal of Systems and Software,2000,51(3):157-173.

[2] 吴明隆.SPSS统计应用实务：问卷分析与应用统计[M].北京：科学出版社,2003.10.

续 表

项目	Cronbach's alpha	参考标准
产业财税政策执行时的约束方	0.651	$α \geqslant 0.6$
政府的利益博弈	0.746	

分析结果显示，表5-8中的所有因素变量的值均大于0.6的信度系数值，均符合本研究所设定的标准，表明测量的一致性程度较高，而且体育用品产业的特征的Cronbach's alpha值最高值为0.766，由此可见数据具有较高的复合信度。

（3）因子分析。鉴于因子分析能将众多假设变量进行深入分析，从样本数据中挖掘出潜在的因子信息，以此测量政策构建的效度，故本研究采用因子分析法对影响体育用品产业财税政策效率的10个因素进行定量分析。分析结果如下：KMO样本测度和Bartlett球形检验是检验指标是否适合做因子分析的两种方法，KMO值越大，表示变量间的共同因素越多，越适合做因子分析。学者Kaiser（1974）认为，KMO值小于0.5时，较不适宜做因子分析。对影响体育用品产业财税政策效率的10个因素进行KMO样本测度和Bartlett球形检验，由表5-9可知KMO值为0.579，Bartlett球形检验结果Sig.=0.000，这表明因素变量的相关矩阵存在共同因素，数据适合做因子分析。

表5-9　KMO和Bartlett球形检验

KMO and Bartlett's Test		
Kaiser–Meyer–Olkin Measure of Sampling Adequacy.		.579
Bartlett's Test of Sphericity	Approx. Chi–Square	961.282
	df	465
	Sig.	.000

此外，经因子分析后，利用因子分析碎石图来确定10个影响因素的最优因子数量。在图5-3中，横坐标表示因子数目，纵坐标表示特征值。前3个特征值大于1，即前3个因子对解释变量的贡献最大，并且在主成分分析过程中，一般提取出累计贡献率≥85%的少数几个主成分，就可以代表原来多个指标的绝大部分

信息进行评价[1]。前3个因子解释了总体方差的84.748%，因而提取前3个主成分作为原有10个指标的综合指标的代表进行分析。各因素指标的主成分特征值及其贡献率见表5-10。

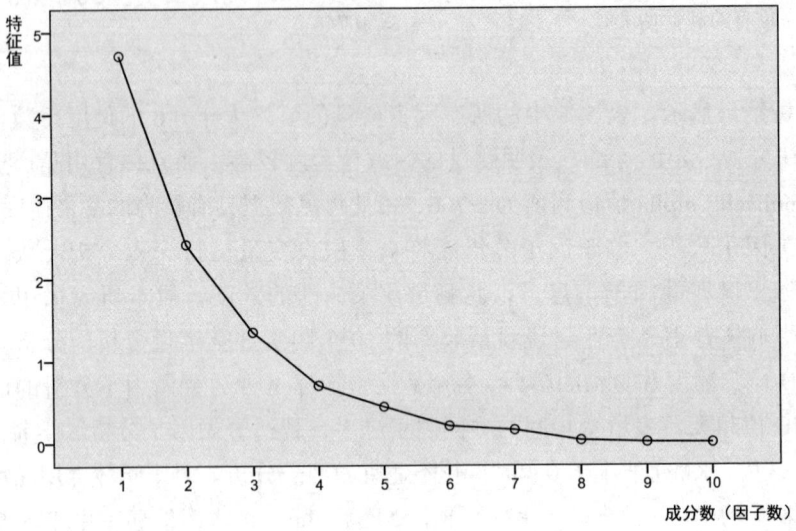

图5-3　10个影响因素因子分析碎石图

表5-10　主成分特征值及其贡献率

成 分	初始特征值		
	总和	方差的 %	累计 %
1	4.711	47.113	47.113
2	2.417	24.175	71.288
3	1.346	13.460	84.748
4	0.699	6.990	91.738
5	0.438	4.380	96.119
6	0.201	2.015	98.133
7	0.153	1.534	99.667

[1] 张尧庭,方开泰.多元统计分析引论[M].北京:科学出版社,1982.

续 表

成 分	初始特征值		
	总和	方差的 %	累计 %
8	0.029	0.287	99.954
9	0.005	0.046	100.000
10	0	0	100.000
萃取方法：主成分分析			

为明确主成分与各指标的相关程度，我们进行了主成分荷载分析，主成分荷载越高，则说明该主成分与该指标的相关度越高，分析结果如表 5-11 所示。依据因子对应的各项目的含义，将这 3 个因子分别命名为：体育用品产业财税政策制定阶段、体育用品产业财税政策实施阶段和外部环境。

表5-11 转轴后的成分矩阵

因子	影响因素	因子载荷		
	项目	F1	F2	F3
体育用品产业财税政策制定阶段	决策主体的行为动机	0.865	0.847	-0.047
	决策主体的能力	0.824	0.746	-0.033
	体育用品产业的特征	0.869	-0.026	0.803
	产业链上相关产业的特征	-0.66	-0.112	0.808
体育用品产业财税政策实施阶段	财税政策自身的科学性	-0.691	0.198	0.125
	体育用品企业的能力	-0.364	0.166	0.24
	体育用品企业的行为	-0.456	-0.181	-0.136
	产业财税政策执行时的约束方	-0.42	0.64	-0.148
	政府的利益博弈	0.882	0.697	0.35
外部环境	外部环境	0.566	0.594	-0.249
萃取方法：主成分分析				
旋转方法：含 Kaiser 正态化的 Varimax 法				

根据以上因子分析结果，产生新的研究构面，形成因子分析后新的体育用品产业政策理论模型，如图5-4所示。

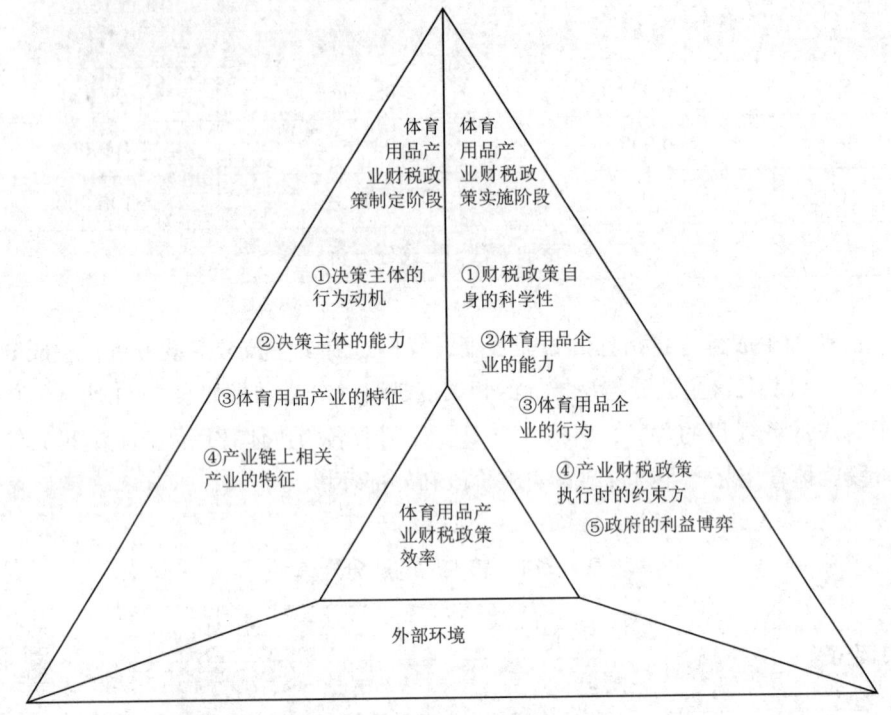

图5-4　因子分析后的体育用品产业财税政策理论模型

（二）回归分析的假设检验

从以上分析可知，各个因素与体育用品产业财税政策的效率存在显著的正线性相关，但这种关系是否就是因果关系，需经回归分析检验证明。本研究采用多元回归分析方法，分别验证影响因素与体育用品产业财税政策的因果关系。除了对变量的前后因果关系进行验证外，更重要的是进一步了解不同因素对体育用品产业财税政策的解释能力。现对影响体育用品产业财税政策效率的各变量进行回归分析，基于图3的理论模型，如表5-12所示，将体育用品产业财税政策制定变量定义为模式1；模式2在模式1的基础上加入体育用品产业实施变量；模式3在模式2的基础上加入外部环境变量。

表5-11 逐步回归分析结果

变量	模式1 回归系数 Beta	t	Sig	模式2 回归系数 Beta	t	Sig	模式3 回归系数 Beta	t	Sig
体育用品产业财税政策制定阶段 — 决策主体的行为动机	−0.019	−0.170	0.872	−0.126	−0.799	0.002	0.063	0.402	0.091
决策主体的能力	−0.032	−0.300	0.776	−0.032	−0.200	0.248	−0.235	−1.459	0.234
体育用品产业的特征	−0.119	−1.815	0.129	0.212	1.105	0.000	0.383	1.995	0.000
产业链上相关产业的特征	−0.001	−0.028	0.979	0.211	1.372	0.494	0.441	2.871	0.000
体育用品产业财税政策实施阶段 — 财税政策自身的科学性				−0.348	−2.046	0.000	−0.347	−2.038	0.000
体育用品企业的能力				0.230	1.281	0.062	0.473	2.630	0.000
体育用品企业的行为				−0.264	−1.480	0.000	−0.409	−2.295	0.000
产业财税政策执行时的约束方				0.102	0.531	0.784	0.239	1.239	0.000
政府的利益博弈				−0.281	−1.653	0.408	−0.258	−1.449	0.300
外部环境 — 外部环境							0.063	0.402	0.011
R^2	0.752			0.955			0.955		
调整后的 R^2	0.505			0.977			0.977		

在模式1中，体育用品产业财税政策制定的决策主体的行为动机、决策主体的能力、体育用品产业的特征、产业链上相关产业的特征为自变量，体育用品产业财税政策效率为因变量。经过逐步筛选法，体育用品产业的特征对体育用品产业财税政策效率的标准回归系数 β 值为 0.752，且显著性检验值 $P<0.01$，这说明体育用品产业的特征对体育用品产业财税政策效率的影响比较显著，假设4成立。模式2是在模式1的基础上增加了体育用品产业财税政策实施阶段政策本身的科学性、体育用品企业的能力、体育用品企业的行为、产业政策执行时的约束方、政府的利益博弈等5个自变量，以体育用品产业政策为因变量。政策本身的科学性的标准回归系数 β 值为 0.521，且显著性检验值 $P<0.01$。这说明财税政策的有效性越高，体育用品产业财税政策的效率越高，即假设6成立。体育用品企业的行为的标准回归系数 β 值为 0.421，且显著性检验值 $P<0.01$。这说明假设8成立，即体育用品企业的执行力度越强，产业财税政策的效率越高。此外，模式3比模式2的 R^2 没有增加，表明新加入的变量不具有解释力，因而模式3中新加入的变量对体育用品产业财税政策效率的影响不显著，即假设3不成立。通过上述数据分析，对提出的研究假设进行了验证，具体结果见如5-13所示。

表5-13　理论假设验证结果

	理 论 假 设	结果
研究假设1	决策主体的行为动机越偏向体育用品产业的整体利益，体育用品产业财税政策的效率越高	×
研究假设2	决策主体的能力越强，体育用品产业财税政策效率越高	×
研究假设3	外部环境越有利于体育用品产业的发展，体育用品产业财税政策效率越高	×
研究假设4	体育用品产业特征越具针对性，体育用品产业财税政策效率越高	√
研究假设5	产业链相关产业发展越好，体育用品产业财税政策效率越高	×
研究假设6	政府财税政策的有效性越高，体育用品产业财税政策的效率越高	√
研究假设7	体育用品企业的能力越强，产业财税政策的效率越高	×
研究假设8	体育用品企业的执行力度越强，产业财税政策的效率越高	√
研究假设9	产业政策执行时约束方的力度越强，产业财税政策的效率越高	×
研究假设10	政府利益博弈越有利于产业整体利益，产业财税政策效率越高	×

注："√"表示对体育用品产业财税政策效率的影响显著，"×"表示对体育用品产业财税政策效率有影响，但不显著。

由表 5-13 可知，体育用品产业的特征、政府财税政策本身的有效性、体育用品企业的行为对体育用品产业财税政策的效率有显著影响。其中，体育用品产业的特征对体育用品产业财税政策的效率影响最大，这涉及体育用品产业政策的制定过程以及体育用品产业发展的总体方向。

四、结论及政策建议

（一）结论

依据影响体育用品产业财税政策效率的因素，提出相关假设和理论研究模型。通过问卷的信度和效度分析来保证问卷的可行性与有效性，运用因子分析法提取出三大类因素：体育用品产业财税政策制定阶段、体育用品产业财税政策实施阶段及外部环境系统，这与最初的理论构思相吻合。采用多元回归分析法对提出的假设进行检验验证，发现有三个假设成立。将体育用品产业财税政策的关键影响因素按其影响程度高低依次排列为：体育用品产业的特征、政府财税政策本身的有效性、体育用品企业的行为。

（二）政策建议

根据上述结论，体育用品产业的特征、政府财税政策本身的有效性、体育用品企业的行为被证明对体育用品产业财税政策效率有显著正向影响，是影响体育用品产业财税政策效率的关键因素，为此提出如下政策建议：

一方面，提高政府宏观调控政策的有效性，完善产业财税政策形成机制，保证产业财税政策持续发展的规范性和效率，从而提升政策执行和实施手段的有效性。①在财政政策方面，加大政府财政投入，设立体育用品产业发展基金，鼓励和引导民间资本投资体育用品产业；②在税收政策方面，构建以间接税收优惠政策（投资抵免、亏损结转、税项扣除、特别准备金、加速折旧、费用扣除、延期纳税等）为主，直接税收优惠（减税免税、税率优惠、以税还贷、税额扣除等）为辅，直接税收优惠政策与间接税收优惠政策紧密结合，规范、持久扶持体育用品产业发展的税收激励体系；[1]③在金融政策方面，力图建立健全中小体育用品企业融资政策信用担保体系，优化和完善支持体育用品产业发展的筹融资政策；④在法律政策方面，健全体育用品无形资产知识产权制度，强化标准化和质量认证

---

[1] 杨京钟，吕庆华，易剑东. 中国体育用品业经济活动中的税收问题研究 [J]. 北京体育大学学报，2012,35(11):11-15.

建设，加大知识产权保护力度，鼓励和保护企业研发创新，为体育用品产业发展创造良好的法制环境。

另一方面，规范体育用品企业的微观经营行为。体育用品企业是政府财税政策的具体实施者和执行者，政策实施效应的好坏取决于微观企业的执行主体行为。为此，鉴于中国体育用品企业多数是"家族式"民营中小企业，企业家缺乏自主创新意识和自主创新动力，客观上迫切需要政府运用财税宏观调控政策的激励功能，培育具有创新精神的企业家，发挥企业家的引领作用；政府引导与体育用品企业创新行为相结合，改善企业发展外部环境，培育体育用品龙头企业集团；打造特色化的区域性体育用品产业园区❶，鼓励中国体育用品产业集群的形成与发展。同时，充分发挥中介组织联系政府、服务体育用品产业（行业、企业）的桥梁纽带作用，协调、矫正微观主体的不良经营行为，进而增强体育用品行业、企业实施政府调控政策的有效性与微观执行力。

---

❶ 吕庆华，杨京钟，朱苗. 体育用品产业：研究动态与展望[J]. 北京体育大学学报，2012, 35(9): 59-64.

第六章 公共体育场馆运营与财税调控经济政策

本章研究公共体育场馆运营与政府财税调控经济政策的关联性。运用理论分析和比较分析的研究方法,阐述财税调控经济政策对公共体育场馆微观运营主体及体育消费行为的激励效应,并以此开展定性研究。由此可知:一方面,政府财税调控经济政策与公共体育场馆运营具有紧密的关联度。另一方面,立足中国的现实国情,灵活运用政府财税激励政策的产业经济调控作用,构建符合中国国情且日臻完善的公共体育场馆运营财税政策激励体系。

第一节 公共体育场馆概述

一、公共体育场馆的内涵

公共体育场馆是国家和政府为了满足大众体育休闲、消费、运动训练、运动竞赛的需要,由政府或企业专门修建的各类运动场所的总称,是人们进行日常身体锻炼、运动训练、运动竞赛的专业性公共场所。公共体育场馆具有准公共产品和准公共服务的双重属性,是政府财政拨款修建并提供给社会大众使用,满足广大民众社会需求的一种生产资料、公共资本产品,其所有权具有国有性质。公共体育场馆是以物产的实物(固定资产)形式存在,具有中间产品的内在属性,以满足社会需要的生产资料和公共资本物品。由此,公共体育场馆是国家和政府提供的基础性物质条件,用来满足广大人民群众一定目的的社会服务,从而实现某一特定的社会职能。

公共体育场馆的发展规模与营运水平质量是衡量一个国家或地区经济社会发展水平和社会文明程度的重要标志。公共体育场馆等体育基础设施是体育业发展的物质基础,是普及群众体育休闲运动,提高竞技体育水平的关键因素之一。随着广大人民群众步入休闲体育健身时代，人们价值观念发生深刻转变，对体育文化、休闲娱乐、体育健身等的体育消费需求大大增强，对公共体育场馆的需求也日益迫切，对公共体育场馆日常运营与管理提出了更高的要求。公共体育场馆这类经济属性的公共资产依靠市场化运营，商业化的市场运营是公共体育场馆可持续发展的推动力。公共体育场馆作为一种公共资本物品与固定资产，其资产运营的核心是追求一定的经济效益和社会效益，因而其具备经济属性和社会属性。尽管政府公共财政提供的公共体育场馆冠有"公共"的名义，其提供的诸如体育健身娱乐、运动竞赛的观赏和互动、体育竞技培训、体育场地租赁等多种公共体育服务，大多与社会大众的体育兴趣爱好、健康休闲活动有关，然而，这些体育消费服务在一定程度上具有竞争性和排他性，因而不具备纯公共产品（服务）的行为属性。根据萨缪尔森提出的公共产品理论判定，公共体育场馆介于纯公共产品（服务）和市场化公共产品（服务）之间，所提供的体育公共服务属于典型的混合物品或准公共物品，这客观上需要由政府公共财政和社会行业企业共同生产、提供这类准公共物品或服务。由此，公共体育场馆走向市场，面向社会实现市场化、商业化、企业化运营具有西方经济理论基础。市场化的商业运营是市场经济条件下公共体育场馆经营管理的客观逻辑所在，也是公共体育场馆社会化、市场化发展的必然要求。

二、公共体育场馆的分类

公共体育场馆主要分为在室外进行比赛训练的体育场和在室内进行比赛训练的体育馆。公共体育场馆具体包括对社会公众开放并提供各类体育休闲服务的体育场、体育馆、游泳馆，体育教学训练所需的田径棚、风雨操场、运动场及其他各类室内外场地，群众体育健身娱乐休闲活动所需的体育俱乐部、健身房、体操房和其他简易的健身娱乐场地等。当然，一些公共体育场馆主要用于运动员体育训练、民众体育锻炼，还有一些体育场馆用于其他经济和社会活动，偶尔用于举办各类体育赛事。具体分类如下。

按结构特点，体育场馆分为体育馆（Gyms）、体育场（Stadiums）、体育运动综合体（Sportsplexes）、竞技场（Arenas）、圆顶体育场（Domes）、社区体育中心（Community Sports Center）等。

按属性，体育场馆分为室内体育场馆和室外体育场馆也可分为公共体育场馆和私人体育场馆。公共体育场馆一般由政府财政提供，不以营利为目的，其日常运营由政府财政补贴；私人体育场馆为行业企业和私人机构建造、所有和管理，以营利为主要目的。

按体育运动的项目种类，体育场馆分为游泳馆、足球场、篮球场、赛车场、赛马场、速滑馆、射击馆、台球厅、棒球场、斗牛场、冰球场等。

三、公共体育场馆的中国实践

随着中国经济的快速发展，广大居民收入的不断提升，居民的物质生活水平和文化生活水平随之迅速提升。在当前居民生活体育娱乐消费升级的宏观背景下，中国体育产业迎来了全民体育的繁盛时代。作为体育产业发展重心的公共体育场馆业得到了前所未有的快速发展。同体育产业一样，公共体育场馆业被认为是发展潜力巨大的绿色朝阳产业。中国体育场馆的财政支出投入稳步提升，截至2017年，政府公共财政投资体育场馆累计442.68亿元，同比增长25.38%；全国体育场馆数量约为188万，全国体育场地面积达到34.61亿平方米，国内人均体育场地面积达到1.64平方米。❶从投资主体看，公共体育场馆以政府财政投资建设为主。其中，国有经济成分的场馆占总数的30.6%，集体经济成分占总数的25.5%，企业（私营）占23.0%，私人占12.8%，剩余8.1%为外商独资、中外合资和港澳台投资。中国体育场馆建设超过90%的资金是财政拨款和市场自筹投资，而社会捐赠（包括他人投资等）以及相应的公益金只占极小的一部分❷，同时应看到，中国公共体育场馆建设投资比较单一，未能形成多元化投资主体，这意味着政府成了公共体育场馆业的主导者，政府和相关机构对公共体育场馆业的发展有绝对的控制权。全国体育场馆多达188万个，主要依靠场馆租金和政府补贴生存，营运效果不佳。中国公共体育场馆的绝对数量丰富，但是相在公共体育场馆的数量、总面积和人均面积等方面，东部地区高于西部地区，中部地区最少。可见，中国区域体育场地数量规模分布呈现出不平衡的状态，这些因素均制约了中国体育场馆业的快速发展。

伴随着中国40年的改革开放，综合国力的迅速提升，以及微观经营主体生产方式和广大民众生活方式的急速转型，体育场馆和体育场地的投资主体呈现良性发展的多元化趋势。长期以来，由国家公共财政大包大揽、投资兴建公共体育场地的单一局面得到显著改变，体育场地设施的数量和规模也随之增大，公共体育场馆的市场化运营和自我生存能力得到显著增强，特别是中西部地区公共体育场

---

❶ 罗名.2017年中国体育场馆行业发展现状分析[EB/OL].[2017-06-13] http://www.chyxx.com/industry/201706/531493.html.

❷ 智研咨询.2017—2022年中国体育场馆行业深度调研及发展趋势研究报告[R].中国产业信息网,2016.

馆的投入和建设极大地拉动国内经济需求，无疑对中国体育场馆业和体育产业的发展与繁荣具有很大的促进作用，其发展前景广阔。

第二节　财税调控政策与公共体育场馆体育消费的关联度

公共体育场馆体育消费作为当前正在兴起的体育服务业和体育休闲产业的重要组成内容，迄今仍然处于产业生命周期的初创期。由于处于体育市场消费的初期，公共体育场馆面临投资运营风险大、服务市场消费需求小、服务成本高、运营收入少、经营利润低等制约因素，亟须政府财税调控政策"四两拨千斤"的必要支持与持续激励，同时消除现行财税政策制约公共体育场馆体育消费的诸多因素，立足当前体育休闲健身消费的现实国情，完善现行税费价格政策和休闲健身消费财税政策，推进公共体育场馆体育消费健康、有序发展。

随着人们消费水平、休闲意识和康健意识的显著提升以及体育市场的完善和不断发展，体育消费业正在培育成重要的大众消费产业，其发展前景广阔。体育消费业作为民众消费中的绿色朝阳产业，是国家扩大内需、促进经济增长的手段和策略。广大民众自发开展体育健康休闲消费，日益受到政府的高度重视与宏观政策激励。为推动体育产业发展，早在2009年8月，国务院制定实施的《全民健身条例》规定，国家鼓励公共体育设施有偿向社会公众开放，支持和推动与人民群众生活水平相适应的体育消费以及体育产业的发展，以提高公民身体素质。[1]国务院于2014年10月20日印发的《关于加快发展体育产业　促进体育消费的若干意见》（国发〔2014〕46号）明确提出，把增强体育消费、增强人民体质、提高健康水平作为根本目标，为实现这一根本目标，需要向改革要动力，向市场要活力，完善健身消费政策，将全民健身经费纳入财政预算，加大公共体育场馆等基础设施建设的投入，通过政府公共财政购买服务等方式支持群众休闲健身，同时在增值税、所得税、房产税、城镇土地使用税等方面实施税收优惠。[2]具体以足球运动为例，国务院办公厅于2015年2月27日印发的《中国足球改革发展总体方案》提出，以足球、排球、篮球三大球为切入点，加快推动普及性广、市场发展前景

---

[1] 国务院.全民健身条例（第560号）[Z].中华人民共和国国务院令，2009-08-30.
[2] 国务院.关于加快发展体育产业促进体育消费的若干意见（国发〔2014〕46号）[Z].2014-10-20.

广阔的集体项目消费。❶足球是体育领域的"第一球类",拉动消费显著,对提高民众身体素质、推动全民健身、培育体育文化消费、发展体育休闲业具有现实意义。国务院办公厅于2015年11月19日发布的《关于加快发展生活性服务业 促进消费结构升级的指导意见》明确提出,大力发展和重点培育以场馆服务、竞赛表演、健身休闲等群众性体育消费为主体的体育服务业,构建结构层次合理的体育服务体系,鼓励体育市场的发展与繁荣。❷《中国体育产业发展报告(2017)》也指出,以体育场馆、场馆竞赛、体育康健休闲等为代表的优质体育产品和服务的匮乏,与人们日益增长的健康休闲需求之间存在的结构性矛盾,阻碍了体育消费市场和体育消费业的快速发展,亟须政府采取调控措施激励民众自身的潜在消费需求。❸

长期以来,受民众消费观念、收入水平、体育消费产品质量、消费意识、消费心理等因素的制约和影响,中国体育消费市场与发达国家相比差距明显。发达国家家庭年人均体育健身娱乐消费支出高达400美元,而我国家庭年人均体育健身娱乐消费不足300元人民币。尽管中国人均GDP已超过6 000美元,已进入体育健身消费的旺盛需求时期,但人均年体育消费水平仅相当于全球平均水平的1/10左右❹,特别是以体育健身休闲业和体育竞技表演业为代表的体育服务业,无论在规模上、发展质量上还是在核心竞争力、经济效益和社会效益等方面,发展水平均较为低下。体育消费水平落后从另一侧面说明我国居民的体育消费潜力巨大,体育消费市场发展前景广阔。随着人们物质生活水平和体育休闲精神生活意识的不断提升,"花钱买健康"已成为广大民众的一种休闲健身时尚,以公共体育场馆为典型代表的体育服务业,在促进民众健身消费中迎来了难得的黄金发展期和历史机遇期,成为中国体育产业未来战略发展中新的经济增长点。

全民健身不仅是中国的一项基本国策,还是中国的一项发展战略。全民健身能有效改变长期以来体育资源市场配置弱化,体育与康健、休闲娱乐、养老、文化、旅游等相关朝阳产业相互独立,政府体育公共资源不足与公共服务水平不高的问题。政府通过鼓励全民健身消费,用健康生活的方式引导体育消费,从而满足社会大众化、多层次、多样化的体育消费需求。通过向市场要活力要动力,激

---

❶ 国务院.中国足球改革发展总体方案[Z].2015-02-27.
❷ 国务院办公厅.关于加快发展生活性服务业促进消费结构升级的指导意见(国办发〔2015〕85号)[Z].2015-11-19.
❸ 阮伟,钟秉枢.中国体育产业发展报告(2017)[M].北京:社会科学文献出版社,2017.
❹ 张宇贤,李陶亚.加快发展体育产业,培育新经济增长点[N].光明日报,2014-10-22(2).

励全民健身运动的开展，促进体育消费水平的快速提高，进而推动以市场为主体的休闲体育产业的健康、高质量发展。

一、财税调控经济政策与公共体育场馆体育消费的关联度

（一）财税调控经济政策与公共体育场馆体育消费的理论依据

依据西方经济学中的公共财政理论，一方面，市场经济存在不可避免的市场失灵现象，这种市场固有且无法克服的缺陷导致市场经济失灵经常发生，资源无法得到优化配置，帕累托最优状态和帕累托效率无法实现。完全依靠市场这只"看不见的手"消除和克服市场失灵是不可能的，客观上要求依靠市场以外的力量，利用"看得见的手"——政府宏观调控经济政策，规避和弥补市场失灵的状态。另一方面，政府财政提供给社会大众的公共产品（服务）具有自身的内在特性，即公共产品（服务）具有很强的收入弹性，强调的是公共服务和公共产品的公共效用。❶特别是随着居民家庭可支配收入的增加，满足人"生理需要"的生活必需品（衣、食、住、行等）日常支出在总支出中的比例降低，而用于满足民众"精神需要"的非生活必需品（文体设施、保健休闲、医疗卫生、公共安全等）的支出日益增加，人民群众日益增长的精神文化需求逐渐得到满足。依据恩格尔定律，如果满足人们精神娱乐康健的公共产品（服务）等非生活必需品收入弹性大于1，则政府财政提供的公共产品（服务）的社会需求不断提升，愈发要求政府公共财政提供更多的精神公共产品（服务）。❷再者，英国著名经济学家J.M.凯恩斯于1936年在其论著《就业、利息和货币通论》中提出的政府干预理论认为，通过政府的力量，运用宏观经济政策干预、调控由政府财政必须提供的公共产品和公共服务。从这个意义上讲，公共体育场馆等基础设施是一种典型的准公共产品（服务），具有有限非竞争性、有限受益性和有限非排他性的特征，需要政府和市场共同提供体育场馆来不断满足广大民众的体育健身消费需求。我们知道，公共财政是以国家为主体的分配活动，用以发挥政府公共管理的职能。政府将征收的公共财税收入财政支出用于提供本应由政府供给的体育场馆等公共产品（服务），能够较好地调控体育场馆等体育资源配置。❸

---

❶ 何继新,陈真真.公共物品价值链供给治理内涵、生成效应及应对思路[J].吉首大学学报（社会科学版）,2016,37(6):36-45.

❷ 高鸿业.西方经济学[M].北京：中国人民大学出版社,2014.

❸ 毕红星.体育财政公共属性及政策选择[J].体育文化导刊,2009(10):85-87,91.

依据管理学中的激励理论,人的动机来自各自不同阶段、不同时期的需求,人的物质需求和精神需求决定了人的行为结果和行为目的,而良好的激励措施能够有效作用于人的内心活动,驱动、强化与激发人的个体行为,最终满足人的某种物质欲望和精神需求。亚伯拉罕·马斯洛于1943年在其论著《人类激励理论》中提出了五级阶梯式需求层次理论,认为人的需要从低到高有生理需要、安全需要、社会需要、自尊需要和自我实现需要。五种不同层次的需要在不同时期、不同阶段是不同的,只有较低层次的需要得到满足后人才会产生较高层次的需要。❶可见,人在不同时期所产生的不同需要,正是激励人们影响和从事某种行为的驱动力。体育健身休闲作为人的一种消费行为,是人们在满足自身衣、食、住、行等基本生理需求后,随之产生的较高层次的需要,也就是人们主动关心自身的人身安全、健康保障、财产所有性、家庭安全、工作职位保障等较高层次的需求。体育健身消费作为马斯洛需求理论中的健康保障需求,和日常体育健身、体育康乐等服务性消费相同,属于健康保障和人身安全的第二层次需求,驱使人们投入一定的时间、金钱和精力去健身、运动。这种不同层次的需要激发和驱动人们主动走进公共体育场馆加强体育锻炼、体育健身,人们通过这种体育消费行为保障人身健康安全。公共体育场馆中的体育健身作为一种消费服务行为,能使人们心情愉悦、神清气爽、身心健康、舒缓精神压力、增强信心。

财税政策作为国家宏观调控经济的重要杠杆工具,是一种强有力推进公共体育场馆基础设施建设、鼓励体育消费的激励工具和手段。财税政策通过财税固有的性质和作用,在促进体育消费和体育产业发展与繁荣方面具有自身的独特优势,具有其他宏观调控政策的不可替代性和独特性。财税杠杆"四两拨千斤"的带动、激励效应,鼓励社会民间组织和机构投资公共体育场馆,实现免费或低费开放,提供体育消费服务,激励个人积极主动参与体育健身、体育竞赛、休闲体育运动等群众喜闻乐见的体育消费项目,最终达到公共体育场馆经营者和休闲健身个体等微观行为主体的互动"双赢"。

(二)公共体育场馆体育消费的财税经济学激励分析

依据西方经济学中的微观经济行为理论,公共体育场馆为民众提供的消费服务和公共产品两者本质上均属于混合物品,即介于纯公共产品和私人物品之间的一种准公共产品或公共服务。依据萨缪尔森的"公共物(产)品理论",纯公共产品和准公共产品是具有较大外部性收益的物品或劳务,具有显著的外部经济属性。

---

❶ [法]让·雅克·拉丰.激励理论[M].北京:北京大学出版社,2001.

公共体育场馆提供的健身消费能够让民众神清气爽、心情愉悦、身心健康、舒缓精神压力、增强体质，且能实现良性循环，充分说明其具有正外部经济属性。[1] 公共体育场馆理应由政府公共财政和市场共同出资提供。体育休闲健身面向广大民众，公共体育场馆提供的准公共健身服务无疑具有较大的市场容量，同时具有较强的产业扩张力，因而政府应采用宏观财税调控经济政策，对公共体育场馆和健身消费者分别给予必要的鼓励和激励。

从财税经济学理论的视角分析激励效应。如图6-1所示，S代表公共体育场馆提供体育消费供给曲线的边际成本，D_1代表社会民众体育休闲健身消费需求曲线的社会边际效用，D代表体育健身消费需求中在公共体育场馆民众健身消费的私人边际效用，Q_0表示公共体育场馆提供的体育消费准公共服务和消费者健身消费两者共同作用之下供需均衡点所决定的产量，同时与之对应的价格为P_0。如果每一单位公共体育场馆提供的体育消费外部经济效应为T，政府须向公共体育场馆的经营者补贴T个单位的体育消费公共产品（服务）。公共财政支出补助了公共体育场馆的经营者，扶持其体育消费的公共营运，从而有效激励了经营主体提供质优价廉的体育健身等准公共消费服务，此时，社会民众体育休闲健身消费需求曲线由私人边际效用D下降到社会边际效用D_1，同时对应的公共体育消费服务产量变为了Q_0，此时，公共体育产品的经营者提供民众体育健身的消费价格也由P_1降低至P_0的低水平，这就促使广大民众（消费者）获取的体育健身休闲消费公共服务的最后消费价格降至$P_0 = P_2 - T$的状态。

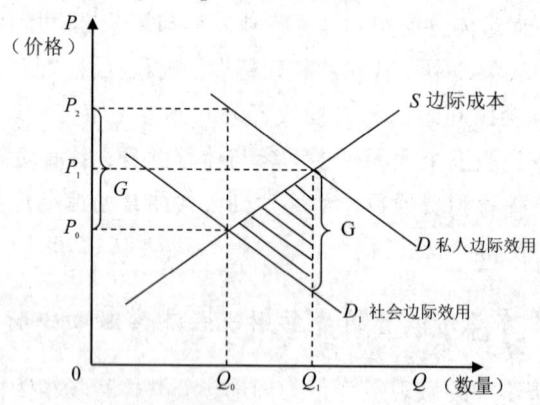

图6-1　财税政策对公共体育场馆经营主体及民众体育消费的激励

---

[1] 杨京钟,吕庆华,易剑东.中国体育用品业经济活动中的税收问题研究[J].北京体育大学学报,2012,35(11):11-15.

由此可知，在财政政策上，财政补助既有力地扶持了公共体育场馆经营者提供又多又好、价廉质优的体育健身消费公共服务，又有效地激励了微观主体全民健身消费的主动性、积极性和参与热情。在税收政策上，公共体育场馆提供的健身消费服务具有正外部经济效应，说明公共体育场馆提供的体育消费公共服务的社会供给不足，体育资源未能得到优化配置。由于政策执行本质上是政策相关方的利益博弈过程，❶依据西方经济学中的公共财政理论和宏观经济学理论，政府理应提供公共体育消费服务等准公共服务，对公共体育场馆不仅免征各种税收，而且应实施矫正性的公共财政补贴，将公共体育健身消费的私人边际效益提升至与其社会边际效益相一致的水平，从而实现公共体育场馆公共体育消费正外部经济效应的内在化。其目的在于调节、引导和激励相关的微观经济主体——公共体育场馆和休闲健身消费者双方的微观运营与消费行为，最终扩大体育消费人群，增强民众健康消费意识，促进公共体育场馆与广大民众健身消费的良性互动，最终实现双赢或者多赢。

二、财税调控政策激励公共体育场馆体育消费的制约瓶颈

（一）公共体育场馆缴纳税费沉重，制约大众健身消费服务

公共体育场馆对外开放为居民提供休闲健身服务过程收取一定的费用，主要用于体育场馆固定资产折旧、水电气缴纳、设施维护等日常运营维护成本的补偿。然而，依据《中华人民共和国税收征管法》《中华人民共和国企业所得税法》《中华人民共和国个人所得税法》以及《中华人民共和国增值税暂行条例》等相关税收法律、法规，经营性公共体育场馆提供的体育消费服务收入须要缴纳增值税、企业所得税、房产税、城建税、教育费附加等12个税（费）种（表6-1），既涉及所得税类、财产税类的课征，又涉及流转税类、行为税类的课征。而且各税种（费）的税率较高，平均税费率达14%，致使公共体育场馆运营的理论税负过高。❷再者，公共体育场馆提供的休闲健身活动等有偿收入属于体育服务业范畴，其课征大大超过现行高科技产业、文化产业、农林业、环保产业等所需征收的税收负担，而且，现行以流转税类和所得税类为主体的复合税收制度征收税种和税款最多，税收减免较少，再包含其他的税费，说明公共体育场馆对外运营提供有偿服务中的税收

---

❶ 谭英俊.新时期提升地方政府政策执行力的新思路——基于社会主义协商民主的视角[J].吉首大学学报（社会科学版），2014,35(3):52-56.

❷ 陈元欣，王健.我国公共体育场（馆）税负研究[J].体育科学，2012,32(6):14-18.

负担沉重，沉重的税负无形中制约了产业的发展。

表6-1　现行公共体育场馆提供体育健身消费课征税种与内容一览表

税种	具体征管内容	税率
增值税	（1）体育场馆提供的体育健身器材修理修配的劳务收入征税；（2）体育消费服务用于单位集体福利（个人消费）进项税额不准抵扣；（3）体育场馆进口的体育健身康乐产品或劳务需课征进口增值税；（4）体育场馆出租场地的租赁收入	13%
	（1）公共体育场馆提供健身消费服务的经营服务收入；（2）公共体育场馆提供的赛跑、台球、高尔夫球、射击、保龄球、划船、飞镖、钓鱼比赛、赛马、漂流、蹦极、溜冰、射箭、体育游戏等体育康乐消费服务	6%
企业所得税	（1）体育场馆经营服务取得的利润；（2）体育场馆的体育广告服务、提供捐赠等经营活动；（3）体育场馆超过税法规定的成本、费用标准调增补税	25%
个人所得税	体育场馆从事体育消费服务人员取得的工资薪金所得	3%~45%
	个人提供的体育影视、体育表演、体育技术服务等劳务报酬所得	20%
房产税	体育场馆自用的办公、住宿房产收入	1.2%
	体育场馆经营性租赁体育健身器材和体育场地服务收入	12%
城镇土地使用税	（1）占用城镇土地投资建造的公共体育场馆；（2）体育场馆提供的居民体育健身占用的城镇土地	0.6~30元幅度税额
土地增值税	体育场馆建造并销售需要缴纳土地增值税	采用超率累计税率
车辆购置税	体育场馆购置的服务经营用车辆	10%
印花税	体育场馆签署的体育消费服务合同	0.3‰
	体育场馆经营的品牌商标专用权、体育核心技术权等特许权使用服务的产权转移书据	0.5‰，1‰不等
车船税	体育场馆经营服务使用的车船	车：96~360元；船：3~6元幅度税额
关税	体育场馆境外进口的体育健身产品课征进口关税	5%~30%

续表

税种	具体征管内容	税率
教育费附加（费）	体育场馆经营服务缴纳流转税须缴纳的附加税	3%
城市维护建设税	体育场馆经营服务缴纳流转税须缴纳的附加税	7%、5%、1%等三档

资料来源：全国注册税务师执业资格考试教材编写组.税法（Ⅰ）、税法（Ⅱ）[M].北京：中国税务出版社.2018；杨京钟，郑志强.体育服务业与税收政策调整的关联度[J].西安体育学院学报，2014，31（1）：31-35.

（二）现行公共体育场馆财税政策不完善，缺乏可操作性，方法和手段单一，激励性不足，制约体育消费的快速、健康发展

公共体育场馆提供的健身消费服务是为民众提供运动场所和有偿服务的一类体育服务，而体育服务业是现代生活服务业的主要范畴，作为新兴的健康绿色朝阳产业，公共体育场馆业理应得到政府财税政策的强有力鼓励和扶持。然而，目前我国鼓励体育健身消费的相关财税激励政策缺乏可操作性，比较笼统、零散，内容不完整，致使激励力度不足，具体如下。

一是迄今为止尚未在国家层面制定统一的、专门针对公共体育场馆体育消费的财税优惠政策，导致激励体育消费和公共体育场馆运营发展的优惠政策严重缺乏。

二是现有的少数鼓励体育健身消费的相关财税政策缺乏系统性，政策如何执行实施，如何给予税费的减免优惠，在实践中缺乏可操作性，且制定的内容笼统、零散、模糊，财税政策方法和手段单一。绝大多数财税政策手段以直接税收优惠手段为主，而采用间接税收优惠手段给予扶持和激励的很少。而且少数公共体育场馆体育消费的税收优惠政策没有覆盖所得税类、资源税类、流转税类、行为税类和财产税类五大税类中，致使现行相关的财税优惠政策不成体系。

三是未能采用减税、免税、起征点、免征额、税项扣除、成本扣除、加速折旧、税收抵免、加计扣除、亏损弥补、纳税期限、征收管理等多种方式，全面、持续、规范鼓励我国公共体育场馆体育消费的统一协调的财税手段激励体系。❶

---

❶ 杨京钟，郑志强.体育服务业与税收政策调整的关联度[J].西安体育学院学报，2014，31（1）：31-35.

四是目前没有制定政府专门购买体育消费社会服务的财税优惠政策，用以引导广大民众的健身消费，鼓励公共体育场馆经营主体免费或低费开放民众进行体育健身休闲活动。

五是缺乏培育体育消费多元主体，鼓励社会力量和非营利性组织参与公共体育场馆资源配置，鼓励体育消费服务的财税激励政策。

六是鼓励广大民众体育消费的财税优惠内容极其缺乏。与公共体育场馆体育消费相关的场馆服务、健身休闲、竞赛表演、中介培训等体育服务业的税收优惠政策极少，致使激励体育消费的税收优惠政策内容不完整、不全面。

（三）受体制机制的影响，扶持公共场馆体育消费的税费政策执行不公平，未一视同仁，制约了民众的体育消费热情和参与的积极性

按照现行的公共体育场馆分类管理体制机制，我国的公共体育场馆分为事业型公共体育场馆（政府公办性质）和行业企业民办公共体育场馆（社会民间性质）两大类型。这两种不同性质的体育场馆在公共财政投入、税收征管手段和方式以及享受到的政府税收优惠政策上相差悬殊，致使广大民众体育消费所承担的税费存在显著的差异。

（1）从公办和民办的体制机制与性质分析。公共体育场馆政府投资的公共体育场馆在建造之初，其土地由政府国土部门无偿划拨，建造的各类成本费用全部由各级政府公共财政通过财政预算的形式投入。对外开放运营中的公共场馆门票和有偿收费均有一定的税收优惠，全部和部分免征各种税费，其结果是政府无偿提供的公共体育场馆免费和低费吸引与鼓励社会民众开展体育休闲健身消费。社会民间机构或行业企业投资兴建的公共体育场馆等体育设施，在建造之初购置的土地需要缴纳城镇土地税或耕地占用税。体育场馆建造的所有成本均由企业自己负担，企业承担了巨额的投入费用并需要缴纳建造期间的企业所得税；若向市场转让体育设施须缴纳土地增值税。为了及时收回投资，获取一定的投资回报，对外开放运营不可避免地会提高民众体育健身消费的各种费用，同时在运营期间所获取的经营劳务收入和经营利润需要缴纳增值税、房产税、企业所得税、城建税、教育费附加等多种税费，沉重的建造成本、管理成本和纳税成本严重影响了广大社会民众参与体育消费的积极性和主动性，不利于营造良好的体育消费氛围，反而削弱了广大民众的健身消费热情。❶

---

❶ 杨京钟，郑志强.公共体育场馆体育消费财税激励的学理因由及推进策略[J].武汉体育学院学报，2016,50(9):11-16.

（2）从公办大型体育场馆和其他公办场馆税收优惠政策分析。自2014年以来，国家体育总局会同财政部制定下发了关于推进大型体育场馆免费或低收费开放的系列政策文件和管理办法，并通过中央财政资金补助推动大型体育场馆向公众开放，进一步提升公共体育场馆运营管理效益和公共体育服务水平。当前，人民日益增长的美好生活需要和不平衡不充分的发展之间的矛盾成为我国新时代的社会主要矛盾。在体育领域，人民群众对公共体育服务的需求与公共体育服务供给不平衡、不充分的矛盾较为突出，健身场所不足成为制约群众健身的主要问题之一。各级体育行政部门归口管理的公共体育场馆向社会免费开放，其免费开放的各种运行成本由政府财政补助承担，同时免予缴纳各种税费。但民办公共体育场馆提供的体育消费服务收入仍须严格依法缴纳各种税费，然而，文化部、财政部2011年1月联合制定的《关于推进全国美术馆、公共图书馆、文化馆（站）免费开放工作的意见》（文财务发〔2011〕5号）提出，各级文化行政部门归口管理的公共图书馆、文化馆（站）进一步向社会免费开放，其运营中的能耗等收费按照居民标准收费。通过比较可知，民办资本运营的公共体育场馆日常运营中的水电气等能耗价格，依照市场上商（工）业标准进行收费，而不是像公共文化场馆那样按照居民标准收费。这种税费政策上的差异导致目前公共体育场馆税费明显高于公共文化场馆的税费[1]，由此可知，公共体育场馆体制机制和性质上的显著差异，致使现行体育消费的税费政策执行不公平，没有按照公办和民办一视同仁的税费政策给予平等的鼓励和扶持，挫伤了民众的体育消费热情。

总而言之，全民健身对于增强人民体质、拉动内需、利国利民无疑具有重要的现实意义。然而，受民众收入水平、消费欲望、消费偏好、消费心理、消费能力、服务供给、收费价格、税费负担、服务质量等主客观因素的制约，中国公共体育场馆供给和体育健身消费服务市场与发达国家相比仍有很大的差距。因此，我们应以《关于加快发展体育产业 促进体育消费的若干意见》和《全民健身计划（2016—2020年）》等重要文件的实施为契机，灵活运用政府财税宏观调控经济政策在提高广大民众实际收入、调节收入分配、刺激消费、拉动内需、调动投资方和消费者积极性等方面具有的独特激励作用，鼓励公共体育场馆建设，促进体育消费经济结构的优化调整，大力发展体育健身休闲娱乐服务，助推中国体育产业健康发展。

---

[1] 陈元欣，何凤仙，王健.我国公共体育场馆税费政策研究[J].天津体育学院学报，2012，27（6）：484-486.

第三节　公共体育场馆运营的财税政策激励模式

全民健身是我国的一项基本国策，但在一些大中城市仍然存在着公共体育场馆收费畸高的现象。高价格远超普通市民的经济承受能力，侵蚀着大中城市的群体性公共体育运动场馆（所）。而且，城市公共体育场馆长期闲置，很少面向广大民众免费开放，造成城市公共体育服务基础资源的闲置、老旧和浪费。因此，政府和行业企业如何投资、运营和有效管理大中城市公共体育场馆，并发挥经济效益和社会效益，成为近年来体育产业发展中的热点和难点问题。

早在2003年6月，国务院颁布实施的《公共文化体育设施条例》提出，国家鼓励企业、事业单位、社会团体和个人等社会力量建设公共文化体育设施；❶国务院2009年8月颁布的《全民健身条例》第27条规定，公共体育设施的规划、建设、使用、管理、保护和提供服务，应当遵守《公共文化体育设施条例》的规定❷；国务院办公厅2010年3月19日印发的《国务院办公厅关于加快发展体育产业的指导意见》（国办发〔2010〕22号）提出，各级政府要面向社会，合理规划和布局公共体育设施，多渠道投资兴建体育设施，提高设施综合利用率和运营能力；国务院2012年7月11日发布的《国务院关于印发国家基本公共服务体系"十二五"规划的通知》（国发〔2012〕29号）明确提出，充分发挥市场机制作用，推动体育场馆、博物馆、托养服务等基本公共服务提供主体和提供方式多元化，加快建立政府主导、社会参与、公办民办并举的基本公共服务供给模式❸；国家体育总局2016年5月制定的《体育发展"十三五"规划》也提出，创新体育场馆运营，积极推进体育场馆管理体制改革和运营机制创新，引入和运用现代企业制度，激发场馆活力，探索大型体育场馆所有权与经营权分离。推行场馆设计、建设、运营管理一体化模式，将办赛需求与赛后综合利用有机结合。拓展服务领域，延伸配套服务，增强大型体育场馆复合经营能力。❹由此可知，公共体育场馆是城市的基本公共基础设施，政府必须加大投入，加强运营和有效管理。为此，基于政府财税宏观调控政策，探究城市公共体育场馆的投资、运营和管理，无疑具有重大的现实意义。

---

❶ 中华人民共和国国务院令（第382号）.公共文化体育设施条例[Z].2003-06-26.
❷ 中华人民共和国国务院）.全民健身条例[Z].2009-08-30.
❸ 国务院.国家基本公共服务体系"十二五"规划[Z].2012-07-11.
❹ 国家体育总局.体育发展"十三五"规划[Z].2016-05-05.

一、国外公共体育场馆运营财税政策激励模式的比较

公共体育场馆作为大中城市的公共基础设施之一，具有一定的政府自然垄断属性，在运营过程中可能存在市场失灵的现象，这就需要政府财税宏观调控政策的适度介入，干预并及时化解公共体育场馆运营的市场失灵问题，从而确保公共体育设施的运行服务质量。纵观国外政府宏观调控、干预城市公共体育场馆运营的财税调控经济政策，政策激励模式主要有以下三种。❶

(一)政府主导型财税政策激励模式

政府作为主体无偿提供公共体育场馆等公共产品和服务。一般中央（联邦）政府负责重点体育场馆（如鸟巢、水立方）建设，地方体育场馆由地方财政投资建设与运营，中央（联邦）政府酌情资助。政府为实现调控体育经济活动的目标，运用公共财政支出政策对公共体育场馆进行投资与运营管理，或者凭借政府信用通过发行政府债权（国债）筹集财政投资资金，建设公共体育场馆并实施运营管理。政府通过公共财政预算的形式，作为"最后担保人"以融资主体的身份对公共体育场馆进行投资，满足广大民众对体育健身娱乐消费的迫切需求。近年来，多数国家政府的体育投资已超过国内生产总值(GDP)的1%。❷其激励模式实行政府财政全额预算管理。公共体育场馆等城市公共基础设施由政府财政无偿提供，全部的运营和维护费用均由政府财政全额补助支出。场馆的运营管理不以营利为目的，除消费者缴纳的少量费用外，其运营管理费用绝大部分通过公共财政预算支出给予财政补贴保障运行；同时，公共体育场馆运营所取得的国有资产营业收入和经营利润，享受免征各种税收的优惠待遇（表6-2）。

---

❶ 杨京钟，郑志强.城市公共体育场（馆）运营：财税激励模式及中国思路[J].体育科学，2013,33(9):14-21.

❷ 张仁寿.大型体育场馆建设和运营研究[J].体育文化导刊，2009(11):88-92.

表6-2　国外政府主导激励的公共体育场馆运营财税政策比较

国家	特征	财政政策	税收政策
芬兰、朝鲜、冰岛等国	（1）政府全额承担或主要承担对公共体育场馆的投资与管理（2）体育场馆的建设与发展主要依靠国家的公共财政拨款	公共体育场馆的投资和运营管理受到国家财政制度、财政收入的影响和制约；政府通过公共财政预算专门投资建设公共体育场馆，实行全额财政拨款。比如，芬兰公共体育设施的资金投入占政府体育财政预算的50%	由政府无偿提供的公共体育场馆等公共体育产品和公共服务，在运营管理中获取的营利性收入和经营利润免征各种税费

资料来源：付伯颖．外国税制教程[M]．北京：北京大学出版社．2010；许寒冰．我国大型体育场馆运营模式现状研究[A]．2016年全国体育社会科学年会论文集[C]，2016；杨小龙．澳大利亚、芬兰的体育事业财政制度及其经验借鉴[J]．广州社会主义学院学报，2012,38(3):98-100

（二）市场（商业化）主导型财税政策激励模式

在市场经济条件下，公共体育场馆等城市基础设施采用市场化商业运作形式。私人机构和企业作为公共体育场馆的运营主体，主要采用私人资本投资和委托经营等商业化市场运作手段实施运营管理，并自担投资和经营风险。政府在公共体育场馆投资与管理中不承担任何责任和风险，也不为私人资本和民营企业承担投融资和市场运营管理上的"最后担保人"或"背书人"，而是运用财税政策宏观调控体育场馆的市场经营行为，对商业性公共体育场馆的经营主体进行财税激励。其激励模式包括两方面。一方面，私人企业的私人资本通过现金和实物捐赠、各种赞助组合、冠名特许权、经营或融资性租赁、广告经营权、停车专用权、嘉宾座位许可、遗赠和信托物、资产支持型证券、房地产赠送等形式介入体育场馆的投资与市场运营。❶另一方面，私人企业投资兴建的体育场馆等公共设施一般委托给市场中的专业体育管理企业（社团）运营，他们可以提供更加专业化、规范化、规模化的商业化经营管理，有利于提升其经营效益、管理效率和服务质量。在以市场经济为主导的财税政策激励模式中，政府只是扮演监管者的角色，仅仅在政府税收征管中，对私人企业和社会民间资本投资及获取的收益给予必要的税收优惠支持与帮助，政府一般减免征收增值税、企业所得税（公司税、法人税）、销

---

❶ 陈明．公共体育场馆经营管理的模式[J]．体育学刊，2004,11(3):25-28．

售税、统一经营税等各种税收[1]，以鼓励私人企业在激烈的市场竞争中加大投资并运营服务好公共体育场馆，从而降低其运营成本和经营风险。此种模式一般适合于体育产业发达、财力雄厚的国家。这些国家城市功能、城市设施和体育场馆建设均已发达和完善[2]，因而更加注重产业竞争、商业化运作、财政公平激励、环境保护等方面的体制机制完善。表6-3对比了体育产业经济发达的英国、美国和西班牙的公共体育场馆运营财税政策。

---

[1] 黄卓,周美芳.西方国家体育场馆公共服务市场化研究[J].西安体育学院学报,2008,25(4):31-35.

[2] 杨越.奥运会前后主办城市税收经济与税收政策研究——以北京为例[M].北京:经济管理出版社,2011.

表6-3 国外市场（商业化）主导型的公共体育场馆运营财税政策比较

国家	财政政策	税收政策	特征
英国	体育场馆的公共体育设施被充分利用，可获得政府财政补贴	（1）英国体育协会和体育俱乐部为体育场馆带来更多的竞技比赛，或者合作达到一定的标准，可减征至少50%的公司税；（2）经营体育场馆的纳税人开展球队商业比赛和场馆球队所需各种商品的开发，减半征收公司税和劳务税；（3）非营利性体育组织（私人体育俱乐部）经营体育场馆取得的经营收入减征"统一经营税（UBR）"	（1）私人机构和企业为投资和运营主体，实行市场化商业运作。（2）政府给予必要的税收减免等税收优惠扶持。
美国	美国部分大型体育场馆和社区体育中心作为美高校开展科学实验和科学研究的场所以及体育运动相关专业高校学生的实习基地，联邦政府和州级地方政府应给予数额不等的财政补助	（1）美国联邦法律规定，公共部门所有的体育场馆在运营过程中免税；（2）各级州政府拥有和运营的体育场馆确实承担公共基本服务职能的，不需纳税；（3）在委托经营中，受托人获取的体育场馆委托费用以及为体育场馆运营发生的消费、经营性租赁等支出全部免征消费税；（4）由于场馆运营而产生的各种购进、融资性租赁等运营支出，受托人可代表委托人，即委托人的代理人，享受免税待遇；（5）私人机构对非营利性体育场馆的捐赠，免征法人税和个人所得税	
西班牙	（1）公司、企业或个人在市政规划内投资修建体育场馆项目均给予投资额20%的财政资助；（2）为促进公共体育场馆开展竞技体育，政府公共财政预算与社会民间机构的出资共同组成体育振兴基金，奖励体育场馆的建设与市场运营	（1）利用体育场馆进行慈善捐款、赈灾义演、慈善义演等慈善活动的，免征各种税费；（2）通过体育场馆的冠名权所取得的收益，免征法人税和销售劳务税；（3）除税法一般规定外，若股份体育公司与某些非职业体育活动有法律上的合同关系，则该公司为推动和发展这些体育活动的支出可考虑减税	

资料来源：严小娟.美国体育场馆委托经营研究[J].成都体育学院学报，2012，38（8）：30-34；国家税务总局税收科学研究所.外国税制概览（第4版）[M].北京：中国税务出版社.2017；刘辛丹，章丽洁.西方大型体育场馆的公共服务及其启示[J].体育文化导刊，2012（11）：108-112.

(三)公私合作的财税政策激励模式

公(政府)私(私营企业)合作指以政府和私人投资机构为主体,共同提供城市公共体育场馆等准公共体育产品(服务),在财税上给予差异化的财政补助与税收优惠支持的一种财税政策激励模式。公共体育场馆等体育基础设施实质上是介于社会公益性和商品经济性之间的准公共体育产品,属于准公共性基础设施。[1] 政府和市场(企业)两者须共同提供各种类型的公共体育场馆等准公共体育产品(服务)。从国际公共体育场馆财税政策的运营实践看,发达国家已形成了一套较为成熟的公私合作运作机制。

公私合作的财税政策模式实现了政府机制与市场机制的有机融合。政府一般不直接作为投资者参与城市公共体育场馆的投资与管理,主要凭借自身的政治管理职能和经济调控职能,为城市体育场馆的投资项目提供特许经营管理和政策优惠,鼓励投融资。[2] 在公共体育场馆私人投资不足的情形下,政府与私营企业进行公私合作,政府在财税政策上给予必要的扶持,主要通过土地划拨捐赠和减免相关税收的形式承担有限投资。而私人资本主要用于对城市体育场馆设施项目的利润部分的融资和投资,并在市场化商业运作的基础上,做好城市公共体育场馆资产的保值增值工作。政府与私人投资者共同承担投资风险和社会责任,共享投资收益。此模式是国际上运用最为广泛的财税激励模式之一(表6-4)。其不仅能有效降低政府对城市公共体育场馆的财政投资和运营管理成本,而且有利于城市公共体育场馆建成之后的运营管理和市场开发,也是改善人民生活、应对外部冲击的保障。[3] 该模式真正将市场机制与社会公共职能结合在一起,使二者相辅相成,形成优势互补。[4]

---

[1] 陈通,杜泽超,姚德利.大型体育场馆项目的政府监管框架研究——以私合作模式为例[J].天津师范大学学报(社会科学版),2011,218(5):44-47.

[2] 罗辉辉,唐艺.大型体育场馆融资模式研究[J].体育研究,2011(3):453-454.

[3] 赵暑湘.大力推进实体经济发展的现实阻隔与对策选择[J].吉首大学学报(社会科学版),2012,33(5):127-131.

[4] 王龙飞,王岩,刘运洲.美国体育场(馆)的公共财政支持及其启示[J].体育科学,2009,29(10):23-27.

表6-4　国外公私合作的公共体育场馆运营财税政策比较

国家	财政政策	税收政策	特征
英国	商业企业参与非营利性公共体育场馆的投资与经营，政府给予一定比例的财政补助	(1)私人投资建设公共体育场馆，政府免征土地购买所需缴纳的各项税收；(2)非营利性体育组织和机构赞助公共体育场馆开展的体育赛事，若得到慈善委员会批准，其经营收入免于纳税	(1)由议会(下院)颁布相关法律立法保障，包括对公私合作的体育场馆运营扶持方式、支持内容、激励手段、激励范围、激励目标、价格、政策、权利和义务等；(2)私人企业投资管理为主，政府承担有限投资，并在财税优惠政策上给予扶持；(3)公私合作共担风险，共担社会责任，共享投资收益
美国	(1)用于体育场馆公共财政支出的资金主要来源于税收和政府债券两方面；(2)联邦政府和地方政府(州、郡)直接财政拨款，投资建设和管理公共体育场馆设施	(1)政府通过税收分流、税收担保、税收优惠等激励方式和手段，引导和鼓励社会民间机构和私人企业筹集资金，进行公共体育场馆建设的投融资；(2)美国法人企业和自然人捐款赞助奥林匹克场馆，可享抵税优惠	
澳大利亚	大型体育场馆的建造由政府与社会资本以及私人资本共同出资完成。例如悉尼奥运会主会场，在总共6.15亿澳元的投资中，政府财政、企业、个人分别投资1.2亿、2.1亿、2.8亿元	(1)合资建设体育场馆可减免40%的建筑税收；(2)参与悉尼奥运会主要场馆及赛后改建和开发活动，免征公司税等相关税收	

资料来源：刘辛丹,章丽洁.西方大型体育场馆的公共服务及其启示[J].体育文化导刊,2011(11):108-112;王国华.外国税制[M].北京:中国人民大学出版社.2008;方曙光,陈元欣.民营机构参与体育场馆市场化运营研究[J].天津体育学院学报,2012,27(1):22-26.

二、中国公共体育场馆运营财税模式的现实选择

（一）国外模式的比较评述

第一，在政府主导型财税政策激励模式中，公共体育场馆运营所需资金全部或绝大部分由国家公共财政预算无偿承担，此种模式的公共体育场馆耗资巨大，如果一国家或地区没有较为发达的经济基础和雄厚的财政实力，是难以承担和予以保障的。迄今为止，中国还是一个经济基础较为薄弱，公共财政实力依然不强的发展中大国，在现行体育举国体制下，完全负责或承担绝大部分公共体育场馆

等基础设施的投资、建设、运营和管理，在目前市场运作空间不足，现有财政分配体制下，无疑给本就不雄厚的公共财政带来了巨大的支出压力，这将直接或间接导致政府财力的严重不足和公共财政预算的不均衡。

第二，市场（商业化）在主导型财税政策激励模式下，尽管公共体育场馆的运营可以根据市场经济发展规律由市场供求自发调节，实施商业性市场化运作，这符合市场公平竞争原则，也满足体育产业经济公平竞争的客观要求。该模式下的经济行为，政府理应给予鼓励并加强有效的监管。但是该模式需要以完善的市场经济条件和良好的经济发展环境为前提，在该前提下公共体育场馆的投资运营才能有效运转并健康发展。而中国现行的体育体制机制沿用的仍然是新中国成立以来穷国办体育，具有中国特色的"举国体制"，这种体制机制与其对应的市场经济体制存在巨大的差异。在现行举国体制下，公共体育场馆承办的大多数职业化、商业化的体育竞技赛事和体育比赛项目，受到普及度、欣赏水平、民众基础、参与热情等诸多因素影响，很少甚至根本没人掏钱捧场、娱乐赏鉴。由此，在完全市场经济条件下，主要依靠市场机制，采用商业化方法解决城市公共体育场馆的市场供需、经费筹集、投资运营等一系列现实问题，是不现实的，也不符合中国的现实国情。

第三，公私合作财税政策激励模式，是一种政府与市场（私人企业）共同合作、共担风险、共担责任、共享利润进而达到"双赢"的运营模式。此种模式很好地弥补了以政府或市场（商业化）为主导的单一主体模式的欠缺与不足。既实现了政府财税政策介入城市公共体育场馆投资运营的市场调节、避免市场失灵的调控目的，又与市场经济的微观经营主体（企业）相互合作，实施商业化的市场投资运营管理；不仅减轻了政府公共财政投资、运营管理公共体育场馆的巨额财政支出压力，而且实现了政府财税宏观调控经济政策与市场经济的有机结合，从而形成了取长补短、优势互补、相互合作、相互协调的良性互动创新模式。❶中国作为当今世界的体育大国而非体育强国，在生产力仍然不发达，经济社会基础依然薄弱，公共财政仍不雄厚的客观条件下，不能对公共体育场馆等城市公共基础设施的投资建设和运营管理大包大揽，更不能完全放任市场经济和市场供求对公共体育场馆的盲目投资和市场任意自主调节运营。为此，应立足自身国情，须在政府调控与市场经济之间，政府机制与市场机制之间找到平衡支点和融合之处，

---

❶ Peter A.Groothuis,Bruce K.Johnson,John C.Whitehead.Public funding of professional sports stadiums:Puilic choice or civic pride? [J].Eastern Economic Journal, 2004,30 (4):515-526.

而公私合作财税政策激励模式正好契合了这一均衡条件,能促成政府和市场之间、社会效益与经济效应之间的互动"双赢"。

(二) 中国的现实选择

自 1949 年中华人民共和国成立以来至 20 世纪 90 年代初期,中国城市公共体育场馆的投资和运营均由国家财政大包统揽,形成了丰富的国有资产。这种模式体现了社会主义的公有制性质,具有全覆盖、广受益的公益性特征,特别是在广大民众物质和精神都极其匮乏的条件下,由政府财政包揽承担并无偿提供城市公共体育场馆这类公共体育产品(服务)是恰当的,也是符合中国举国体制国情的。20 世纪 90 年代中期至今,中国的经济体制经过计划经济体制、有计划的市场经济体制、社会主义市场经济体制三个阶段的改革和发展,公共体育场馆的投资和运营管理也随之发生了较大的变化,呈现出以政府财政投资为主、投资主体多元化的局面。❶

我们也应清楚地看到,一种制度得以建立、贯彻和实施,必须要有广泛的群众基础❷,中国全民健身运动和城市公共体育场馆的投资运营均离不开完善的制度与政策的有效激励,更离不开广大群众的热情参与和广泛支持。然而,一方面,在现行体育举国体制下,若城市公共体育场馆等公共产品(服务)完全或者主要由国家和政府承担并无偿提供,既不符合市场经济对体育资源优化配置和公平竞争原则,也不符合中国的国情。这是因为国家或地区的公共财政支出毕竟是有限的,即使像美国这样市场经济高度发达的世界经济强国都难以承担全部和大部分的公共体育场馆的投资与运营,更何况中国这种经济仍不发达的发展中国家。另一方面,在市场经济条件下,若城市公共体育场馆等公共产品(服务)全部和大部分由微观经营主体——私营厂商承担并有偿提供,由于市场经济本身是一种自由市场经济或者自由企业经济,各个市场独立经济主体会站在自身经济利益的角度进行商业化市场运营,各自以追求经济利益最大化为目标,这种重利性会诱发唯利是图、损人利己、见利忘义、无序竞争,导致市场经济本身的滞后性、盲目性、自发性、无序性等弊端。正是由于市场经济本身不是万能的以及财政资金的有限性和公共体育场馆这类准公共产品(服务)的外部经济性,完全和绝大部分

---

❶ 陈元欣,王健,张洪武.后奥运时期大型体育场馆运营现状、问题及其发展研究[J].北京体育大学学报,2012,35(8):26-30+35.
❷ 高兰英,宋志国.后WTO时代的中国知识产权保护:成就、差距与对策[J].吉首大学学报(社会科学版),2012,33(2):135-139.

依靠政府公共财政无偿承担和免费提供,或者仅仅依靠市场经济条件下的私人企业商业化投资运营给予有偿提供均是不现实的,也脱离了中国的现实发展国情。

鉴于此,中国应立足自身的发展国情,学习和借鉴国外公私合作的财税政策激励模式,实行政府机制与市场机制相融合,政府和企业相结合,相互合作、相互促进、共担风险、共享利益的城市公共体育场馆财税政策激励模式。该模式已经过西方发达国家实践的充分证明。一方面能有效规避国家公共财政的有限性,极大地提高政府公共财政预算资金的经济和社会效益,尤其在我国目前公共体育场馆投入不足、运营管理效益低下的境况下,此种模式十分符合我国发展体育产业和规划监管公共体育设施的迫切要求。另一方面较好地契合了《"十二五"公共体育设施建设规划》中"政府主导、多方参与""创新机制、持续运行"的原则要求。该规划明确提出,充分发挥各级政府在资金投入、政策扶持等方面保障公共体育设施服务供给的主导作用。鼓励通过公建民营、委托管理等方式,扩大公共体育设施的服务供给,提高综合利用率与运营能力。[1]基于此,中国需对城市公共体育场馆运营管理实施改革,以市场商业化运营为导向,发挥市场经济对公共体育场馆实施资源配置的基础性作用,完善政府财税宏观调控经济功能,实施政府引导、民资营馆,探求公共机制与市场机制、体育场馆的公共职能与市场机制有机结合,实现公共体育产品和服务的最佳供给与公共体育场馆资源的优化配置,促使公共财政职能与市场机制的有机均衡,进而加速城市公共体育场馆公共基础设施服务,以及政府财政投入公共体育场馆的均等化。

---

[1] 国家发展改革委,国家体育总局."十二五"公共体育设施建设规划[Z]. 2012-07-19.

第七章　体育休闲产业与财税调控经济政策

本章研究体育休闲产业与政府财税宏观调控经济政策的关联性。运用模糊理论、灰色系统理论，采用文献法、问卷调查法、Logistic 逐步回归法、多元模糊回归法等多种研究方法，对体育休闲产业税收优惠激励效应进行定量实证评价。研究表明：一方面，政府财税调控政策与体育休闲产业具有很强的正向相关性；另一方面，间接税收优惠手段在鼓励体育休闲产业发展上，具有更高的激励强度和更好的激励效果，政府应将间接税收优惠手段与直接税收优惠方式有机结合，构建产业税前扶持与产业税后激励的体育休闲产业税收优惠激励体系。

第一节　体育休闲产业概述

一、体育休闲产业的内涵

体育休闲产业，又称休闲体育产业，是体育产业的重要组成部分。它是以体育运动为载体，以参与体验为主要形式，以促进身心健康为目的，向社会民众提供相关体育产品和服务的一系列体验式经济活动，是与体育康健休闲活动密切相关的产业领域。其主要包括体育健身服务、体育基础设施建设、体育器材装备制造等体育业态。随着经济社会的快速发展，人们生活水平的提高和个体收入的逐步增长以及广大民众参与体育健身休闲活动热情的高涨，建立在大众广泛参与这一社会基础之上的体育休闲产业，成为体育产业经济中的一类新兴绿色朝阳产业。该产业不仅拉动了国内健康消费，调整了产业结构，优化配置体育资源和增加了就业机会，而且满足了广大民众日益增长的体育、休闲、康乐等多方面、多层次、个性化的精神需求。人们对健康生活方式的追求，推动了体育休闲产业的诞生。作为近年来普遍推崇的现代健康生活方式，体育休闲活动正不断发展壮大。大力发展体育休闲产业，不仅能满足人民群众不断增长的体育精神需求，拉动体育消费，而且能培育国民经济新增长点，为经济建设和经济发展做出巨大贡献。体育休闲产业具有能耗低、启动快、渗透强、辐射广的特点和优势，其形成的完整产业链和产业集群均是绿色、低碳的新兴产业业态。因此，发展作为新兴产业、绿色产业、朝阳产业的体育休闲产业，是转变经济发展方式、实现经济转型升级的重要手段，对促进社会全面、协调、可持续、健康发展具有十分积极的推动作用与现实发展意义。

二、体育休闲产业的分类

根据《中华人民共和国统计法》《国务院关于加快发展体育产业促进体育消费的若干意见》（国发〔2014〕46号）和2017年《国民经济行业分类》（GB/T 4754—2017）等文件的相关规定，中华人民共和国国家统计局于2015年重新修订并于当年9月6日发布实施了《国家体育产业统计分类》，专门对体育休闲产业中的体育活动进行了规范的分类❶，具体分类如。

一是休闲健身活动，如足球、游泳、篮球、路跑、排球、乒乓球、骑行、羽毛球、台球、钓鱼、网球、棋牌、体育舞蹈、徒步、高尔夫、登山、攀岩、徒步、露营、拓展等普及性广、关注度高、市场空间大的体育休闲健身运动项目。

二是群众体育文化活动，包括由城乡群众参与的社区、乡村（含全民健身活动站点、文体活动站以及老年、少儿体育活动中心等）体育文化展演、交流以及广场舞、击剑、马术等公益性群众体育文化活动。

三是民族民间体育活动，包括区域特色、民族民间体育（含少数民族特色体育）的保护和活动组织。

四是其他休闲健身活动，包括体育电子游艺活动、电子竞技、网络（手机）体育游艺、展演以及越野汽车（摩托车）运动、航空、跳伞等体育娱乐运动（活动）。

三、体育休闲产业的中国实践

与全球体育休闲产业的发展历史相似，中国体育休闲产业起源于21世纪初叶，发展历史短，但发展速度迅猛。特别是改革开放40年以来，体育休闲产业取得了与其他产业同样较高质量的发展。随着人民物质生活水平的不断提升，广大民众对多样化、个性化的体育康健休闲活动的需求越发强烈，并在政府一系列政

---

❶ 中华人民共和国国家统计局.国家体育产业统计分类[Z].2015-09-06.

策的持续性扶持和鼓励下，中国体育休闲产业得到蓬勃发展。截至2017年年底，中国"经常参加体育锻炼的人"的人数比例已达54.27%。到2020年，中国体育休闲产业将拥有约1万亿元的发展潜力。❶尽管如此，我们也应看到，中国体育休闲企业数量少，产业规模弱小，产业结构失衡，产业发展不均衡，产业化发展水平低，人均占有体育场地面积低。有效供给不足、大众消费激发不够、基础设施建设滞后、器材装备制造落后、体制机制不灵活等诸多发展问题，使体育休闲产业仍然处于相对滞后的低级发展阶段。迄今为止，中国还没有专门的、规范、系统的针对体育休闲产业的法律、法规，体育休闲行业组织管理机构和中介协会管理水平不高，市场竞争力不足，在一定程度上制约了体育休闲产业的发展。

自中国共产党第十八次全国代表大会以来，中国已进入全面建成小康社会的决胜阶段，加快发展体育休闲产业是推动体育产业向纵深发展的强劲引擎，是增强人民体质，实现全民健身和全民健康深度融合的必然要求。随着广大民众多样化、个性化的体育服务需求日益增多，消费方式逐渐从实物型消费向参与型消费转变，从物质的追求向精神文明的追求转变，这给中国的体育健身休闲产业带来了巨大的发展契机。自2015年以来，中国继续加大中央基建投资支持力度，安排中央预算内投资15亿元，重点支持各地500个基础性、公益性的社会足球场地建设以及一批全民健身休闲中心（基地）建设；同时安排中央预算内投资17亿元，重点支持"健康与养老服务重大工程"和冰雪场、航空飞行营地、运动船艇码头、山地户外营地、自驾车房车营地及体育休闲服务综合体等建设项目；投资扶持冰雪、航空、水上、山地户外、汽摩、马拉松、自行车、击剑等有示范效应的赛事服务项目及各类营地服务项目；支持体育培训服务项目及制作、播放体育内容的服务项目。2017年，在普及足球、马拉松等日常健身休闲项目的基础上，大力发展冰雪、山地等户外运动以及马术、高尔夫等特色运动，到2025年健身休闲产业总规模将达到3万亿元。❷

未来，应该统筹谋划，推进实施"三发展、三结合、三支撑、三融合"的"3333"发展战略，即推进市场化发展、产业化发展、科学化发展；推进赛事产业与休闲产业相结合、推进休闲品牌与休闲市场相结合、推进体育休闲上中下游产业相结合；强化政策支撑、强化投融资支撑、强化人才支撑；促进产业互动融合、体育旅游互动融合、体育医疗互动融合。同时，以移动互联网、大数据、云计算

---

❶ 国务院办公厅.国务院办公厅关于加快发展健身休闲产业的指导意见(国办发〔2016〕77号)[Z]. 2016-10-25.

❷ 同上。

技术为支撑，创新"互联网+健身休闲"模式，整合体育休闲上下游产业资源，突出体育休闲资源的本土化和独特性，形成体育休闲健身产业新生态圈，推动体育休闲产业向纵深发展。

第二节 体育休闲产业财税政策激励的效应评析

一、研究的目的

随着中国经济的快速发展，人们追求精神享受与身体健康的意识日益增强，体育休闲逐渐走入人们的日常生活❶，我国居民在医疗保健、教育文化及休闲娱乐等方面的消费支出显著上升，体育休闲无疑具有巨大的市场发展潜力。2010年3月，《国务院办公厅关于加快发展体育产业的指导意见》（国办发〔2010〕22号）提出，政府加大对体育产业的财税扶持力度，充分利用宏观经济调控职能，实施税收优惠政策，扩大财政支出以及财政专项资金，扶持包括体育休闲产业在内的体育产业的快速发展。特别是2008年奥运会之后，大量社会民间资本涌入体育休闲产业，体育休闲产业的休闲价值与经济价值的挖掘成为社会资本关注的热点。同时，随着综合国力的显著增强，人民群众的物质生活水平不断提高，中国进入了体育消费的快速增长期，广大民众热切希望获得更加丰富的体育文化消费方式。❷闽南泉州地区作为福建乃至中国重要的休闲体育制造基地和运动休闲产业区域带，正带动着国内体育休闲产业的蓬勃发展，对闽南中小体育企业的良性互动发展和体育休闲市场的扩大具有极强的推动作用。

纵观中国的财税制度，现行的税收优惠政策主要反映在所得课税、流转课税、资源课税和财产课税中，关于扶持体育休闲产业发展，特别是推动体育中小企业发展的税收优惠政策比较零散，没有形成完整、统一、规范的税收优惠政策激励体系，尤其是鼓励体育休闲产业发展的税收政策不稳定，表现为临时性的政策扶持多，长久性的激励政策少，总体上扶持力度不大，激励不足，面临诸多现实问

---

❶ 白晋湘.我国体育教育训练学科未来发展趋势研究[J].吉首大学学报（社会科学版），2012,33(1)：153-156.

❷ 李翔，杨义芹.十六大以来党的文化发展战略述要[J].吉首大学学报（社会科学版），2012,33(2)：155-160.

题。[1]中国现行的可实际操作的税收优惠政策包括间接税收优惠政策（税收抵免、加速折旧、费用扣除、特别准备金、亏损弥补等）和直接税收优惠政策（税率减免、免税、减税、税额减免、免征额、起征点等），这些具体的税收优惠政策可对企业产生直接或间接的影响。

《体育蓝皮书：中国体育产业发展报告（2016～2017）》显示，全球体育产业每年产值超过4000亿美元，并以每年20%的速度递增。迄今为止，在中国，具有一定规模且从事体育用品的企业约有2.5万家，"中国制造"产品已占世界体育用品市场的65%以上。[2]福建闽南地区是中国最大的体育休闲产品制造基地之一，其中70%的体育产业群集中在泉州、厦门及漳州"闽南金三角"地区，拥有众多的体育休闲产品制造企业，形成了包括体育用品业、体育制造业、体育休闲业、体育服务业在内的区域性产业集群聚集区域，其年出口额超过70亿元人民币，并呈现良好的发展势头。然而，福建闽南地区大多数体育休闲企业规模较小，产业科技投入严重不足，资金及人才严重缺乏，若其与国有大中型企业按照同等的税收政策纳税，将有沉重的税负压力，不利于这些体育企业的可持续发展。从国家税收收入的角度而言，给予中小型体育休闲企业税收优惠虽然牺牲了国家部分财税收入，但中小企业并不是财政收入的主要来源，对政府税收收入影响不大。[3]体育休闲产业是闽南发展势头良好的支柱产业，如何针对其制定规范、合理的税收优惠政策，使体育产业良性互动发展，无论从地方产业经济发展，还是从行业企业发展视角看，意义都十分重大。

现有的体育休闲产业研究的学术成果虽然提供了有益的思想资源，但是大多仅是满足某一方面的描述性定性分析，研究较为片面、单一。一方面，欠缺对城市体育休闲产业税收优惠政策激励效应的理论阐释与理论支撑。另一方面，缺乏对体育休闲产业税收优惠政策实施效应的实证研究，鲜有从税收优惠理论的视角，运用计量经济学、数理统计等定量实证方法对体育休闲产业税收优惠政策的激励效应展开评价研究。因此，本节通过对中国重要的休闲体育制造基地——福建省泉州市体育运动休闲产业区域带的中小体育企业进行实地调研，构建和运用Logistic线性逐步回归模型和多元模糊回归模型，对福建闽南城市体育休闲产业税

[1] 杨京钟,吕庆华,易剑东.中国体育产业发展的税收激励政策研究[J].北京体育大学学报,2011,34(3):5-8.

[2] 阮伟,钟秉枢.体育蓝皮书：中国体育产业发展报告（2016～2017）[M].北京：社会科学文献出版社,2018.

[3] 沈加佳.促进小微企业发展的财税政策研究[J].山西财政税务专科学校学报,2012,14(3):29-36.

收政策的实施效果进行定量实证评价，客观评判现行税收优惠政策激励体育休闲产业发展的实施成效，以优化和完善我国体育休闲产业税收优惠政策。

二、体育休闲产业税收优惠激励的学理逻辑

依据公共产品理论，公共休闲体育产品（服务）是介于非营利性纯公共产品与排他性、有限竞争性私人产品之间的一种准公共产品（服务），这类准公共产品（服务）理应由政府财政和市场经济共同提供给消费主体。因此，发展体育休闲产业离不开市场与政府两方面的作用。公共财政理论认为，由于市场经济本身存在市场失灵的情况，其调配资源的作用和功能不是万能的，自身具有内在的固有缺陷，这在客观上给市场经济以外的力量——政府干预体育休闲产业经济发展提供了机会，即政府借助宏观调控这只"看得见的手"弥补由于市场失灵带来无人提供满足公共需求的休闲体育产品（服务）的空白。为防范市场经济条件下的产业经济市场失灵现象，政府须制定并运用公共财政支出、税收优惠、金融、国际贸易等一系列鼓励体育休闲产业发展的宏观调控政策，尤其对于收益长远的公共休闲产品（服务），不应交由私人和企业投资运营❶，应由公共财政优化体育休闲产业资源配置，引导、激励其做强做大。

体育休闲理论认为，休闲体育是我国体育事业未来发展的趋势。其以休闲为主线，集精神享受、身体康健与"娱乐、游戏、健康、竞技、应用"为一体。随着经济社会的发展和人们价值观念的转变，人们对休闲体育的需求逐年增加，其产业及市场也随之蓬勃兴起。为促使其可持续快速发展，政府须对体育休闲产业及其市场实行适度的政策调控，主动加强对休闲体育业的宏观管理。制定完善的财政和税收优惠政策是促进体育休闲产业发展的重要保障，进一步引导与扶持休闲体育行业（企业）生产和提供更多喜闻乐见的准公共产品和服务，提升人们参与休闲体育活动的主动性和积极性，最终激励体育休闲产业的健康、快速发展。

依据产业生命周期理论，一个产业从产生直至消亡，其市场经济活动一般需要经历幼稚期、成长期、成熟期和衰退期四个历史发展阶段。现阶段，我国体育休闲产业具有明显统制经济特征，仍处于产业生命周期中的幼稚期。❷而尚处于产业初创期和具有明显幼稚特征的体育休闲产业，存在诸如进入壁垒低，产品市场需求狭小，研发费用高，产业成本高，产业生产率低等发展瓶颈，而且在资本融

---

❶ 胡钟平,封媛,胡萍.我国财政分权与政治激励下的农村公共财政[J].吉首大学学报（社会科学版）,2012,33(3):139-145.

❷ 邱亚君.休闲体育行为发展阶段动机和限制因素研究[M].杭州：浙江大学出版社,2009.

资、市场竞争、产品（服务）创新、市场运作及经济贡献等方面，与处于成熟期的产业相比存在巨大的差距，面临巨大的产业进入期破产危险和产业投资风险，客观上迫切需要政府对发展潜力大、产业贡献高、绿色环保的幼稚体育休闲产业给予一定程度的保护与扶持。因此，我国的体育休闲产业亟须政府宏观调控政策的有力支持，税收优惠政策是国家税收宏观调控经济的重要杠杆工具，通过制定一系列税收优惠政策并实施有效的税收优惠手段，对体育休闲产业给予倾力扶持与持续激励，有助于实现我国体育休闲产业做大做强的宏伟目标。

三、实证研究的思路

实证研究选取了福建闽南地区具有代表性的核心城市——厦门、漳州、泉州三市的体育休闲行业企业，对税收优惠政策实施成效的情况开展了问卷调查与实地访谈。纵观现有的文献，学者们在以往的分析评价中，大多采用多元回归法进对问卷调研进行具体研究，而此方法的不足之处在于人为主观地选择研究内容的影响因子，这不仅影响所要研究变量和指标的公正性、客观性和准确性，而且需要调研者熟知政府宏观政策和企业经营环境等诸多因素，还需要大规模的数据支撑。在问卷调研的基础上，本节采用五级李克特量表（Likert scale）获取计量统计数据，分别运用 Logistic 线性逐步回归模型和多元模糊回归模型实证评价现行税收优惠政策在促进闽南城市体育休闲产业发展中的激励效应，两种方法无须人为主观选择回归因子，研究者只需将所有可能的影响因素代入分析，方法即可根据具体数据自动挑选合适的影响因子，以获取研究所需的信息。一方面，构建 Logistic 线性回归模型，运用描述性统计分析、多元回归和逐步回归分析、残差检验等方法，从宏观视角定量分析现行税种对闽南城市体育休闲产业发展的激励效应；另一方面，构造多元模糊回归模型，采用模糊回归分析，使考察的变量数据研究更具体、更深入，同时运用描述性统计分析、相关分析和残差检验等方法验证模型的合理性，进而定量分析和客观评价税收优惠手段对体育休闲产业的激励效应的强度，有针对性地提出优化和完善区域性城市体育休闲产业税收优惠政策的建议。

（一）调研数据收集

研究样本数据来自课题组 2017 年度对体育休闲产业发展迅速且具有同城化独特区位优势的厦漳泉大都市区休闲体育业（体育健身、体育娱乐、休闲体育旅游、休闲体育用品制造、休闲体育民俗、休闲体育经纪、体育报刊等）开展的"闽南城市体育休闲产业税收优惠激励效应研究"问卷调查，调研问卷共计发放 500 份，扣除无效问卷 46 份，实际回收 454 份问卷，有效回收率为 90.8%。问卷包括三部分内容：第一部分是问卷人的基本情况及企业的基本情况；第二部分是休闲体育行业（企业）的生产经营现状；第三部分调查了休闲体育业享受国家各种优惠税收政策的情况。鉴于政府税收优惠政策的受益者、微观主体——休闲体育经营企业对税收优惠政策的认同、接受与反应程度的不同，问卷调查采用学术界常用的评分加总式量表中的一种——五级李克特量表（Likert scale）实施测量，并对其进行5级打分评价，进而获取调查问卷的计量统计数据，为进一步评判现行税收优惠政策在激励闽南城市体育休闲产业发展上的实际效果提供了的数据支撑。

（二）样本说明

研究中将资产增长率（Y_1）、资产利润率（Y_2）、服务销售利润率（Y_3）、企业税收负担率（Y_4）等作为休闲体育业税收优惠政策激励效应的评价指标，同时将各种税收优惠政策激励强度作为影响休闲体育业税收优惠政策激励效应的因素评价指标。目前，我国税法和税收制度主要包括16个征管税（费）种，从而形成16种具体的税收优惠政策，即其变量指标按如下方式设定：增值税税收优惠政策激励强度X_1；消费税税收优惠政策激励强度X_2；关税税收优惠政策激励强度X_3；企业所得税税收优惠政策激励强度X_4；个人所得税税收优惠政策激励强度X_5；资源税税收优惠政策激励强度X_6；土地增值税税收优惠政策激励强度X_7；耕地占用税税收优惠政策激励强度X_8；城镇土地使用税税收优惠政策激励强度X_9；房产税税收优惠政策激励强度X_{10}；契税税收优惠政策激励强度X_{11}；车船税税收优惠政策激励强度X_{12}；城市维护建设税税收优惠政策激励强度X_{13}；教育费附加税收优惠政策激励强度X_{14}；车辆购置税税收优惠政策激励强度X_{15}；印花税税收优惠政策激励强度X_{16}。由此可知，以上16种税收优惠政策激励强度作为研究的解释变量（自变量），企业的资产增长率（Y_1）、资产利润率（Y_2）、服务销售利润率（Y_3）、企业税收负担率（Y_4）四个指标作为被解释变量（因变量），并记P_i为企业的税收优惠政策激励效应$Y_i=1$（$i=1,2,3,4$）的概率。

为研究福建闽南体育休闲产业发展与政府税收优惠政策激励的相关性，依据税制理论，按征税对象分类，我国税收可分为流转税类、所得税类、资源税类、财产税类及特定目的行为税类五大类。按税收优惠方式划分，税收优惠包括直接税收优惠和间接税收优惠，这些税收优惠手段对休闲体育企业的激励强度是不同的，其激励效应有明显的差异性。因此，本节研究通过变量之间的关联性实施统计计量分析，判定微观休闲体育企业享受政府各种税收优惠政策的激励效应强度，进而客观评价政府税收优惠政策激励体育休闲产业发展的成效。

四、调查数据分析

（一）模型构建

Logistic 回归模型用于分析多个自变量与一个因变量之间的关系，目的是矫正混杂因素、筛选自变量以及更精确地对因变量进行预测等。[1]税收优惠政策种类繁多，用 Logistic 回归分析能很好地对这些优惠政策进行科学统计、预测和评价，确定其激励强度，从而为政府的政策实践提供决策参考，使体育休闲产业发展有更优越的政策环境。在调查数据分析中，针对上述样本指标（X 和 Y）及其样本说明，我们构建一个 Logistic 回归模型，即

$$P_i = \frac{e^{\sum_{k=1}^{17}\beta_k X_k}}{1+e^{\sum_{k=1}^{17}\beta_k X_k}}, \ (i=1,2,3,4) \tag{7-1}$$

为更好解释上述模型，对（7-1）两边取对数，由数学变换得：

$$\ln\frac{P_i}{1-P_i} = \beta_0 + \beta_1 X_1 + \cdots + \beta_{17} X_{17} \tag{7-2}$$

令 $logit(P_i) = \ln\frac{P_i}{1-P_i}$，定义 Logistic 变换，我们最后得到：

$$Logit(P_i) = \beta_0 + \beta_1 X_1 + \cdots + \beta_{17} X_{17} \tag{7-3}$$

（二）模型计算：逐步回归

上文所述的 16 个因素评价指标中，有些税种根本未对休闲体育业实施课征，因而在影响因素中某些税收优惠政策的激励效应最小，甚至为零。鉴于此，为探询影响体育休闲产业的税收优惠政策激励的评价指标，在查阅大量文献资料的基础上，通过问卷调查并对相关人员深度访谈，对 454 份问卷进行统计分析，采用逐步回归分析法，从现行 16 个税种的税收优惠评价指标中筛选出影响其激励效应的关键因素。依据问卷调查得到的样本，代入式（7-3）逐步回归，逐步删除对体育休闲产业影响小的变量指标，最后从中筛出 8 种激励闽南体育休闲产业效应较大和效果明显的税收优惠政策评价指标，具体结果如表 7-1 所示。

---

[1] ［美］梅纳德. 应用 Logistic 回归分析 [M]. 李俊秀，译 .2 版 . 上海：格致出版社，2012.

表7-1 多因素非条件Logistic回归拟合与检验

影响因素	回归系数	标准差	χ^2值	P值	OR值	置信区间
X_1	0.4913	0.6646	0.4417	<0.05	1.6344	[0.3178,0.5012]
X_3	0.4721	0.5326	0.4837	<0.05	1.6034	[0.3977,0.4976]
X_8	0.2121	0.4573	0.2091	<0.05	1.2362	[0.1001,0.2133]
X_9	0.3818	0.4682	0.3283	<0.05	1.4649	[0.2872,0.4322]
X_{12}	0.0702	0.2394	0.0089	<0.05	1.0727	[0.0103,0.1132]
X_{13}	0.0841	0.2421	0.0122	<0.05	1.0877	[0.0798,0.1519]
X_{14}	0.2311	0.4552	0.2072	<0.05	1.2599	[0.1017,0.2629]
X_{15}	0.1216	0.4783	0.1600	<0.05	1.1293	[0.0879,0.2013]

相关系数 R^2=0.632，F=180.954 6

由表 7-1 最终得出一个拟合的方程：

$$\begin{aligned}\text{Log}(P/Y=1) =\ & 2.1271+0.4913X_2+0.4721X_5+0.2121X_{10}+0.3818X_{11}\\ & +0.0702X_{14}+0.0841X_{15}+0.2311X_{16}+0.1216X_{17}\end{aligned} \quad (7\text{-}4)$$

（三）回归检验及结论分析

根据 Logistic 回归分析的结果对其实施残差检验。由图 7-1 的残差检验结果可知，除了几个异常点外（见红色线），残差点比较均匀地落在水平线的旁边（见绿色线），说明运用 Logistic 回归模型评价税收优惠政策激励效应的回归定量分析是合理的；再依据表 7-1 提供的统计量，可知其相关系数 R^2 = 0.632，表明其相关评价指标的拟合优度较高，说明所研究的 8 种税收优惠政策至少有 63.2% 的可能性会对休闲体育企业税收优惠政策激励效应产生推动作用。

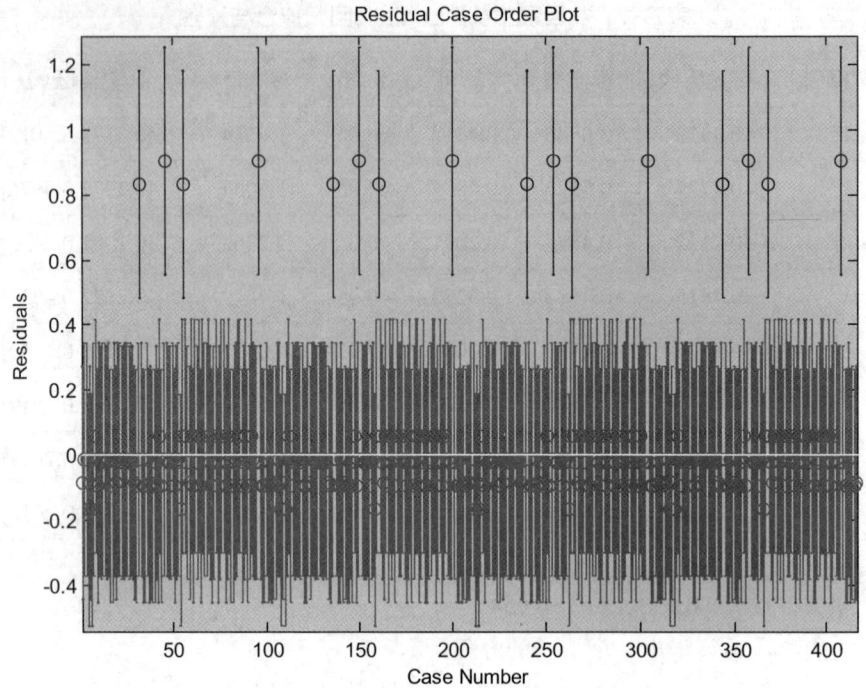

图 7-1 残差检验图

一般而言，F 值较大，表示模型的线性关系在总体上是显著成立的；$P<0.05$，说明研究所筛选的 8 种税收优惠政策对扶持和激励体育休闲企业发展的效应是显著的。同时，由最终拟合的方程式（7-4）以及模型中的各个回归系数，得出税收优惠政策的激励效应（表 7-2）。具体而言，X_1 的系数为 0.491 3，说明我国现行增值税的税收优惠激励强度每增加一个单位，其激励效应就增加 0.491 3 个单位；同理，X_3 的回归系数为 0.472 1，表明现行企业所得税税收优惠激励强度每增加 1%，则其政策激励效应可上升 47.21%。现行耕地占用税税收优惠每增加一个单位，其激励效应可上升 0.212 1 个单位；车辆购置税税收优惠每增加一个单位，其激励效应可上升 0.121 6 个单位；城镇土地使用税税收优惠每增加一个单位，其激励效应能上升 0.381 8 个单位；车船税税收优惠每增加 1%，其激励效应上升 7.02%；城市维护建设税税收优惠每增加 1%，其激励效应上升 8.41%；教育费附加税收优惠每增加 1%，其激励效应上升 23.11%。关于 OR 值，如变量 X_1 所对应的 OR 值等于 1.634 4，说明增加增值税的税收优惠激励强度对企业产生的激励效应要比不增加该税的税收优惠激励强度强 1.634 4 倍。由此可见，现行各种税收优惠政策对企业激励效应的影响强度是不一样的。增值税和关税这两大税种对闽南城市体育休

闲产业的激励效应最强；车船税和城市维护建设税两个附加税种对其的激励效应较弱。

表7-2 现行税收优惠政策的激励效果

征收税种	增值税	关税	耕地占用税	车辆购置税	城镇土地使用税	教育费附加税	车船税	城市维护建设税
激励效果	0.491 3	0.472 1	0.212 1	0.121 6	0.381 8	0.231 1	0.070 2	0.084 1

五、多元模糊回归分析

（一）研究思路及模型设计

前文从宏观角度分析了我国现行税种对城市体育休闲产业发展的激励效应。税收优惠政策包括间接税收优惠（如税收抵免、费用扣除、特别准备金、加速折旧、税项扣除、亏损弥补等）和直接税收优惠（如税率减免、税额减免、免税、减税、再投资退税等）两大政策手段，具体的税收优惠政策会对体育休闲产业（行业、企业）分别产生更为直接的影响与不同的激励效应。因此，为更加全面、深入评价税收优惠政策手段对闽南城市体育休闲产业的激励效应强度，采用模糊回归分析法进行更深入的定量考察和实证评判。

模糊回归分析法是基于统计理论和模糊理论的一种研究理论。自1982年Tanaka建立模糊线性回归模型以来，模糊回归分析法在管理、经济、工程等领域得到了广泛的研究和应用。其优点在于，传统的回归分析把真实数据和估计值之间的偏差认为是观测误差，而模糊回归分析法把这种误差视为系统结构自身的模糊性，并把数据和其估计值之间的偏差视为系统参数的模糊性。❶由于研究定量分析的统计数据通过问卷调查和实地访谈所得，不可避免地存在人为的主观性与模糊性。再者，每个调研数据对于总体指标有着不同的置信度和评价意义，如将研究的税收优惠强度指标分为五个级别，即非常小（1分）、比较小（2分）、一般（3分）、比较大（4分）、非常大（5分），其度量是模糊的，这个强度不能划出一条明显的分界，因而在研究中可给每个评价指标数据赋予一个模糊隶属度，使不同数据对曲线拟合的贡献不同。为此，文章从新的研究视角将模糊点样本数据引

---

❶ 卫贵武.基于模糊信息的多属性决策理论与方法[M].北京：中国经济出版社，2010.

入回归模型中,并基于模糊点数据的线性回归模型具体判别体育休闲产业的税收优惠激励强度。同时,给每一类赋予一个置信权重,这样就可根据需要将更重要的类正确分类。模糊回归模型的构建要求将数据划分级别,这虽然增大了主观误差,但正是这种级别的划分降低了评价指标数据的离散性,更易建立拟合度高的模型。再者,政府税收优惠政策在具体的实施过程中本身具有很高的模糊性,模糊回归分析理论充分考虑到了这一特性。正是由于该模型能较好地对所评价指标数据模糊化,才使其具有更高的实用性和适用性。

在多元模糊回归分析中,综合反映税收优惠政策激励效应(Y)的有四个指标,即资产增长率Y_1、资产利润率Y_2、服务销售利润率Y_3及企业税收负担率Y_4。根据上述的问卷调查把税收优惠激励效应(Y)的程度分为5个级别。相应地,税收优惠手段的激励强度(T)也分为5个级别,即非常小(1分)、比较小(2分)、一般(3分)、比较大(4分)、非常大(5分)。其研究目的是考察税收优惠手段的激励效应。依据样本按照5级划分,在Logistic回归分析的基础上建立一个评价体系(表7-3),由此可以把税收优惠激励效应(Y)看作一个目标优化问题。为便于分析评价,构造如下多元线性模糊回归优化模型:

$$\max\ Y = \sum_{i=1}^{4} \lambda_i Y_i$$
$$s.t.\quad Y_i = f_i(X)$$
$$X = g_i(T)$$

其中,λ_i表示Y_i的相对重要性,$0 < \lambda_i \leq 1$,$\sum_{i=1}^{4}\lambda_i = 1$;$f_i$代表税收优惠政策激励强度与税收优惠政策激励效应的模糊线性函数关系;g_i表示税收优惠政策手段激励强度与税收优惠政策激励强度的模糊线性函数关系。

表7-3 税收优惠政策激励效应评价体系

税收优惠政策激励效应(Y)	税收优惠政策激励强度(X)	税收优惠手段激励强度(T)
资产增长率(Y_1)	增值税税收优惠政策激励强度X_2	加速折旧T_1
	企业所得税税收优惠政策激励强度X_5	税收抵免T_2
	资源税税收优惠政策激励强度X_7	费用扣除T_3

续表

税收优惠政策激励效应（Y）	税收优惠政策激励强度（X）	税收优惠手段激励强度（T）
资产利润率（Y_2）	土地增值税税收优惠政策激励强度 X_8	特别准备金 T_4
	房产税税收优惠政策激励强度 X_{11}	亏损弥补 T_5
	城市维护建设税税收优惠政策激励强度 X_{14}	加计扣除 T_6
服务销售利润率（Y_3）	教育费附加税收优惠政策激励强度 X_{15}	税项扣除 T_7
	印花税税收优惠政策激励强度 X_{17}	税率减免 T_8
企业税收负担率（$Y4$）		税额减免 T_9
		再投资退税 T_{10}

（二）实证分析步骤

第一步：将税收优惠政策激励效应（Y）的 N 个样本按照一定的划分标准分为 G 个级别，相应地，将 m 个影响因子即税收优惠手段激励强度（T）也分为 G 个级别。然后按照对应关系制成表格。

第二步：建立回归方程，根据划分后的分级值建立如下线性回归方程式：

$$Y_i = b_0 + \sum_{i=1}^{m} b_i x_{ik} (i=1,2,\cdots,N)$$

$$X_i = b_0 + \sum_{i=1}^{m} b_i t_{ik} (i=1,2,\cdots,N),$$

其中，x_{ik} 为第 i 个影响因子即税收优惠政策激励强度的第 k 个样本值所对应的级值。此方程式代表函数关系 f_i，即税收优惠手段激励强度与税收优惠政策激励效应的模糊线性函数关系；t_{ik} 为第 i 个影响因子即税收优惠手段激励强度的第 k 个样本值所对应的级值。此方程式代表函数关系 g_i，即税收优惠政策手段激励强度与税收优惠政策激励强度的模糊线性函数关系。

第三步：计算每个税收优惠政策激励效应（Y）的各个级别的平均值。

$$x_{ig} = \sum_{k=1}^{N_g} \frac{x_{ikg}}{N_g}$$

$$t_{ig} = \sum_{k=1}^{N_g} \frac{t_{ikg}}{N_g}$$

其中，$i=1,2,\cdots,m$；$g=1,2,\cdots,G$；x_{ikg} 为第 g 级中第 i 个影响因子的第 k 个

样本；N_g 为第 g 级中的样本个数。

第四步：建立模糊隶属函数。设 A_g 为 Y 每个级别的模糊隶属度：$A_g = b_0 + \sum_{i=1}^{m} b_i \bar{t}_{ig}$

其中，$g = 1, 2, \cdots, G$；$\bar{t}_{ig}$ 为第 g 级的第 i 个影响因子的样本级值的平均值。

第五步：根据 A_g 和 Y_k 的值建立 G 个模糊隶属函数：

$$\mu_i(t) = \begin{cases} 1, & A_i \geq Y_k \\ \dfrac{A_i}{Y_k}, & A_i < Y_k \end{cases}, \quad i = 1, 2, \cdots, G$$

第六步：利用隶属函数 $\mu_i(t)$ 计算税收优惠手段激励强度（T）所对应的不同隶属度，确定模糊关系矩阵 R，根据实际情况设定模糊权数 W，把 R 作为模糊变换器，计算得出 B = WR，从而得出评判的结论。

（三）问卷样本分析

根据问卷所得的数据，计算税收优惠手段激励强度所对应的税收优惠政策激励效应（Y）5 个级别的样本均值（见表 7-4）。

表 7-4 税收优惠手段激励强度对应税收优惠激励效应（Y）的样本均值

指标	T_1	T_2	T_3	T_4	T_5	T_6	T_7	T_8	T_9	T_{10}
Y_1	2.120	4.213	1.230	1.120	3.240	3.652	3.946	3.887	2.984	3.124
Y_2	2.121	4.301	2.112	2.016	2.951	3.120	3.321	3.145	3.112	2.987
Y_3	2.346	3.985	2.182	1.334	3.152	4.421	4.012	4.120	2.254	3.012
Y_4	3.500	1.121	2.984	2.967	3.130	2.014	2.123	2.221	3.012	2.901

由表 7-4 可知，在税收优惠政策激励效应（Y）的 4 个指标中，资产增长率 Y_1 所对应的税收优惠激励强度中，投资抵免 T_2 与税项扣除 T_7 的样本均值较大，分别为 4.213 和 3.946，表明投资抵免与税项扣除这两种税收优惠手段对休闲体育企业的资产增长率的激励效用较大；费用扣除 T_3 与特别准备金 T_4 的样本均值在 1.2 左右，相对较小，说明这两种税收优惠手段对资产增长率的激励效应不大。以此类推，其他评价指标通过表 7-4 可以初步观察出其激励效应的大小。为进一步考察评价，根据调查问卷所得数据进行线性回归分析，得出如下回归方程：

$$\begin{bmatrix} Y_1 \\ Y_2 \\ Y_3 \\ Y_4 \end{bmatrix} = \begin{bmatrix} 0.49 & 0.47 & 0.21 & 0.14 & 0.35 & 0.08 & 0.07 & 0.27 \\ 0.58 & 0.42 & 0.22 & 0.18 & 0.34 & 0.06 & 0.01 & 0.33 \\ 0.45 & 0.47 & 0.24 & 0.17 & 0.45 & 0.01 & 0.07 & 0.24 \\ 0.57 & 0.41 & 0.21 & 0.14 & 0.34 & 0.04 & 0.06 & 0.32 \end{bmatrix} \begin{bmatrix} X_2 \\ X_5 \\ X_{10} \\ X_{11} \\ X_{14} \\ X_{15} \\ X_{16} \\ X_{17} \end{bmatrix}$$

上述两个矩阵方程式分别反映了税收优惠政策激励强度与税收优惠政策激励效应的模糊线性函数关系以及税收优惠政策手段激励强度与税收优惠政策激励强度的模糊线性函数关系。为更清晰地评判各个税收优惠指标的激励效应，将表7-4中所求得的样本均值代入线性回归方程中，求得级别隶属度 A_j 的值（表7-5）。

表7-5　4个指标的隶属度 A_j 的值

级别	1	2	3	4
A_j	2.208 21	2.013 78	2.302 17	1.168 01

由表7-5构建如下模糊隶属函数：

$$\mu_j(T) = \begin{cases} 1, & A_j \geq Y \\ \dfrac{A_j}{Y}, & A_j < Y \end{cases}, \quad j = 1,2,3,4$$

根据上述隶属函数计算税收优惠手段激励强度（T）所对应的不同隶属度，进而确定一个彼此相关的模糊关系矩阵 R：

$$R = \begin{bmatrix} 0.456\,5 & 0.444\,7 & 0.410\,3 & 0.138\,9 & 0.603\,8 & 0.304\,6 & 0.682\,2 & 0.342\,0 & 0.284\,4 & 0.022\,3 \\ 0.018\,5 & 0.615\,4 & 0.893\,6 & 0.202\,8 & 0.272\,2 & 0.189\,7 & 0.302\,8 & 0.289\,7 & 0.469\,2 & 0.012\,6 \\ 0.821\,4 & 0.791\,9 & 0.057\,9 & 0.198\,7 & 0.198\,8 & 0.193\,4 & 0.541\,7 & 0.341\,2 & 0.064\,8 & 0.052\,3 \\ 0.510\,7 & 0.534\,7 & 0.180\,4 & 0.017\,9 & 0.603\,2 & 0.575\,3 & 0.823\,6 & 0.317\,2 & 0.200\,6 & 0.375\,8 \end{bmatrix}$$

把综合反映税收优惠手段激励效应（Y）的4个指标资产增长率 Y_1、资产利润率 Y_2、服务销售利润率 Y_3 及企业税收负担率 Y_4 取一定的比重，选定模糊权数 $W = (0.2, 0.3, 0.3, 0.2)$，并依据模糊关系矩阵 R，计算得：

$B = WR =$

(0.445 4, 0.618 1, 0.403 6, 0.151 8, 0.382 7, 0.290 9, 0.554 5, 0.321 1, 0.257 2, 0.099 1)

根据定量分析的结果，可知各种税收优惠手段对税收优惠政策激励效应（Y

)的具体差别。投资抵免 T_2 的综合指标为 0.618 1 最大,说明其对闽南体育休闲产业发展的激励效应最为显著,而特别准备金 T_4 的综合指标为 0.099 1,最小,说明其激励效应最不显著。其他税收优惠手段的激励效应也就一目了然,在此不再赘述。

为此,最终得出表 7-3 中 10 种税收优惠手段激励效应大小的先后排序:$T_2 > T_7 > T_1 > T_3 > T_5 > T_8 > T_6 > T_9 > T_4 > T_{10}$。

六、结论及政策建议

(一)实证结论

通过对闽南城市体育休闲产业税收优惠政策激励效应实施问卷调查,并运用五级李克特量表法获取计量统计数据,分别运用 Logistic 线性逐步回归分析和多元模糊回归分析方法评价现行税收优惠政策在促进闽南城市体育休闲产业发展上的激励效应,得出如下结论。

(1)闽南城市体育休闲产业能享受包括增值税、企业所得税和房产税在内的至少 8 个税种的税收优惠政策。其中,增值税和企业所得税是享受税收优惠激励效果最为显著的两个税种,表明我国流转课税和所得课税能较好地促进体育休闲产业发展,这与我国现行的以流转税类和所得税类并重的双主体复合税制结构是一致的。❶这既促进了城市体育休闲产业经济的稳定、健康发展,又促使了产业资源在税收调控中的合理、优化配置。

(2)以投资抵免、税项扣除、加速折旧、亏损弥补等为主体的间接税收优惠手段在鼓励城市体育休闲产业发展方面更具激励强度,比直接税收优惠手段(如税率减免、税额减免、再投资退税等)的激励效果更为显著,具有很强的正向激励效应。直接税收优惠手段是对产业(行业、企业)经营结果的减免税鼓励,主要体现政府税收政策的倾斜和补偿,属于一种政府事后对产业或企业的利益让渡,因而其产业激励效果不显著。

(二)政策建议

依据实证结论,鉴于现行税种中的税收优惠内容和税收优惠手段对体育休闲产业均有很强的正向激励效应,为此提出如下政策建议:

---

❶ 吴瑞溢,杨京钟.泉州休闲体育业税收优惠激励的灰色关联评价[J].黎明职业大学学报,2013(1):31-35.

（1）根据公共服务需求的变化调整公共服务供给水平、数量与类型，以此优化支持体育休闲产业发展的税收优惠政策，构建以间接税收优惠手段为主，直接税收优惠手段为辅，两者有机结合，实现产业税前支持与产业税后激励的闽南城市体育休闲产业税收优惠激励体系。根据税收优惠理论，间接税收优惠手段通过调整产业或企业的征税税基，鼓励与支持纳税人调整和改革自身的生产加工经营行为，引导其符合政府产业税收激励的调控目标，因而是一种产业税前优惠，具有激励产业或企业发展的长远性和持久性特征；❶而直接税收优惠手段通过减免纳税人的生产经营结果的税收，对其实行产业税后政策性的鼓励与倾斜，以补偿产业和企业的经济损失，因而是一种产业事后的政府税收利益让渡。基于此，间接税收优惠手段无论是在激励强度、激励方式、激励作用，还是在激励手段、激励内容等方面均优于直接税收优惠手段。因此，进一步优化税收优惠的调控方式，可实行以间接税收优惠手段为主的休闲体育业税收优惠措施，尽可能少用直接税收优惠手段，构建以投资抵免、税项扣除、加速折旧、技术费用扣除、亏损弥补、特别准备金、加计扣除、延期纳税、盈亏相抵等间接税收优惠政策手段为主，优惠税率、免税、减税、再投资退税、税额扣除等直接税收优惠政策手段为辅，直接税收优惠政策手段与间接税收优惠方式相互结合，规范、持久扶持体育休闲产业发展的税收优惠激励体系。❷

（2）提高政府税收宏观调控政策的有效性，遵循科学的决策程序与健全科学的决策机制❸，完善现行的激励闽南体育休闲产业发展的流转课税和所得课税税收优惠政策。鉴于所得课税体现税收公平原则，流转课税体现税收效率原则，根据我国现行税种，体育休闲产业税收优惠政策应在企业所得税、增值税、消费税等税种中进一步完善，尤其在当前的"营改增"结构性减税改革进程中，完善现行体育休闲产业税收优惠政策，对休闲体育产品（服务）生产者（服务商）的智力性投入购买的商标权、著作权等品牌价值，专利权、非专利技术、专利技术等知识产权以及休闲体育企业支付的研发费、技术转让费及科技咨询费等无形资产，实行税前抵扣增值税进项税额，以进一步减轻体育休闲产业（企业）的实际税收

---

❶ 游松辉,花常花,汪继兵,秦海权.长三角区域体育休闲城市建设研究——基于上海的实证分析[J].北京体育大学学报,2012,35(7):31-35.

❷ 杨京钟,吕庆华,易剑东,等.体育用品产业政策效率的影响因素:来自福建泉州的证据[J].体育科学,2012,32(2):50-57.

❸ 谭九生,杨建武.服务型政府理念下提升政府执行力的对策探讨[J].吉首大学学报（社会科学版）,2012,33(4):153-157.

负担，[1]这不仅可降低其生产成本，增强产业整体的市场竞争力，而且能促使其生产更加专业化、规模化，增强创新性；既能较好地控制休闲体育产品和服务的价格，又能较好地实现体育休闲产业税收公平和税收效率调控的税收政策目标。同时，凭借厦漳泉同城化自身的比较优势和区域优势，税收优惠政策助推厦漳泉闽南城市间体育休闲产业的交流与合作，发挥税收优惠政策"四两拨千斤"的激励放大效应，寻求税收优惠对闽南城市体育休闲产业的支持，积极承接台湾城市体育休闲产业转移，以培植同城化城市休闲体育优势产业为税收调控目标，最终推进厦漳泉休闲体育资源的共享共荣。

---

[1] 杨京钟，吕庆华，易剑东.中国体育产业发展的税收激励政策研究[J].北京体育大学学报，2011，34(3)：5-8.

第八章　体育新兴业态与财税调控经济政策

本章研究体育新兴业态与政府财税宏观调控经济政策的关联性。运用公共财政理论、理论分析、文献资料等方法，对财税政策扶持与培育体育新兴业态的催生因素和政府调控的作用机理开展定性研究。由此表明，一方面，政府财税激励政策与发展具有紧密的关联度，在扶持与培育体育新兴业态方面具有自身独特的激励作用；另一方面，"体育产业＋创新科技"的产业发展模式成为引领体育产业未来发展的新业态和新方向，财税经济调控政策的有效激励助推中国体育新兴业态整体软实力的有力提升。

第一节　体育新兴业态概述

一、体育新兴业态的内涵

体育新兴业态首先是一种新兴体育服务业，其次是一种发展业态。与传统的体育产业形态相比，体育新兴业态实质上是一种创新的新兴体育服务业态，因而是新兴体育内容、科技和资本的产物，其内容的价值在于其创新性、差异性以及不可替代性，关键是内容的创新程度，即体育内容的创新及其衍生力。可见，体育新兴业态是体育服务创新所形成的新模式、新技术、新方式、新体验，并在一定范围内传播所带来的体验和影响，本质上是体育服务模式的一种创新突破。"十二五"以来，新兴体育服务业态在中国得到快速发展，但发展依然滞后，这是由于科技要素、社会制度要素、市场要素、人才要素的制约瓶颈所致。我们应认识到，当科技要素、社会制度要素等发生更新和深刻的变革之时，即是体育新兴业态这种新的体育服务业态形成之时。随着现代信息技术的快速发展，科技创新与新兴业态的相互交融，彼此互动，互联技术的转化应用引发出新兴服务业态，促使现代体育服务业呈现出多样化的发展业态,特别是互联网软件服务、P2P、博客商业化、网络社区、网络广告等新兴领域的迅速兴起,体育新兴业态的商业价值逐渐显现并迅速增值。再者,体育新兴业态代表的是一定服务行业,是一个新兴体育产业集群,特别是诸如体育旅游、体育医疗、体育康健、体育游戏、体育文化休闲活动、体育文化传媒服务、知名体育品牌与传播等体育产业与传统产业内容紧密融合所形成的体育新兴业态。科技创新行为引发产业行为,从这个角度看,体育新兴业态更加强调高新技术创新,包括知识、技术、信息、资本、创新载体等研发设计服务、技术转移服务、创业服务、科技金融服务、科技人才服务、信息服务等领域的内容。新兴商业模式的产生和显现才能促进新兴体育产业链的扩张与延伸。只有与技术创新有机融合,体育产业才会具有强大的创新力与产业生命力。因此,体育新兴业态是体育服务创新所引发的综合服务的一种新型产业发展形态。

二、体育新兴文化业态的分类

《国家体育产业统计分类》对体育新兴业态进行了合理分类,具体分类如下。[1]

一是"互联网+体育文化信息服务"业态。互联网与体育业的有机结合,包括:①移动互联网为主体的体育生活云平台及体育电商交易平台;②互联网信息服务;③体育网络广告、体育文化网络服务、手机电视、体育比赛网络在线传播、手机报等;④网络体育动漫及衍生产品开发、体育艺术数字制作、体育竞技的数字特效等;⑤跑步、健身的线上线下社区;⑥体育网络电视、因特网传播、手机传播、无线广播电视传输服务等;⑦传输、覆盖与接收服务等体育竞赛卫星传输服务。

二是"体育+其他"业态。包括:①体育产业与文化、养老、旅游、健康、建筑、电子信息、物流等相关产业的复合经营;②体育旅游、体育出版、体育媒介、体育广告、体育会展、体育影视等相关业态的融合发展。

三是"体育文化+创意设计"业态。包括:①体育文化类软件开发;②体育文化创意;③体育数字内容服务;④体育场馆、室内装饰、模型、包装装潢等设计体育建筑工程设计与服务;⑤体育科研。

四是"体育文化+产品辅助"业态。包括:①体育类知识版权、体育类软件的开发与保护、体育文化类版权代理、体育类版权鉴定等版权服务;②体育品牌、体育俱乐部、体育赛事品牌等体育特许使用权;③视频设备、照相器材和体育娱乐设备的出租服务等体育产品出租服务;④体育文化娱乐经纪人服务;⑤大型赛

---

[1] 中华人民共和国国家统计局.国家体育产业统计分类[Z].2015-09-06.

事的活动组织服务；⑥大型活动组织服务、体育比赛票务服务等其他辅助服务。

三、体育新兴业态的中国实践

随着经济社会的快速发展，体育健康、体育旅游、体育文化、体育传媒、体育信息等新兴体育服务业态的迅速崛起，其内涵和外延不断拓展，质量和效益也不断提升。特别是"十二五"以来，在中国现代服务业蓬勃发展，经济结构持续改善的大背景下，体育产业结构不断优化，体育消费新模式、新业态不断涌现，其新兴体育服务业态由点到线、由线及面的集聚区发展趋势日益凸显。主要表现在以下五个方面：一是体育产业与"互联网+""AI+""物联网"快速融合，形成了一种以全民健身、体育产业等为基本架构，整合教育、医疗、金融、旅游、文化等"体育+"资源的全新、高级的体育新兴生态系统。基于新兴生态系统的体育新兴业态，为中国体育产业提供了更多的发力点和产业经济增长点。二是中国体育产业与文化传媒的相互融合，促使体育新兴业态的外延扩大，媒体和体育赛事结合愈发紧密，体育文化传媒的市场价值和在体育赛事传播上的价值凸显。三是体育产业与休闲旅游的相互融合，带动了体育休闲旅游、体育消费等体育新兴业态的迅猛发展。四是体育产业和经济发展的相互融合，促使体育新兴业态的内容更加丰富，使城市体育休闲、体育医疗、体育康乐产业经济得以快速发展，相互促进，相辅相成。城市利用体育赛事提高广大民众参与体育休闲娱乐的幸福指数，通过举办比赛改善城市基础设施和城市民生。❶五是体育文化消费形态和休闲康乐娱乐的相互融合，高科技智能化产品和体育消费的有机融合，通过运动类App、QQ、微信等消费载体，刺激和拉动体育新兴业态产品（服务）的大众消费，体现在体育智能化产品（服务）能为体育爱好者提供体育运动服务，拓展和延伸无形增值服务，优化整体体育运动体验，提供给广大消费者更好的个性化、差异化特殊服务，极大地拉动了国内体育消费水平。特别是体育文化消费形态与休闲康乐娱乐的有机融合，推进了体育新兴业态产品和服务需求的转型升级，具有体育休闲娱乐属性的电竞、垂钓、棋牌及体育周边消费等的规模化渗透以及个体爱好向生活方式和文化体验升级。近年来，体育新兴业态在体育产业中所占比重不断提升。截至2016年底，体育新兴业态增加值在体育产业中的比重从2015年的44.6%升至53.4%，首次超过第三产业在国民经济中51.6%的占比❷，进而带动了其

---

❶ 冯建强，陈元香.体育产业的经济属性解析[J].生产力研究，2014(2)：158-160.
❷ 张广俊，李燕领，邱鹏.体育产业融合的动因、路径、效应与策略研究[J].武汉体育学院学报，2017,51(8)：50-56.

他产业的转型升级，有力地提高了体育新兴业态在国民经济服务产业中的规模，使其高质量创新发展。

第二节 体育新兴业态的学理因由与因素催生

体育新兴产业业态和新一代信息技术革命及其创新发展休戚相关。伴随着网络技术、数字技术、信息技术、传播技术等新一代高科技的竞合发展，新工业革命、信息技术革命催生的高科技技术与体育服务业相互渗透、有机融合、竞合发展。体育新兴产业业态与传统的产业业态相比，其业态类型、模式、功能、形式、应用等均被赋予新的内涵。同时，产业业态门类向多元化延伸，促使传统的体育产业业态不断变革、不断更新，业态内容不断丰富。这里的"新兴"最突出的特征是科学技术的进步，这里的"业态"与体育产业、行业、产品在一定市场经济体系中，拥有独具特色的市场运营、业务流程、核算边界、业务标准、商务模式（赢利模式），在此基础上逐渐形成不同的产业运营状态。从这个意义上讲，体育新兴业态首先是一种新兴体育服务，其次才是一种产业业态。即是一种新兴服务业态，是体育服务创新之后产生的新技术、新内涵、新内容、新方式、新模式、新体验，并借助体育文化传媒在一定范围内迅猛发展，产生了一定的经济效益和社会影响。鉴于此，体育新兴产业业态是在当前新兴业态竞合发展的良好环境下，以市场为导向，以技术、应用和模式创新为内核，在传统体育产业各要素融合下所产生的新兴经济或新颖的产业形态。可见，体育新兴业态同高新技术的跨界融合是由多种诱发因素形成并动态发展的，是由具有一定革命性的服务模式创新所引发的，因而发展体育新兴业态的理论依据和催生因素表现在以下几个方面。

一、体育新兴业态的学理因由

（一）公共财政理论作用于体育新兴业态发展

20世纪30年代中叶，英国经济学家，现代经济学最有影响的经济学家之一，被称为"战后繁荣之父"的约翰·梅纳德·凯恩斯建立了凯恩斯理论。在该理论的基础上经济学理论逐渐发展为宏观经济学。该理论认为，生产和就业的水平决定了总需求的水平，借助市场供求力量达到充分就业的状态即能维持一国国民经济。因而，他主张通过政府的力量，采用扩张性的宏观调控经济政策增加需求，促进一国或地区的经济增长。只有扩大政府调控经济的职能才能有效弥补市场的缺陷，而政府财政支出可以直接形成社会的有效需求,以保持市场机制的正常运转,从而弥补市场需求的严重不足,这就为政府这只"看得见的手"调节需要提供的公共产品和公共服务提供了机会和理论依据。公共财政理论认为,政府财政政策可发挥公共管理的职能,是调节基础资源和市场经济活动的重要经济杠杆。在市场经济中,配置资源和收入分配均具有相同的公共财政职能。鉴于此,公共财政作用于体育产业经济主体间,特别是体育新兴产业业态中的经济活动,需要以政府和市场的相互关系为基本立足点,这也是公共财政职能的基本立足点。从这个意义上讲,公共财政作为调节和优化资源有效配置的重要职能,能克服市场经济本身固有的缺陷和不足,通过公共财政具有的收支活动优化,调整体育新兴业态经济政策,引导体育新兴业态资源的流向和优化配置。❶再者,政府采用财政补贴、财政购买性支出、财政投资和税收优惠等财政宏观经济杠杆工具,引导和调节体育新兴业态的供给程度和产业投资,不仅能提高体育新兴业态服务的整体效率,还能提高公共财政激励体育新兴业态发展的运营效率和资源本身的效率。政府凭借财政扶持和税收优惠手段加以引导,促进体育新兴业态等现代体育服务业资源的优化配置,这就要求政府积极回应广大民众不断增长的公共服务需求,大力推进公共体育服务创新。此外,公共财政作为国家和政府宏观调控的重要政策工具,能充分发挥财政职能,正向激励包括体育文化品牌在内的新兴体育服务业态的培育与开发。❷同时,在税收政策上对经营、培育、开发体育新兴业态、体育服务、体育文化品牌的体育新兴业态给予必要的减免税、免征额、起征点等税后扣除,或者给予其成本扣除、税项扣除、加计扣除、投资抵免等税前扣除。总之,政府制定完善的财税政策促进体育新兴业态的培育和开发,给予必要的支持与激励不可缺位。

(二)外部经济性理论作用于体育新兴业态发展

依据西方经济学家庇古、马歇尔等划分的标准与归属,体育新兴业态产品或服务具有典型的准公共产品特性,其业态产品或服务技术能力的增强具有很强的外部经济属性,这需要政府调控以实现体育新兴业态的帕累托最优状态。❸体育新兴业态作为国民经济的绿色朝阳产业业态,在发展进程中具有明显的正外部经济性,能够带动现代新兴服务业及其配套产业的快速发展,既能够提高新兴体育

---

❶ 王松,张凤彪,崔佳琦.发达国家体育公共财政研究述评[J].体育学刊,2018,25(5):81-88.

❷ 冯国有,贾尚晖.中国财政政策支持体育产业发展的承诺、行动、效应[J].体育科学,2018,38(9):37-46.

❸ 张保华,陈慧敏.体育产业的经济属性分析[J].广州体育学院学报,2006,26(1):29-32.

服务业态的运营效率，又有助于民族自信心凝聚力的形成。例如，体育新兴业态需要诸如广告、产品质量、销售理念的宣传等要素投入。由于购买体育新兴业态产品或服务的消费者认为，具有某种关联性的同种产品极易使得其他体育新兴业态产品也能够从中受益而没有给予补偿或提供一定的经济报酬。然而，任何事物的发展均具有两面性，体育新兴业态产品（服务）的外部经济性也存在负的外部经济属性。一方面，体育新兴业态产品（服务）在买卖过程中的商品供给者和需求者均需要付出一定的信息成本和运营代价，因而需求者依据体育新兴业态产品（服务）形成自己的购买欲望和购买决策，客观上面临着体育新兴业态产品（服务）信息选择成本的外部经济性问题。另一方面，由于对获取体育新兴业态产品（服务）的关心和重视程度不同，其获取体育新兴产品（服务）的相关信息所愿付出的成本大相径庭，而且消费者对体育新兴业态产品（服务）的广告、产品质量、宣传的要素投入具有某种关联性，对同种产品（服务）的认同感存在极大的差异性，消费者付出的产品（服务）信息搜寻成本越多，其外部性越强。所以，政府财税调控政策在矫正体育新兴产业业态外部经济性方面有其自身独特性的优势，可通过影响体育新兴产业业态的获取成本和收益降低其外部性影响。再者，政府采用公共财政补贴，实施矫正性税收（减免税、税收扣除、慈善捐赠等），引导并激励微观主体的私人经营行为，通过道德宣传增加社会约束并降低外部经济影响，通过政府调控的有形之手化解体育新兴业态的外部经济性问题。

（三）市场失灵理论客观上催生体育新兴业态发展

根据市场失灵理论，完全竞争的市场结构是资源配置的最佳方式。但在体育新兴业态经济发展实践中，完全竞争市场结构在现实发展中是不可能得到满足和实现的。首先，由于在市场经济中客观存在经济垄断、外部经济性、信息不完全等制约因素，仅仅依靠市场经济中的价格机制配置体育新兴业态资源，是无法实现帕累托最优的，这就不可避免地出现市场失灵的现象。其次，市场失灵是客观存在的经济现象，由于市场自身固有的缺陷，使政府干预市场成为可能，也找到干预市场经济必要性和合理性的最好理由，这客观上要求政府运用"看得见的手"对失灵的经济市场进行必要且适度的干预。可见，市场失灵理论最终成为当代主流财政学派理论基础的客观结果，充分证明了英美财政学派选择市场失灵理论作为理论基础所遵循的实用主义原则，而且市场失灵理论本身具备对政府应用财政政策干预市场的解释力，因而成为主流财政学理论基础的不二选择。❶从此意义而言，财税政策作为政府干预市场经济的主要手段之一，通过政府与市场的相互配合，运用财税经济职能合理、有序、适度地干预市场经济，弥补市场失灵的经济现象，从而保障公平分配和市场经济的稳定与发展。❷最后，通过实施最优纠正性税率、最优税率等矫正性财税调节手段，作用于体育新兴业态的培育和开发，引导新兴体育服务业消费，增加行业企业福祉，弥补市场失灵，实施矫正性市场缺陷的正向激励，最终实现体育新兴业态资源配置的最优状态。

（四）政府规制改革与创新激励体育新兴业态快速发展

政府规制创新为培育与发展体育新兴业态及其进一步创新提供了必要的供给制度保障。政府运用公权力，通过制定一系列的法律和制度政策，加强对市场与社会的经济性监管和社会性监管，影响体育新兴产业业态中具体的微观主体经营行动及对组织和个人的行为。政府规制理论认为，政府制定的一系列制度规则影响人们的产业经济活动和经济绩效，政府规制的宏观调控在产业经济发展中起着制度性决定作用，这是因为市场存在经济失灵的客观现象❸，由此，为了规范市场经济秩序，政府必须实施必要的政策法规性规制、技术性规制和经济性规制。具体而言，政府规制是对经济社会规范的一种积极响应，实质上是一种服务性制度供给。然而，在体育新兴业态培育与发展过程中，政策法规性规制、技术性规制、经济性规制等政府性规制，无形中制约着体育新兴业态的培育与创新。而且，我国的规制体制是典型的分权规制体系，这必然造成政府多个规制机构"政出多门"、相互扯皮、管理真空，规制效率低下，极易出现规制失灵，不利于体育新兴产业业态的协同培育与创新发展，存在着典型的规制性障碍。❹随着当今产业间融合日益紧密，体育新兴业态创新层出不穷，政府原先制定的一系列规制手段严重阻碍了体育产业融合和新兴业态的经济效率，而且实施的一系列规制所引起的负面效应日益显著，这迫切要求政府改革与简化政策法规性规制、技术性规制、经济性规制，减少政府干预体育新兴产业业态的行为，优化放管服政府行为，降

---

❶ 李俊生,姚东旻.财政学需要什么样的理论基础？——兼评市场失灵理论的"失灵"[J].经济研究,2018(9):20-36.

❷ 高培勇,杨志勇,夏杰长.公共经济学[M].北京：中国社会科学出版社,2007.

❸ 埃里克·弗鲁博顿.新制度经济学：一个交易费用分析范式[M].北京：汉语大词典出版社,2015.

❹ 张广俊,李燕领,邱鹏.体育产业融合的动因、路径、效应与策略研究[J].武汉体育学院学报,2017(8):50-56.

低行政性的市场准入制度壁垒。由此，政府规制这种服务性制度供给即是降低体育新兴产业业态经济活动中的交易费用，增强体育产业与其他产业之间的融合与渗透，进而培育与创新更多体育新兴产业业态类型、模式和内容。❶再者，政府需与时俱进，专门针对体育新兴业态的规制理论与政策进行研究，政府规制改革与创新无疑会放松、简化和创新体育新兴业态深入融合、培育与发展的制度环境，促使体育新兴业态与其他新兴业态间的边界模糊甚至消失，进而改变原有的政府技术规制、经济规制、政策法规性规制等。此外，政府实施培育体育新兴业态的减免税优惠，制定新兴业态产业融合的税费优惠标准，划分体育业态融合发展后的主管部门规制权力等具体内容❷，创造良好的体育新兴业态融合发展的宽松制度环境。在此基础上，在市场经济条件下加强政府的宏观经济调控，重点发挥政府财税宏观调控政策在市场体系建设中的引导作用，对体育新兴业态商业模式下的高新技术企业予以重点倾斜，从硬件和软件两方面为体育新兴业态创新提供持久的源动力。同时，明晰市场在培育体育新兴业态的基础性作用，由市场经济自身的运行规律自发创新新兴业态，最终以市场经济为主导，通过政府规制和宏观政策的持续推动与激励，实施针对性和灵活性相结合的引导政策，激励体育新兴产业业态创新发展。

二、体育新兴业态的因素催生

（一）政府一系列宏观调控政策的持续推动催生体育新兴业态发展

随着中国经济社会的快速发展，体育新兴业态作为体育产业的重要组成部分，传统的体育产业业态无论在内涵、外延还是范围、内容、形式等方面都深刻地发生着变化，尤其是在当今网络化、数字化、信息化等高新科技持续创新的推动下，与传统的体育产业全面渗透、有机融合，体育新兴产业业态的内容和范围不断拓展，技术内涵不断创新，促进了传统体育产业结构的不断转型升级，推动了我国体育新兴业态的快速发展。

2010年3月19日，《国务院办公厅关于加快发展体育产业的指导意见》首次提出，发挥体育产业的综合效应和拉动作用，采用网络、数字等高新技术，推动体育产业与文化、旅游、电子信息等相关产业的复合经营，积极发展"新兴业

---

❶ 沈超红,胡安.共享经济背景下政府规制与供给意愿关系研究[J].经济与管理评论,2018(6):47-59.

❷ 卢现祥,朱巧云.新制度经济学[M].北京：北京大学出版社,2014.

态"。[1] 2012 年 4 月 26 日，国家体育总局制定实施的《关于加强体育文化工作的通知》指出，体育文化是我国社会主义文化的重要组成部分，体育业可持续发展必须要有强有力的体育文化作为基本核心支撑。深入挖掘体育的文化内涵，夯实中国体育发展的社会基础和文化根基，推动体育产业与新兴体育产业的融合发展，提升中国体育的软实力。[2] 2014 年 10 月 20 日，《国务院关于加快发展体育产业促进体育消费的若干意见》明确提出，积极拓展新业态，促进体育与养老服务、文化创意和设计服务、教育培训、体育旅游、体育传媒、体育会展、体育广告、体育影视等相关新兴业态的相互融合，推进体育产业各门类和新兴业态全面协调发展。[3] 2015 年 7 月 4 日，《国务院关于积极推进"互联网+"行动的指导意见》指出，顺应世界"互联网+"发展趋势，充分发挥中国互联网的规模优势和应用优势，推动互联网由消费领域向生产领域拓展，加速提升产业发展水平，构筑经济社会发展新优势和新动能。坚持改革创新和市场需求导向，培育新兴业态，打造新的增长点，推动经济提质增效和转型升级，提升公共服务水平。[4] 2016 年 5 月 5 日，国家体育总局发布的《体育发展"十三五"规划》也提出，大力发展"体育+"，积极拓展体育新业态。引导和支持"互联网+体育"发展。[5] 这意味着体育新兴业态由于具有高附加值和爆发性成长潜力等特征，能够为行业企业带来技术溢出型高额利润，能够增加整个社会的总福利水平，这将培育更多的体育新兴业态，从而形成新的经济增长点，促进经济社会各领域的融合创新。在当前经济发展新常态下，在我国体育强国视野下，我们充分运用财税宏观调控经济政策，强化培育体育新兴文化业态的激励力度。体育新兴业态既面临新的要求，也迎来了新的发展机遇，要进一步激发其创新活力，使其在市场竞争中立于不败之地。

（二）互联网信息技术革命的相互渗透与融合催生体育新兴业态

科技创新、互联网信息技术与体育新兴业态是一个良性互动、彼此交融的动态发展过程，每次的科技革命都强有力地催生和推动着新兴业态及其产品与服务的创新。以互联网信息技术为核心的科学技术与新兴业态的有机融合，促使体育新兴业态的产业化、市场化、服务化和集群化集聚发展成为可能。以互联网技术、

---

[1] 国务院办公厅.国务院办公厅关于加快发展体育产业的指导意见[Z].2010-03-19.
[2] 国家体育总局.关于加强体育文化工作的通知[Z].2012-04-26.
[3] 国务院.国务院关于加快发展体育产业促进体育消费的若干意见[Z].2014-10-20.
[4] 国务院.国务院关于积极推进"互联网+"行动的指导意见[Z].2015-07-04.
[5] 国家体育总局.体育发展"十三五"规划[Z].2016-05-05.

智能技术、数字技术、电子信息技术等在传统体育业态中的广泛应用为不断催生新兴业态的核心和不竭动力,诱发和催生了体育新兴业态,无形中对传统的体育产业业态产生了深刻的变革,它打通了传统的制造业、体育用品业、体育传媒、体育服务业、信息通信等产业,创新出体育竞技、体育虚拟体验、电子竞技、互联网+体育健身、体育医学、体育类知识版权、体育网络社区等众多新的产品(服务)形态等。❶由此可见,传统体育业态注入了现代科学技术并与之有机动态融合,提升了体育新兴业态产品(服务)的科技附加值,推进了体育新兴业态及其创新产品(服务)的裂变增长,为体育新业态源源不断地注入新的元素、新的内涵和新的功能,不仅丰富了体育新业态产品(服务)的内涵和外延,还极大地降低了体育企业微观主体的生产制造、加工、运营的经营成本。与之相对应,体育新兴业态及其产品(服务)与现代高科技的不断融合、不断创新催生诱发新的科技变革,以互联网信息技术为基础的科技革命成为与体育新兴业态技术融合和演进发展的催化剂❷,增强了体育新业态产品(服务)的社会影响力和市场竞争力,助推体育新兴业态层出不穷。

(三)新兴商业模式的出现催生体育新兴业态的形态创新

体育新兴产业业态是由体育服务行为、高新技术行为导致传统体育产业业态行为的变化,促使新兴商业模式的产生的,而决定体育新兴业态发展和行业企业经营成败最重要的因素即是商业模式。特别是在当今现代高科技环境下,催生出创新的商业模式成为一种崭新的发展模式。随着数字经济和互联网时代的来临,诸多创新的商业发展模式成为可能。例如,网游这个新兴业态正在不断推进产业链的变化,带动其商业模式的探索与实践,体育新兴业态的实践探索又催生新兴商业模式的创新,而创新的商业模式展现出强大的产业生命力和市场竞争力。如图8-1,随着科技革命和互联网信息技术的迅猛发展,以互联网信息技术、智能技术、数字技术为核心的新技术,催生出体育新兴业态产品和体育服务不同特征的商业形态,如应用(用户)平台+产品、跨境电商平台、内容+技术+应用软件+网站+硬件等的新兴商业运营模式应运而生。❸体育微观主体通过一定的平台、技术、产品、内容、产业价值链等要素的优化排列组合,提供给体育消费者(爱

---

❶ 王家宏,邵伟钰. 促进体育产业与科技融合的财政政策研究[J]. 成都体育学院学报,2015,41(4):1-6.

❷ 李美云. 服务业的产业融合与发展[M]. 北京:经济科学出版社,2007.

❸ 王志平,齐亚伟. 战略性新兴产业路径突破的商业模式创新[J]. 改革与战略,2018(7):82-88.

好者）全新业态的体育产品或服务，并创出高附加值的商品或服务。与此同时，他们还开发新的相关产业业态领域，创新诸多新兴商业盈利模式，进而催生出众多体育新兴业态和形态的不断创新。

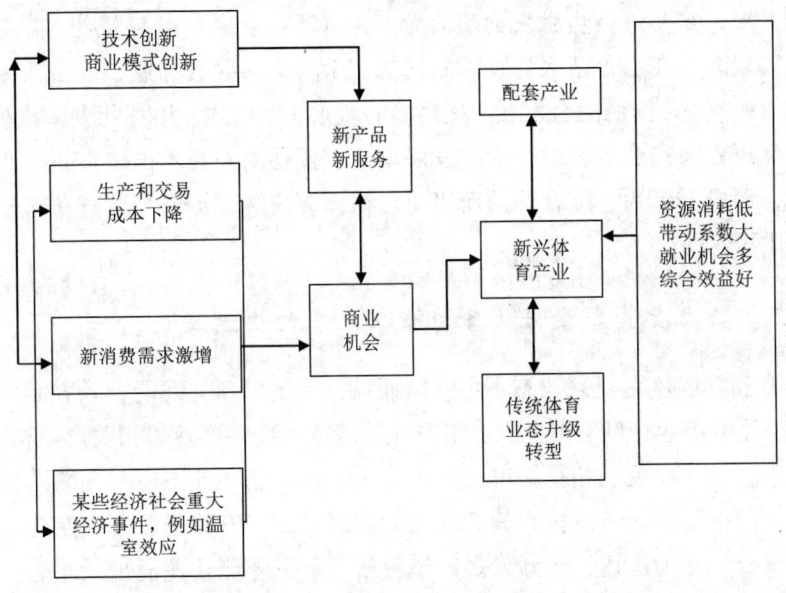

图 8-1 体育新兴业态发展动因一览图

（四）产业转型升级促进体育新兴业态的培育和发展

十八大以来，国家加大产业结构调整的力度，调整过程的重要一环是加快现代服务业的高质量发展。2015 年 7 月，《国务院关于积极推进"互联网+"行动的指导意见》发布，强调促进经济社会各领域的融合创新，培育更多的新兴产业和新兴业态，形成新的经济增长点。当前，中国经济发展进入新常态，新业态、新产业是转变经济发展方式的突破口，经济增长动力应向创新、集约、内涵式的创新驱动转变，才能不断优化经济结构，促进产业转型升级发展，这就要求推动传统产业向中高端迈进，培育新的经济业态，打造经济增长新引擎。基于此，在中国经济发展新常态下，体育新兴业态既面临新的要求，迎来新的发展机遇，又是实现产业结构转型升级的着力点。在产业经济跨界融合发展理念的引领下，高新科技与传统体育业态的相互融合产生诸如体育虚拟体验、电子竞技、"互联网+"、体育医学、体育品牌等众多创新的体育新兴业态[1]，催生出新的体育消费群体，拉

---

[1] 于刃刚，李玉红．产业融合论[M]．北京：人民出版社,2006．

动了新的体育消费热点。可见，培育体育新兴业态不仅能为体育产业发展带来新的发展机遇，也能为产业经济发展创造新的消费增长点。此外，深入发掘体育新兴产业业态的资源优势，不断培育壮大体育新业态和新产业，进一步促进体育产业转型升级，需要进一步激发创新活力，在市场竞争中赢得新发展，需要树立大产业发展观念。在当今新兴科技不断涌现、学科交叉融合加速、前沿领域逐步延伸的今天❶,产业之间的融合发展产生诸多的新兴业态形式，培育壮大体育新兴业态同样需要树立大产业、复合产业的发展理念，推动高新技术与体育新兴业态的融合发展，形成全新的、综合性的新兴业态格局，最终带动整个体育新兴业态的全面、高质量发展。

（五）产业要素集聚催生体育新兴业态的快速发展

培育和发展体育新兴业态不可一蹴而就，更不可孤立发展。一方面，应与文化产业、旅游产业、健康产业、养老产业、战略性新兴产业等相关产业相互融合、相互促进、相互发展、相得益彰。另一方面，体育新兴业态应与互联网技术、数字技术、网络技术、信息技术等高科技紧密联系、相互渗透、有机融合。只有两者相互融合、互为渗透、相互发展，体育新兴业态才能快速涌现，才能得到迅猛发展。同时，体育新兴业态的培育和发展需要从行业集聚向产业要素集聚转变。一方面，体育新兴业态的产业要素集聚不仅打破了产业的地域边界，而且使体育新兴业态在技术、产品、内容、服务上的流通和汇聚变得更加快捷和方便❷，这为体育新兴业态的培育和发展提供了坚实的产业发展基础，进而推进区域间、行业间、产业间的产业结构调整与升级。另一方面，基于信息技术共享的互联网体育经济，将体育新兴业态的产品（服务）消费转变为周而复始的再生推动力。体育消费者通过客户的交互式体验直接参与到体育新兴业态产品（服务）的持续改进与完善中，促使体育新兴业态产品（服务）更加迎合消费者的消费心理，更加契合体育产业市场，更加契合消费者的消费理念和消费行为，更加深入推进体育新兴业态与产业诸要素的集聚融合。

❶ 孟庆欣.新兴业态快速发展 市场供给不断完善[N].经济日报,2018-07-19(5).
❷ 杜均平.新兴产业和新兴业态的新机遇[N].贵阳日报,2015-07-13(2).

第三节　体育新兴文化业态培育的财税政策

随着我国经济社会的快速发展，体育文化产业成为体育类和文化类业态的重要组成部分。传统的体育文化业态无论在内涵、外延还是在范围、内容、形式等方面都深刻地发生着变化，特别是在当今网络化、数字化、信息化等科学技术持续创新的推动下，传统的体育文化业态与这些先进科技全面渗透，有机融合，其体育新兴文化业态的内容和范围不断拓展，技术内涵不断创新，促进了传统体育和文化产业结构的不断转型升级，从而推动中国体育文化业态的发展。在中国倡导体育强国的视野下，政府财税宏观调控经济政策刺激了体育新兴文化业态的快速发展，对于提升中国体育文化产业的整体软实力具有重要的现实意义。

一、体育新兴文化业态的内涵

相比传统的体育业态和文化业态，体育新兴文化业态是网络数字创新科学技术在体育文化领域的相互渗透、紧密融合和具体运用。随着经济社会的进步与数字媒介市场的发展，科技创新体系、制度与科技政策息息相关[1]，表现出以网络信息技术为载体的高新技术与传统体育文化业态的深度融合，改变了传统体育业态和文化业态中传统产品（服务）的市场供需与形态特征，即科技创新与传统体育文化业态有机融合为一体，深化了原有体育文化业态的内涵与形式，使其内容具体而丰富，从而产生诸多具有高新技术创新与核心知识产权的体育文化新兴业态，成为引领中国体育产业未来可持续发展的领域和方向。

所谓体育新兴文化业态是既区别于以土地资源要素为特征的传统发展形态，又区别于原有的体育文化业态，而是以体育文化为主要资源，通过数字技术、网络信息技术等核心科技的强有力支撑，基于人的创意与创新，与原有的体育业态和文化业态有机融合，用产业手段发展体育新兴文化业态，并以体育文化产品和服务等知识产权为内容，创造新兴体育文化价值，从而形成多媒体、多视角、多类型的体育文化产品（服务）的新兴业态形式，因而体育新兴文化业态是文化、技术和经济相互交融的产物。总而言之，基于网络技术、信息技术、数字技术等高新技术在传统体育文化业态中的深度有机融合与创意创新应用，是我国体育新

---

[1] 冯晓青.科技创新体制与我国知识产权公共政策的完善[J].吉首大学学报（社会科学版），2013,34(2):53-57.

兴文化业态不同于传统体育文化业态的主要区别，也是其具有强大生命力的主要推动因素。

二、体育新兴文化业态的分类

国家统计局于 2015 年 7 月修订发布的《国家体育产业统计分类（2015）》、国家统计局 2018 年 4 月修订发布的《文化及相关产业分类（2018）》，以及中华人民共和国国家质量监督检验检疫总局和中国国家标准化管理委员会 2017 年 10 月联合制定的《国民经济行业分类》（GB/T 4754—2017），均涉及有关体育新兴文化业态及其相关产业类型的具体内容，尤其是对传统的体育业态与网络技术、信息技术、数字技术等高新科技融合所呈现的体育新兴业态进行了具体统计，体育新兴业态作为体育产业发展的一个分支，也对其业态的内容和相关统计指标进行了与时俱进的更新和完善。根据体育新兴业态创新产品（服务）的创作、编辑和提供的生产经营特征，同时基于网络技术、信息技术、数字技术等在体育文化产业中的具体应用与融合，将体育新兴业态的类型划分为体育文化信息服务类、体育文化创意设计类、体育文化休闲服务类和体育文化产品辅助类四类，其对应的功能和内容既有联系，又有差异（表 8-1）。

表 8-1 体育新兴文化业态类型、功能和内容

业态类型	业态功能	业态内容
体育文化信息服务类	数字信息技术、因特网络和体育信息传播	（1）互联网信息服务；（2）体育传媒、体育文化部分的增值电信服务（如体育网络广告、体育文化网络服务、手机电视、体育比赛网络在线传播、手机报等）；（3）体育文化信息传输服务（如体育网络电视、因特网传播、手机传播、无线广播电视传输服务等）；（4）体育竞赛等的卫星传输服务（如传输、覆盖与接收服务等）
体育文化创意设计类	体育文化资源开发、创新与运用	（1）体育文化类软件开发；（2）体育文化创意；（3）体育数字内容服务（网络体育动漫及衍生产品开发、体育艺术数字制作、体育竞技数字特效等）；（4）体育建筑工程设计与服务（如体育场馆、室内装饰、模型、包装装潢等设计）；（5）体育科研
体育文化休闲服务类	体育文化休闲资源的开发与服务	（1）体育户外休闲旅游；（2）体育娱乐休闲服务（歌舞厅娱乐活动、游艺厅休闲娱乐活动、游乐园、其他体育文化娱乐业等）；（3）体育健身服务（健美、高尔夫等服务）

续 表

业态类型	业态功能	业态内容
体育文化产品辅助类	体育知识产权服务和保护	（1）版权服务（体育类知识版权、体育文化品牌、体育类软件开发与保护、体育文化类版权代理、体育类版权鉴定等服务）；（2）体育文化出租服务（视频设备、照相器材、体育娱乐设备的出租服务等）；（3）体育文化娱乐经纪人服务；（4）大型赛事的活动组织服务；（5）其他辅助服务（大型活动组织服务、体育比赛票务服务等）

资料来源：国家统计局.国家体育产业统计分类（2015）[Z].2015-09-06；国家统计局.文化及相关产业分类（2018）[Z].2018-04-02；中华人民共和国国家质量监督检验检疫总局，中国国家标准化管理委员会.国民经济行业分类（GB/T 4754-2017）[Z].2017-06-30.

由表 8-1 内容可知，体育新兴文化业态与网络技术、信息技术、数字技术等高新技术互相渗透、有机深度融合，被当今信息社会赋予新内涵、新形式、其类型、功能和内容均获得了多层次、多视角、多元化的发展，推动了体育新兴文化业态得以持续创新。

三、体育新兴文化业态的特征

随着中国科学技术的不断创新，网络技术、数字技术和信息技术在原有体育文化产业中的广泛运用与延伸拓展，给中国的体育文化领域带来了持续创新与深刻变革❶，极大地推进了传统体育文化产业结构的优化和转型，出现以体育旅游、体育数字化传播、体育网络游戏、体育数字出版、网络体育动漫、移动多媒体体育电视（广播、手机等媒介）等为代表的诸多体育新兴文化业态，进而蓬勃发展，它们具有鲜明的新兴业态特征。

其一，数字技术、信息技术、网络技术等高新技术与传统体育文化业态互动结合，支撑着体育新兴文化业态的快速发展。当下，新的文化传播方式与文化渗透方式改变着网络阵地的布局❷，而体育新兴文化业态离不开网络科技创新技术的支持，运用数字技术、信息技术和网络技术等高新技术手段，改造与提升传统的体育文化休闲、体育教育、体育文化经纪、体育竞技（如赛龙舟、武术等民间体

---

❶ 解学芳.论体育产业与网络文化产业的联动逻辑与发展方略[J].体育学刊，2011,18(4):14-19.

❷ 杨文华，李海艳.主流意识形态网络风险防御的路径依赖[J].吉首大学学报（社会科学版），2012,33(5):95-100.

育文化）、体育文化娱乐等体育文化业态内容。以高科技为技术支撑，并与传统的体育文化业态有机融合，进而形成了"体育文化+创新科技"的体育新兴文化业态。

其二，体育文化创意与创新是体育新兴文化业态发展的核心智力要素与人文动因。创意与创新是体育新兴文化业态发展的灵魂，在信息技术、网络技术、数字技术等科技的强有力支撑下，通过人主观能动性的创意、才智和技能，具有知识产权特征，诸如体育赛事手机、电视、广播、互联网等的营销转播，体育用品著名品牌的文化创意营销策划，体育知名文化品牌赛事的网络普及及推广等，均表现出体育文化创意与研发创新等体育文化与创新科技的相互深度融合，同时对新兴体育文化知识产权等无形资产进行开发、生产和保护，从而构建体育新兴文化业态不可或缺的核心要素和具体形态。

其三，体育新兴文化业态具有创新产品（服务）价值及创新的盈利方式。传统的体育文化业态与高新技术创新元素相互融合，通过数字化、信息化创作、编辑、生产和网络化传递，形成了诸如体育传媒、体育旅游、体育科研、体育营销等多媒体、多层次、多视角和多类型的体育文化创新产品和创新服务，改变着传统的体育文化业态盈利模式，进而构建了新型且具有创新价值的体育文化业态盈利方式，这也是未来体育新兴文化业态的主要经济增长点和发展方式。

第四节 体育文化品牌开发的财税理论及其问题

政府财税宏观调控经济杠杆政策与体育文化品牌开发具有很强的关联度。本节运用公共财政理论、外部经济理论和政府干预理论等相关理论，对财税宏观调控工具激励体育文化品牌开发、运营与保护进行财税的学理因由加以论述。由此表明，现行财税宏观经济政策对中国体育文化品牌培育与开发具有重要的正向激励作用，可以促进其以市场为基础的体育文化品牌建设，通过对体育文化品牌的财税支持，在经济新常态下，促使体育文化品牌开发成为绿色朝阳产业和体育产业新的经济增长点。

体育文化品牌的开发与保护是近年来国家宏观调控政策创新驱动的热点和难点问题，其目的是做大做强我国的体育文化品牌，有力提升体育文化品牌无形资产的国内外市场竞争力。2014年10月20日，《国务院关于加快发展体育产业促进体育消费的若干意见》（国发〔2014〕46号）明确提出，加强体育品牌建设，完善体育无形资产开发与创新驱动政策，推动体育企业实施商标战略，开发拥有自主知识产权的体育产品并提升其附加值和品牌的市场竞争力。[1]早在2010年3月发布的《国务院办公厅关于加快发展体育产业的指导意见》(国办发〔2010〕22号)就明确要求，加强体育用品产品的认证工作，有效推动体育用品的品牌建设，增强我国体育用品的国际市场竞争力。[2]

长期以来，受观念理念、收入水平、消费水平、品牌功能等因素的影响和制约，中国的体育文化品牌存在区域分布不均衡、定位不清晰、品牌质量不佳、品牌推广乏力、品牌价值不高、品牌营销体系不完善、品牌专业化和品牌效应不强、拥有自主知识产权的体育文化品牌少、体育品牌竞争力不强、品牌保护力度弱、品牌建设水平过低、品牌服务支撑体系和品牌标准不健全等诸多问题。目前的统计结果显示，作为中国体育文化品牌聚集程度较高的地区，福建、上海、山东、广东、浙江、江苏六地也仅拥有国家级体育文化品牌如"中国驰名商标"43个(其中福建占19个)、"中国名牌"32个(其中福建占14个)，没有国际名牌。[3]近年来，中国体育用品制造产业OEM(Original Equipment Manufacturer)利润空间逐步缩水，国际贸易环境逐步恶化，体育用品制造产业发展已经进入转型升级的"窗口期"，充分发挥体育文化品牌效应，有利于中国体育用品制造业承接国际产业分工，达到全球产业价值链中国际体育用品产业转移的战略制高点。[4]再者，中国体育文化品牌开发和建设落后，表明中国体育文化品牌意识、品牌培育、品牌开发和保护的责任重大，体育文化品牌市场发展前景广阔。尤其是随着国家实施体育文化品牌商标战略，人们对品牌开发、保护和建设的意识不断增强，体育文化品牌的精神内涵及价值内容日趋充实与完善，国家对体育文化品牌等体育无形资产开发与创新驱动政策持续促进与激励，中国体育文化品牌升级将迎来难得的黄金发展机遇期，在目前经济新常态背景下能够成为我国体育产业发展新的经济增长点，从而增强我国体育文化品牌的国际市场竞争力。此外，体育文化品牌开发成效不仅离不开财税宏观调控政策的独特支持作用，还应向市场经济寻求必要的发展动力，激发体育文化品牌微观运营主体(企业、个人)的主观能动性和积极性，强化体育文化品牌的开发与建设，在政府财税宏观政策的引领与激励下，减轻体育文化品牌的税收负担，构建"政府扶持激励、市场自发调节、社会积极参与"的

---

[1] 国务院.国务院关于加快发展体育产业促进体育消费的若干意见[Z].2014-10-20.
[2] 国务院办公厅.国务院办公厅关于加快发展体育产业的指导意见[Z].2010-3-19.
[3] 杨明,陶娟.中国体育用品制造产业集群品牌研究[J].体育科学,2014,34(8):34-47.
[4] Fortunato J A. Pete Rozelle: developing and communicating the sports brand[J]. International Journal of Sport Communication, 2008, 1(3):361-377.

体育文化品牌扶持模式，通过保护与开发并重，建立体育文化品牌财税激励制度体系，进而推动微观经营主体以市场为核心的体育文化品牌可持续发展。

一、体育文化品牌开发的财税理论基础

依据公共财政理论，政府在市场经济资源配置和收入分配中均具有相同的公共财政职能。公共财政职能作用于其他经济主体之间，或者与其他经济活动之间也具有一定的相互关系和相互影响，这就需要以政府和市场的相互合作关系作为基本立足点，当然这也是公共财政调控职能的基本立足点。资源的优化配置作为公共财政重要的宏观调控职能之一，能够较好地克服市场经济失灵的固有缺陷，通过公共财政调控所具有的收支活动，提供社会需要的公共产品或公共服务。同时，正确调整财政宏观调控经济政策，引导资源的正确流向与优化配置，以确定社会公共产品或公共服务的基本范畴。通过政府财政补贴、公共财政购买性支出、财政投资和税收优惠等宏观财税经济杠杆工具，调节公共产品或公共服务的供给程度和投资领域，这不仅能够提高社会公共物品（服务）的整体效率，还能够提高政府公共财政的宏观调控效率和各种资源本身的配置效率。体育文化品牌不仅是一种精神文化，也兼具物质的专门属性。[1]体育文化品牌作为在体育运动及其相关领域中的重要文化标识，在行为规范、价值引导、文化传播、文化累积等方面能显著促进和谐社会群体精神、活动方式和行为准则的形成。体育文化品牌建设在社会精神文明与物质文明建设中均具有重要的地位。公共财政作为国家和政府宏观调控的重要杠杆工具，能够充分发挥自身的财政职能，运用宏观调控工具能够正向激励体育文化品牌的培育、建设与开发。例如，采取公共财政投资、财政补助、政府购买形式给予具有非排他性（non-excludability）和非竞争性（non-rivalrous）特征的公共体育文化品牌一定的财政扶持，同时对竞争性（rivalrous）、排他性（excludability）的体育企业产品品牌等非公共体育文化产品或服务在税收政策上给予必要的激励。例如，给予经营、培育、开发体育文化品牌的体育文化企业一定的减免税、免征额等税后扣除，或者给予成本扣除、税项扣除、加计扣除、投资抵免、起征点等税前扣除。总之，可以通过制定完善的财税优惠扶持政策促进体育文化品牌开发。

依据外部性经济理论，外部性是某一经济活动的效益与成本不在某一微观个体决策者的经营范围之内而造成资源配置效率的低下，即某一经济主体的福利函数自变量中包含了他人的行为，而该经济主体又没有向他人提供报酬或索取补

---

[1] 毕红星.体育财政公共属性及政策选择[J].体育文化导刊,2009(10):85-87,91.

偿。❶首先，体育文化品牌效应存在外部经济性。体育文化产品品牌开发需要广告、产品质量、销售理念的宣传等要素投入，购买体育产品或服务的消费者认为品牌是具有某种关联性的同种产品，这就往往容易使得其他体育文化产品品牌（同类产品）也可从中受益而没有给予补偿或提供一定的经济报酬。体育文化品牌的外部经济性可能为正，也可能为负。其次，在体育文化商品的买卖过程中信息是具有成本的，商品供给者提供信息，消费者寻找所需求的信息，根据体育文化商品及其品牌形成自己的购买欲望和购买决策，这就客观存在着体育文化商品信息选择成本的外部经济性问题。对于不同的体育文化商品，消费者的关心和重视程度是不同的，因而其获取体育文化商品品牌的相关信息所愿付出的成本是不同的。消费者对体育文化商品品牌的广告、产品质量、宣传的要素投入与具有某种关联性的同种产品的认同感存在极大的差异，若消费者付出的品牌搜寻成本越多，就会对体育文化品牌有充足的认同感，其商品的判断力也就越准确。长期以来，中国体育文化品牌建设存在外部信息供给不足，表现在缺乏对外部市场网络品牌信息的关注度，特别是体育文化品牌的受市场广泛接受的外部信息供给严重不足，导致体育文化品牌战略决策失误，最终致使体育文化品牌的培育和开发失效，不可避免地殃及品牌要素投入的中小企业。此外，体育文化企业在品牌信息、市场需求、技术知识严重缺乏的情形下盲目开发自己的品牌，或者体育文化产品的质量信息分布不对称，且市场交易前买卖双方信息不对称，容易导致体育文化品牌开发陷入"柠檬市场化"的陷阱。❷基于此，财税宏观调控政策在矫正体育文化品牌外部经济性方面有其自身独特的功能和作用。例如，政府采用公共财政补贴，实施矫正性税收（减免税、税收扣除、慈善捐赠等），政府引导并激励微观个体的私人经营行为，通过道德宣传增加社会约束，降低外部经济影响，通过政府调控的有形之手化解体育文化品牌的外部性问题。

  美国著名经济学家斯蒂格利茨的政府干预理论认为，市场失灵是客观存在的经济现象。由于市场自身固有的缺陷给政府干预市场带来可能，也提供了适度干预的必要性和合理性，客观上要求政府运用其经济职能来合理、有序、适度地干预市场经济，消除市场失灵现象。通过政府与市场的有效配合，运用"看得见的手"对市场失灵进行适度的干预与调节，保障公平分配和市场经济的稳定与发展。

---

❶ 刘怡.财政学[M].北京：北京大学出版社,2010:52-53.
❷ FILO K, FUNK D C, ALEXANDRIS K. Exploring the role of brand trust in the relationship between brand associations and brand loyalty in sport and fitness[J]. International Journal of Sport Management & Marketing. 2008,3（1-2）:39-57.

公共财政政策作为政府宏观调控和干预介入市场的主要方法和手段❶，能够产生正向激励，不仅能够弥补市场失灵的缺陷，而且能够矫正市场的非正常秩序，从而给国家和社会带来良好的效率和效益，最终实现资源配置的最优状态。鉴于此，政府适度干预与调节的措施是，一方面为体育文化品牌的培育与开发提供有效的制度环境供给，对体育文化品牌培育和开发提供包括财政、税收、市场、金融等一系列宏观调控扶持政策及与其相适应的法律法规；另一方面通过政府征税干预和矫正体育文化品牌市场失灵现象，通过矫正性征收（最优纠正性税率、最优税率等）作用于体育文化企业品牌的培育和开发，引导品牌消费，增加行业企业福祉，提高体育文化产品及其品牌的资源配置效率，最终实现帕累托最优。

总而言之，体育文化品牌市场失灵问题、体育文化品牌要素投入以及品牌建设外部信息的供给不足、政府宏观调控资源优化配置的需要，这些均离不开政府的适度介入和干预。❷政府有必要运用公共财政、税收、金融等宏观调控政策规范体育文化品牌的培育和开发，采用诸如公共财政补贴、矫正性税收等具体调控政策引导体育文化企业投资品牌，规范体育文化产业经营主体的品牌运营行为。

二、财税政策在体育文化品牌开发与保护中面临的问题

纵观我国现行的财税制度，迄今为止，扶持和激励我国体育新兴业态特别是体育文化品牌开发的财税政策极少，与之相关的税收优惠政策零星、分散，不成体系，且扶持体育文化品牌的覆盖面和激励强度均严重不足，主要体现在以下方面。

首先，现行财税政策的激励内容少。我国现行税收制度在激励体育文化品牌发展的财税制度和税收政策中，仅有体育表演、体育文化品牌播映、体育品牌租赁、体育娱乐等少数内容有零星的税收优惠措施，而针对体育新兴业态尤其是诸如体育数字信息技术、体育网络信息传播、体育商誉、体育竞技电子游戏、体育企业文化、体育出版创意设计等体育出版文化资源的开发及运用、体育出版版权服务与保护等体育出版产品类等新兴业态产品或服务的税收优惠政策极少，甚至没有制定相应的税收优惠政策，而且现有零星、分散的税收优惠政策较为笼统，致使针对体育文化品牌开发和保护的激励内容不完整、不具体、不全面，而且现有的财税激励政策内容单一、扶持弱化，制约了体育文化品牌的开发和保护。

其次，财税政策的激励范围偏窄。我国现行税收制度对体育文化品牌开发和

---

❶ 高培勇，杨志勇，夏杰长. 公共经济学 [M]. 北京：中国社会科学出版社，2007.
❷ 查尔斯·沃尔夫. 市场或政府 [M]. 北京：中国发展出版社，1994.

保护的税收优惠政策主要涉及增值税、企业所得税、城镇土地使用税、车船税、房产税等少数几个单一税种，制定的税收激励政策比较笼统，不利于可行性操作，且激励的范围窄。特别是专门针对体育文化品牌开发、体育文化品牌保护的激励范围更窄。例如，以特色产业和产业文化为核心的体育特色小镇品牌、体育赛事品牌、高校体育文化品牌、体育品牌基地、体育传媒品牌的增值服务、体育出版类品牌软件开发（多媒体应用软件、网络体育动漫软件等）、数字出版服务（体育动漫出版品牌及衍生品开发、体育数字出版物制作与经营、体育出版数字特效等）、体育版权服务（体育知识产权保护、体育产品软件研发与保护、体育著作权使用报酬收转、体育版权贸易品牌服务和其他品牌版权等服务）、体育品牌无形资产出租服务、体育经纪人服务等的税收激励政策没有制定，这显然没有从特定性、持续性等方面激励体育新兴业态发展[1]，没有从整个体育产业战略发展的高度制定体育文化品牌开发和保护的财税优惠政策。政策激励范围严重偏窄，制约了体育新兴文化业态的可持续发展。

最后，政府财税政策的激励方式和手段不全面。体育文化品牌开发是人主观能动作用的产物，很多体育文化品牌具有无形资产的特许使用权特性。然而，现有针对体育文化品牌开发与保护的财税激励措施，主要以诸如免税、减税、税率减免、再投资退税、税额减免、期限减免等直接税收优惠方式和手段为主，缺乏诸如成本核算、加速折旧、亏损弥补、准备金制度、税项扣除、盈亏相抵、投资抵免等间接税收优惠方式和手段，即没有采用税前支持体育文化品牌等体育新兴业态效果显著的财税激励手段。总之，我国现行扶持体育文化品牌开发和保护的财税优惠方式和手段不全面、不完整，仍然没有建立一套间接优惠手段与直接税收优惠方式相互有机融合、相互促进的财税激励政策体系来鼓励包括体育文化品牌等体育新兴业态在内的体育产业。

综上所述，体育文化品牌等新兴业态是传统体育产业业态与数字科技创新相结合的必然产物，因而在政府扶持过程中，国家既要具体研究我国体育文化品牌等体育新兴业态财税政策面临的问题与制约瓶颈，又要学习和借鉴国外体育新兴业态财税激励的成熟做法和先进经验，从而开发和保护体育文化品牌等体育新兴文化业态，构建符合中国国情的财税激励政策体系。

---

[1] 代方梅."品牌基因"理论视角下体育特色小镇品牌构建研究[J].湖北大学学报（哲学社会科学版），2018,45（6）：116-122.

第九章　国外体育产业与财税调控经济政策

本章研究发达国家体育产业与政府财税宏观调控经济政策的相关性。本章运用文献研究、比较分析、经验总结和描述性研究等多种方法,对发达国家财税政策支持与激励体育产业发展的成功做法和成熟经验展开定性研究。研究表明:一方面,世界发达体育产业强国或地区均立足自身国(区)情,灵活运用财税调控经济政策,将体育产业作为本国(地区)的支柱性产业给予正向激励,使其具有极强的市场竞争力与产业影响力。另一方面,选取全球体育产业发达且兼具典型代表性的美国、英国、欧盟、日本、俄罗斯等国家或地区的财税政策进行具体的比较分析,洋为中用,对中国体育产业财税政策的优化与完善具有积极的启示和借鉴作用。

纵观世界体育产业发展,体育产业已经成为继信息产业、电子产业、文化产业后的 21 世纪全球四大产业之一,以平均每年 20% 的速度高速增长。在体育产业发达的北美、西欧和日本,体育产业的年产值已经进入了国内 10 大支柱产业之列。全球 2017 年体育产业总值为 18 000 亿美元,其中发达国家体育产业占其 GDP 的 1.5%~2%。特别是美国 2017 年体育产业总值就达 7 000 亿美元,占其 GDP 的比例高达 4% 以上,美国体育产业占全球体育产业总值的 1/3 还多。[1]由此可知,发达国家体育产业以其巨大的经济价值和独特魅力在世界经济中占据着重要的地位。因此,本章选取美国、英国、欧盟(EU)、日本、俄罗斯 5 个体育产业发展强国或地区的政府财税政策进行具体的对比分析,其体育产业发展的成熟经验,尤其是发达国家财税宏观调控政策激励体育产业发展的成功做法,对完善中国体育产业发展的财税政策体系,促进体育产业与财政政策、产业政策与金融资本深度融合发展具有积极的借鉴作用与现实指导意义。

---

[1] 卢思雯. 美国体育产业竞争力研究 [D]. 长春:吉林大学,2018.

第一节 国外体育产业财税政策

一、美国体育产业财税政策

作为世界头号体育产业强国，美国是当今全球体育产业最发达的国家，其自由市场体育经济高度发达。美国体育产业19世纪初始于职业竞技体育商业化的进程，自20世纪40年代第二次世界大战后步入产业发展的快车道，尤其是以职业竞技体育和健身休闲康乐业为驱动，体育衍生产业专业化、高质量快速发展。美国体育产业产值占GDP的比重从20世纪80年代的1%，到20世纪90年代的2%，再到21世纪初的3%，至今高达4%有余。美国体育产业的产值是汽车产业的3倍、影视产业的8倍，[1]其不仅规模大，产值高，而且体育消费占比高，体育服务业（赛事、健身、场馆等）发展均衡。时至今日，美国的体育产业逐渐形成了以体育竞技赛事为核心，以体育资产、体育媒体、赞助商、体育场馆、体育特许商品公司、体育营销及经纪公司为六大主体的一条完整的体育产业链。[2]

在经济全球化和经济一体化背景下，美国遵循高度的市场经济发展规律和体育市场竞争体系。美国成熟的市场经济环境、高度发达的电视传媒业以及大众对体育的极度崇尚，是美国体育运营与产业发达的主要原因。在自由主义市场经济体制下，体育产业发展实施适度的政府经济调控。美国联邦、州、地方（县、城市）政府均没有设置管理体育的专门行政机构，美国一般不会直接干预体育产业经济的自由市场化运作，除了一些健身计划的实施和部分公共体育场馆的建设外，政府很少动用公共财政资金对体育尤其是竞技体育给予直接的支持。不仅营利性很强的职业化竞技体育产业须通过市场化运作获得充足的资金来源，非营利性的大学竞技赛事体育也要通过市场运作为自身的发展提供必要的经费支持。但这并不意味着美国体育产业不需要政府财税调控政策的支持与激励；相反，对于体育产业仍然弱化的体育门类、大众体育健身、高校竞技体育和公共体育场馆等体育基础设施建设，财税政策扶持仍然没有缺位，其激励体育产业发展的财税政策也

---

[1] 彭国强.美国体育产业发展的社会基础、特征与启示[J].体育成人教育学刊,2018,34(3):1-5+95.

[2] 吴锋.国外体育产业发展经验对我国的启示[J].佛山科学技术学院学报（自然科学版）,2017,35(5):93-96.

体现在自由主义的市场经济上，适度干预与政策支持的色彩十分明显。❶这表现在政府主要通过制定完善的法律、法规、制度、政策对体育及其产业进行必要的适度干预和宏观调控。政府通过制定完善的财政、税收、金融、价格、反垄断等法律、法规、政策给予必要的调节和引导，采用财政扶持提供间接优惠政策的方式，鼓励与引导社会民间资本与私人企业对体育产业的投资与运营。

（一）制定完善的体育产业财税法律、法规政策体系

众所周知，美国是全球自由市场经济中制定产业法律、法规最健全的发达国家，美国体育产业财税法律政策体系同样也是世界上最完善的国家。迄今为止，美国已经形成涵盖职业体育、竞技体育、业余体育、体育产业和体育市场有效管控的法律约束与制度规范。❷美国联邦国会和国务院制定面向全国的相关体育产业法律、法规，地方各州制定适用于本地区的地方性体育产业法律、规制、政策。既涵盖涉及竞技体育、职业体育等产业发展的法律、法规，如《谢尔曼反托拉斯法》(1882)、《美国统一商法典》(1912，类似合同法)、《联邦贸易委员会法》(1936)、《版权法》(1790、1909、1976、1998、2005 五次修订)、《社会保险法》(1935)、《劳动关系法》(1935)、《美国国家劳资关系法》(1935、1947 两次修订)、《新保险业法》(2011) 等一般普遍适用的法律，又包含为发展体育业专门制定的法律、规制与政策规范，如《奥林匹克协会组织法》(1950)、《体育安全保险法》(1954)、《可持续多用途法案》(1958)、《计划 66》(1966)、《户外休闲法案》(1970)、《体育广电法》(1978)、《美国业余体育法》(1978、1998 两次修订)、《21 世纪美国大户外运动战略》(2010)、《健康保险法》(2017) 等一系列体育法律、法规。因此，一系列规范化的包括财税政策在内的法律、规制、政策极大地推动了美国体育产业各个产业门类的快速发展。例如，美国体育产业每年创造的价值高达 1 600 亿美元，尤其是参加户外休闲运动的人数高达 1.4 亿以上，其中高尔夫产业、冰雪产业、野营露营产业更是参与人数较多的产业板块。此外，散步休闲活动约 8 600 万人，游泳约 6 700 万人，露营约 5 000 万人，器械练习约 4 500 万人，钓鱼约 5 000 万人，单车运动约 4 300 万人，保龄球约 4 300 万人，高尔夫 2 300 万人。❸

---

❶ 白彦锋，姜哲. 美国税制改革及对全球税收秩序的影响 [M]. 北京：中国税务出版社，2018.

❷ 马应超，王宁涛. 财税政策支持体育产业发展的国际经验与启示 [J]. 中国财政，2014(22)：71-73.

❸ 余守文，王经纬. 中、美两国体育产业财税政策比较研究 [J]. 体育科学，2017,37(10)：80-89.

（二）制定专门的激励体育产业风险投资的财税优惠政策

美国是当今世界体育产业风险投资做得最好的国家之一，也是体育产业风险投资发展最早和运作最成功的国家。其主要原因在于宏观财税政策的适度支持和政府规制起到了重要的推动与保障作用。众所周知，体育产业风险投资是一种创新、科技、金融、管理与体育经济相互融合、互为一体的高资本收益的商业投资行为与产业运营发展模式。在竞争激烈的产业市场中，体育产业运营投资风险增强，特别是对于处于初创期的中小型高新技术企业而言是一种无担保、高风险的投资。通过投资于高风险、高回报的体育产业项目（群），与之相伴的技术、管理、市场、融资等方面的营运风险损失均显著增大，这客观上需要政府财税政策的强力支持。联邦政府为了鼓励体育产业风险投资，降低潜在风险，普遍采取以减免法人税（类似于企业所得税）为重点的税收优惠政策。自20世纪70年代以来，美国联邦政府和州一级地方政府运用税收政策的定点调控直接推动体育产业风险投资机制的形成以及体育产业经营管理模式的创新。20世纪70年代末80年代初的美国联邦税制改革专门针对体育产业中的企业项目投资制定减轻其风险投资税负的相应税率，如1978年体育产业风险投资的资本收益税从49.5%降至28%，四年后联邦税率进一步减至20%[1]，这大大降低了美国高新科技中小体育企业的税收负担和纳税成本，也极大地发挥了体育产业风险投资对体育产业发展的推动作用（表9-1）。

表9-1 美国体育产业风险投资的财税政策一览表

财税政策	具体内容	优惠类型
财政政策	（1）美国25个州成立以政府出资的公众体育产业风险公共财政投资基金，基金投资额高达2 412亿美元；（2）建立专门向从事高新技术开发的风险投资体育企业提供财政补贴的科学基金；（3）实施小企业创新研究计划，对于体育行业企业年研究开发经费超过1亿美元的，财政给予每年相当于其研发经费1.25%的补贴，以支持创新	财政补贴

---

[1] 马应超.美国体育产业财税金融政策现状及对我国的启示[J].经济研究参考,2013（70）:18-20+46.

续表

财税政策	具体内容	优惠类型
税收政策	（1）体育产业风险投资额的60%，免于征收公司税；（2）体育产业风险投资额的40%减半征收公司税	投资优惠
	联邦政府对体育职业俱乐部上市公司，给予10%~20%不等的税收优惠	税收优惠
	（1）针对有限合伙的体育产业风险投资独立法人给予3年的免税宽限期；（2）有限合伙制的体育产业风险投资机构作为非独立主体资格的营业组织，免于缴纳公司税；（3）风险投资的捐赠基金给予免征公司税和增值税的优惠	免税优惠

资料来源：孙衡.对国外体育产业风险投资支持政策的研究[J].山东体育学院学报,2011,27（5）:13-17；任保国，宋秀丽，李建臣.国外对体育产业风险投资的支持政策及其启示[J].北京体育大学学报，2006,29（5）：602-605.

（三）加强税收政策对职业体育产业的定点调控

美国在高度发达的自由市场经济运行下，制定了完善的体育法律以及美国司法决定的职业体育运动法规制度。美国政府不仅是职业体育的宏观调控者，而且是职业体育联盟与职业运动队之间、职业体育劳资双方之间的最高法律、法规仲裁者。[1]除了制定健全的体育法律、法规外，美国体育产业高速发展与政府实施以反垄断豁免为主要内容的产业财税政策密不可分，联邦和各州政府根据体育产业职业化、商业化、大众化的不同发展形态和发展阶段，灵活采用财税调控政策，动态调整产业激励的相关内容，根据职业体育业发展的四个不同阶段，分别实施产业税基最大化、合理的税收负担、公平税负税收政策、反垄断豁免的税收扶持政策（表9-2），有力地促进了美国职业体育业的规范、快速发展。

表9-2 美国职业体育产业税收政策定点调控一览表

职业体育发展阶段	税收政策	政策扶持阶段
初始发展阶段	美国在当初的垄断经营体制下对其给予鼓励，实施产业税基的最大化	初步扶持阶段

[1] 王龙飞，蔡文丽.美国职业体育税收政策及其启示[J].体育文化导刊,2013(2):95-98.

续表

职业体育发展阶段	税收政策	政策扶持阶段
职业化发展阶段	美国国会对职业体育运动队股权购买的相关政策和利用税收政策鼓励体育场馆建设等内容进行修改和调整	政策调整阶段
大众化发展阶段	实行体育发展所要求的公平税负动态税收征管政策；美国联邦政府对体育税收政策适时进行调整和优化，实施较为公平的合理税负	政策优化阶段
商业化发展阶段	（1）职业体育联盟反垄断豁免的优惠，给予职业体育联盟市场独占和各种规则独立制定的权利；（2）美国国会对职业体育联盟电视转播权交易的反垄断豁免和《版权法》对体育比赛电视节目的版权保护；（3）出售球队时资产增值部分可减免税收，运动员合同也可以减免税收	政策深度支持阶段

资料来源：王波.美国职业体育政策试析[J].体育科学，1999，19(4)：60.

（四）制定支持赛事与公共体育场（馆）运营的财税激励政策

美国的财税体制是以私有制为基础，在个人价值观指导下逐渐形成的自由市场经济下的公共财税体制。由于公共体育场（馆）是体育产业发展的基石，因而在支持竞技体育赛事与公共体育场（馆）方面分别运用财政直接拨款和税收优惠政策给予必要的激励。一方面，在财政政策上，美国政府对体育场（馆）的财政投资资金并不来源于联邦中央政府，而是主要来源于州级地方政府，其财政投资收入主要来源于地方税和地方债，政府财政投资资本占80%~100%的场（馆）占总场（馆）的63%。❶其中地方债包含收入支持型债券与市政公债两部分。市政公债由各州地方或区政府提供100%的信誉担保扶持，由于它属于一般义务债券，因而要求使用从价税（通常以对全部应纳税财产从价征收的税款）偿付；而收入支持型债券是公共财政融资中的特殊义务债券，主要通过体育场馆项目运营收入予以偿还所发行的地方政府债券，实际上，美国各大职业联盟所属的球队比赛的体育场馆耗资都在1亿美元以上❷，此外，政府实施公私合营（PPP）融资模式，分别采

---

❶ 王龙飞，王岩，刘运洲.美国体育场（馆）的公共财政支持及其启示[J].体育科学，2009，29(10):23-27.

❷ 小罗宾·阿蒙，理查德·M.索撒尔，大卫·A.巴利尔.体育场（馆）赛事筹办与风险管理[M].沈阳：辽宁科学技术出版社，2005.

用D&B、O&M、DBO、BOOT、BOO等财政、市场、民间资本相结合的融资模式。❶既有效化解了公共体育场馆资金投入短缺的不足，又提高了准公共体育产品与服务的供给效率与管理水平。由此可见，政府资本仍然是美国体育场（馆）总资本的公共财政投入主体。另一方面，在税收政策上，州和地方政府利用联邦税收政策，采用税收优惠、税收担保等给予体育场馆投融资支持，修建体育场馆这类公共设施能够吸引投资，增加体育业就业机会，进而发展职业体育比赛吸引观众，促进州和地方商品销售，增加税收，支持地方体育产业经济快速增长。

（五）实施多元化和合理化相结合的独特地方体育场馆税收征管政策

美国是一个税种五花八门的国家，州一级地方政府即可自行设置和开征地方税种，征收的税种多且杂，可以说，美国是当今世界开征体育业税种最多的国家。为此，政府在以反垄断豁免为主要内容的财税政策支持下，一些州地方政府注重运用税收杠杆保障公共财政投入的有效回收，采取"以征扶体"的税收征管模式，按照税收公平与收益原则，采取"谁征管谁收益，谁收益谁激励"，通过开征某些税种加以扶持，其征管目的是筹集地方体育产业发展资金，专款专用，激励与调节体育产业经济。基于此，美国一些州对包括职业俱乐部、球队老板、体育特许权经营者、运动员、球迷、新闻媒体等微观经营主体实施课征税收。由表9-3可知，一些州地方政府对汽车旅馆、汽车租赁业或类似的功能场所开征了汽车旅馆税、汽车租赁税、销售收入税、餐饮税、财产税、停车税和费用等各具特色的地方独立税种或者附加税种。例如，运动员所得税是财产税的一种主要形式，美国19个州征收运动员所得税，不仅向主队运动员征税，还向客队运动员征收类似个人所得税的财产税。❷美国有些地方城市专门开征与体育服务业相关的旅馆税、烟酒税、出租汽车税等税种，如美国的密尔沃基市为弥补建设职业体育场馆的支出特地面向本地居民开征5种县域税❸，用于地方政府支持体育服务业发展筹集财税收入的有益补充，从而进一步扶持地方体育场（馆）的投资、维修与日常运营。

---

❶ 王龙飞，王朋．税收政策在美国职业体育场馆建设中的作用及其启示[J]．西安体育学院学报，2015,32(1):33-39.

❷ 谭刚．中、美两国政府财政补贴大型体育场（馆）建设的比较研究[J]．体育科学，2015,35(1):60-67.

❸ 王龙飞，王岩，刘运洲．美国体育场（馆）的公共财政支持及其启示[J]．体育科学,2009,29(10):23-27.

表9-3 美国州地方政府征收体育产业相关税种的税收政策

征收税种	税收政策	扶持目的
门票收入税	向职业体育俱乐部及其开放体育场馆等法人取得的门票收入征收体育门票收入税。通过门票收入税来弥补其在体育设施建设和运营中投入的成本	扶持体育场馆投资与经营
广播电视转播收入税	向转播体育比赛的电视台、广播电台等媒体以及体育俱乐部等具有体育特许权的经营者法人征税；美国一些城市根据收听和观看竞技比赛节目的家庭数量确定征税比例、征管环节和一定的税收优惠政策	扶持体育场馆投资与经营
体育场（馆）内广告和经营活动收入税	对职业体育俱乐部等法人实体取得的广告经营收入实施课税。主要向商品销售和广告的厂商征收15%的特许经营活动收入税，如克利夫兰骑士队在其新主场Gund体育场（馆）缴纳的税收就高达1 760万美元	支持体育场馆投资与运营，弥补场（馆）建设的基本费用
更衣室税	对在体育场（馆）健身的自然人征税，按次征税，每次50美分，税负轻，税源丰富，是一种地方行为税类	
运动员所得税	对职业体育运动员的体育收入、体育奖金等赛事竞技收入报酬征收的一种个人所得税。该税种是财产税的一种，不仅向主队运动员征收，还向客队运动员征收	
汽车旅馆税	专门对汽车旅馆或类似的功能场所征税，对租住汽车旅馆的法人和自然人征收的一种地方行为税	支持体育服务业发展
餐饮税	对拥有体育场（馆）、体育健身场所等体育设施周边餐馆等的法人和自然人征税。它是一种地方行为税	支持体育服务业发展
销售收入税	对专门销售体育器材、体育用品、体育设施等的法人或自然人征税。它是一种流转税	支持体育用品产业发展
财产税	对体育场（馆）、体育土地、体育设施等动产或不动产征税，它是一种地方财产税	支持体育基础设施发展
烟酒税	对职业体育俱乐部售卖的酒精、烟草等专门征收的一种独立税，它是一种典型的流转税	支持体育服务业发展
汽车租赁税	对汽车旅馆或汽车租赁业的法人主体征税，它是一种地方行为税	支持体育租赁业发展

续 表

征收税种	税收政策	扶持目的
更衣室费	它是一种地方附加税。美国一些州不征收具有财产性质的运动员所得税，而是征收一种附加性质的更衣室费，并与征收所得税等主体税种共同征收	附加税种；支持体育场（馆）建设

资料来源：王龙飞，王朋.税收政策在美国职业体育场馆建设中的作用及其启示[J].西安体育学院学报,2015,32（1）:33-39;戴美仙.浅谈美国职业体育税法及其启示[J].宁波大学学报（教育科学版）,2006,28（4）:75-77

（六）灵活运用财税激励政策支持公益性体育社团和中介机构发展

美国是当今全球的体育产业强国和大国，有众多体育产业门类的公益性体育组织、团体和机构，如全国棒球协会、美国橄榄球协会、美国篮球协会（NBA）等，这些非营利性机构的日常运营除了依靠会员缴纳的会费、社会募捐和企业赞助外，美国政府会对公益性体育社团采取直接财政拨款的方式，给予一定比例财政经费的官方资助。由表9-4可知，每年度或者全国大型体育赛季，全国或地方州会按照惯例举办不同体育项目的竞技联赛，此时，这些非营利性的各类专业体育协会组织或公益性社团均可向美国联邦政府或州地方政府申请体育财政援助项目，政府财政资金主要来源于联邦政府本年度公共财政预算、地方预算拨款、体育彩票发行收入等政府公共财政支出，但前提是必须经过政府律师部门和税务部门的严格审计。在税收支持方面，对非营利性的、自治性组织的体育社团举办的公益性群众体育活动、非营利性的公共项目和体育赛事活动以及用于社会化捐赠的活动免予征税；20世纪90年代，联邦议会通过的鼓励参与体育志愿服务的法案明确规定，对参与志愿服务的人员获取的有限酬劳低于每月500美元的，减免缴纳自然人所得税；对公益性组织或体育团体获得的合法收益或利润，给予2年返税额度的税收优惠，以确保非营利性组织从事各种类型的体育志愿服务。此外，对美国企业或体育基金会（如著名的洛克菲勒基金会）等非营利性组织支持公益性体育团体的志愿服务（包含社区体育、青少年体育以及环境保护等），可依法享受抵税的间接税收优惠；对众多的中小企业通过捐赠、捐助等形式为体育公共志愿服务提供的基础设施、资金以及人力等多种无偿支持，给予全额税收减免。❶

---

❶ 张京萍，陈宇.美国税制研究[M].北京：经济科学出版社,2017.

表9-4 美国支持体育社团与机构的财税政策一览表

资助对象	财政激励政策	税收激励政策
(1)公益性体育协会；(2)非营利性团体；(3)社会中介组织	(1)对公益性体育社团、组织、机构采取直接财政拨款形式，给予一定的公共财政经费资助；(2)非营利性的专业体育协会组织或公益性团体经过申请，可获得联邦或州地方政府公共财政预算资金的援助支持	(1)个人或单位对非营利性机构的无偿捐赠款在应纳税所得额中准予扣除；(2)企业捐赠税前扣除额不得超过应纳税所得额的10%；(3)个人捐赠税前扣除额不得超过应纳税所得额的50%；超出比例的捐赠，可累积5年之后结转扣除；(4)对参与志愿服务的人员获取的酬劳低于每月500美元的，减免自然人所得税；(5)对公益性组织或社团获得的合法收益或利润，给予2年返税额度的税收优惠

资料来源：杨信.促进我国体育产业发展的税收政策研究[D].南京：南京师范大学，2015.05；高旭.我国体育产业税收优惠政策的现状分析与对策研究[D].西安：西安体育学院，2014.06

（七）具有完善且独特的大学竞技体育业财政政策激励机制

美国体育产业繁盛的一个主要原因就是美国大学生运动员参加各类体育赛事和体育竞技的热情与积极性十分高涨。其体育竞技水平能够达到国际标准，经常代表国家队参加世界上的各种大型国际比赛，运动竞技成绩在全世界有目共睹。NCAA（即美国高校体育联盟）是成立于1906年且由6~16所著名高校组成的区域性体育组织，其宗旨是通过开展校际之间的体育竞技与赛事，促进具有运动特长的高校大学青年完成高等教育，以促进身心的健康与体育精神的发扬。美国高校体育联盟竞技体育经费来源充足，主要来源于高校联盟自身竞技比赛所获的创收收入和学校获得的各种政府财政预算补助，这是美国高校竞技体育财政运行的两大支柱。[1]一方面，高校联盟自身的创设享有联邦和某些州的税法豁免权利，一般减免公司税、个人所得税、房产租赁税等多种税收，进而较好地规避了联邦和州地方两级税法对其进行的法律征管[2]，无形中激励了高校竞技体育业的发展与繁荣。另一方面，在财政政策扶持上，美国高校各联盟的财政运作模式与NCAA类似，通过品牌赛事的市场化运作可获得巨额的财政补助，补助资金包括对竞技体育的

---

[1] 陈庆熙.美国高校竞技体育经费来源基本结构分析[J].上海体育学院学报，2012,36(1):15-18.

[2] 李丹阳,柳鸣毅,胡法信.美国大学竞技体育生存之道：坚持业余性[J].南京体育学院学报（社会科学版），2011，25(2):59-62.

直接补贴和间接补贴（体育场馆设施维护费用）两大部分，用于支付大学竞技体育维持和发展所需的各种日常训练、交通、医疗、会费、举办训练营、比赛、服务、奖励等各种开销。政府财政补助和学校自筹经费的相互支持带动了更多的社会民间资金注入美国高校竞技体育产业之中，不但为高校运动员提供了运动训练技能、人际交往、品格塑造和强身健体的机会，而且对提升各自大学的知名度、扩大优质生源、促进校园与周边社区的和谐发展具有很好的推动作用。这也是美国高校竞技体育业能够凭借发达且成熟的市场经济环境、良好的体育赛事竞技市场运营而获得强劲发展的有利条件。根据美国PAC 2016年公布的统计数据显示，美国高校参与体育锻炼的人数比2015年增加了12.7%。每年全美高校约有40万名学生运动员参加23个项目的校际竞赛，迄今产生了88个全国锦标赛团体冠军。❶

二、英国体育产业财税政策

英国是世界上的老牌资本主义强国，也是全球最早发展体育产业的发达国家，其体育产业起源于英国20世纪的"户外运动"，真正兴起于20世纪60年代，在全球得到认可并得以迅速拓展。随着"二战"后经济的快速恢复，英国中央政府确定了体育产业发展的主体方向，通过制定完善的法律法规支持体育产业的规范发展。随着中央和地方政府体育产业法律法规和政策激励的相继出台，中央政府制定并推行政策，地方政府成为体育产业发展的主要管理者，但地方政府的控制力与决定权又受到英国法律的制约。随着户外运动的普及，体育产业良好的经济基础、强劲的经济实力培育了一批强大的体育消费群体，助推全国体育消费。在实践中，英国体育产业社会化主要由市场和非政府组织（非营利性体育组织）共同掌控，在具体操作层面上由一些非营利性的中间组织承担。而且，英国成熟的体育职业赛事为体育产业发展注入了源源不断的动力。近30年来，英国体育产业总产值已从1987年的68.5亿英镑跃升至2016年的358.94亿英镑，并以年均10%的产业速度快速增长；同时，体育产业从业人员达到61.88万人，占英国就业总人数的2.16%，仅次于德国，表现出较强的吸纳就业能力。❷这充分说明英国体育产业的总体水平呈现稳步提升的良性发展态势，也表明体育产业已经成为英国国

---

❶ 陈庆熙，潘前.美国大学竞技体育财政运行模式研究[J].南京体育学院学报，2012,26(2):67-72.

❷ 姜同仁，张林.英国体育产业发展方式及其经验借鉴[J].西安体育学院学报,2016,33(2):129-135,158.

民经济的支柱性新兴产业。

（一）制定完善的法律、法规鼓励不同时期的体育产业发展

英国作为体育产业市场经济非常发达的国家之一，注重法律的制定、完善与尊重。英国政府认为，法律环境与法律习惯决定了体育是受法律保护的重要事业和执政的主要内容，并将体育法律、法规和体育规范融入国家政策体系之中。政府部门扎实推进相应的法治规程建设，树立司法的威信和企业的社会责任感，更为明显的是政府机构及组织在法治上对体育产业发展的真心与尊重。❶基于这一理念，历届政府始终保持着对体育产业的重视，英国在1894年颁布的《地方政府条例》和1906年实施的《公共场地开放条例》均明确要求政府财政须无偿提供公共体育场馆等体育基础设施；依据1937年颁布实施的《身体训练与娱乐条例》，联邦政府拨款200万英镑用于扩建体育公共场馆等体育设施，仅游泳场（馆）就修建了250个，在当时烽火连天的第二次世界大战时期，英国政府仍然维持着对体育产业的财政投入。1972年，政府制定的《体育供给计划》要求在全国推行公共体育设施财政服务的均等化，并适时提出了未来10年公共体育基础设施的远景目标。到20世纪80年代，英国开始注重推动公共服务的多元化和普适性发展，从重视区域性数量化供给向不同阶层（特别是弱势群体）的均等化供给转移。❷基于以人为本的理念，英联邦政府在1982年和1988年先后发布了《未来十年体育规则》和《90年代的社区体育》两部政策性指导文件并加以推进，极大地满足了不同目标群体的公共体育服务供给；自20世纪90年代起，英国借助国家产业战略的调整契机，大力发展职业体育、休闲健身等现代体育服务产业，使体育产业结构不断优化；2004年制定的《体育与休闲活动的空间规划》确定了全国体育休闲计划，力图改善地方居民的健康和经济状况。英国公共体育政策的有效实施确保了参与体育的人口数量的增加，无形中刺激了体育消费，推动了英国体育服务产业健康、快速的发展。

（二）完善体育产业风险投资的财税激励政策

同美国一样，英国作为老牌的资本主义体育大国，为降低企业行业的体育投资风险，英国政府十分重视体育产业风险投资的外部环境，从而制定了较为完善

---

❶ 黄卓,等.英国体育产业国家战略研究[J].体育文化导刊,2016(01):133-137.

❷ 姜同仁,张林.英国体育产业发展方式及其经验借鉴[J].西安体育学院报,2016,33(02):129-135,158.

的体育产业风险投资税收制度和税收优惠政策（表9-5），以活跃体育产业风险投资市场，降低体育产业投资风险，激励体育产业风险投资。

表9-5 英国体育产业风险投资的财税政策一览表

激励对象	财税优惠政策	优惠类型
（1）体育中小企业；（2）私人机构；（3）民间资本	（1）设立中央联邦产业发展基金，鼓励私人机构、中小企业、体育俱乐部、民间资本向体育风险企业投资；（2）颁布《援助法》，该法令规定了针对体育俱乐部给予不同层级、不同比例、不同规模的财政补助	财政补贴
民间私人投资机构	新创办的高新技术体育企业给予免征资本利得税和投资所得税	投资优惠
产业风险机构研发	（1）用于研发中的科研仪器、建筑物等的各种正常开支允许全额扣除；（2）产业风险投资研发购买的相关专利费用支出，按照25%的高税率给予8年连续特别扣除；（3）体育中小企业的风险投资可依照150%的高税贴率逐年余额扣除；（4）尚未实现盈利的体育中小企业，依照该企业年度研发费用的24%给予资金返还；（5）对企业的固定资产中用于贸易目的的机器及工厂支出，一般大型体育企业按125%进行所得税前扣除	期限优惠税率优惠

资料来源：武鹏.我国体育产业财税激励的构建[D].上海：华东政法大学，2015；王晓芳，张瑞林.中、英、日非营利体育组织税收优惠制度比较[J].武汉体育学院学报，2013（12）：18-21；王誉颖.公共财政视角下对美、英、澳三国公共体育支出的分析研究[D].济南：山东体育学院，2017.

在财政政策激励方面，英国政府设立了包括扶持中小体育企业在内的中央联邦产业发展基金，鼓励私人机构、中小企业、体育俱乐部和民间资本向体育产业风险投资；此外，英国联邦政府于2001年颁布了面向体育俱乐部提供发展的《援助法》，该法令规定了针对体育俱乐部给予不同规模、不同层级、不同比例的财政补助，法令要求联邦政府和郡地方政府给予体育俱乐部必要的公共资金扶持。

在税收政策优惠方面，一是实施私人投资机构的税收优惠。英国《公司法》规定，对私人民间机构投资新创办的高新技术体育企业给予免征资本利得税和投资所得税。二是实施足球俱乐部投资机构的税收优惠。英国有众多股东投资、私企投资、私人投资的体育机构和各种类型的职业俱乐部。英国的职业联赛俱乐部（如曼联足球俱乐部、利兹联队、约克郡板球俱乐部等）全球知名，收视率高，可看性强，经济效益好。英国议会于1997年7月通过了指导职业体育俱乐部入股上市的立法草案,立法草案和税收法规均明确规定,体育职业俱乐部成功上市3年之内的,免予征收30%的资本利得税。在此激励下,先后有42家知名足球俱乐部在伦敦金融中心的股票市场挂牌,选择风险投资市场和非自由交换市场上市交易❶,极大地减轻了英国体育职业俱乐部体育运营税收负担。三是实施产业风险机构研发的税收优惠。英联邦税法规定,体育企业用于技术研发的科研仪器、建筑物等各种研发开支允许全额扣除;因产业风险投资研发购买的专利费用支出,按照25%的税率给予8年期限的特别扣除;特别是体育中小企业的风险投资可依照150%的高税贴率逐年余额扣除;对尚未实现盈利的体育中小企业,按照该企业年度研发费用的24%给予资金返还。❷

(三)制定鼓励非营利性、自治性体育社团发展的税收优惠政策

英国的体育产业政策属于政府公共政策的范畴,体育社团非营利、公益性的活动不被列为英联邦课税的主体。这样一来,财税优惠政策不但成为政府扶持社会团体发展的主要措施,而且也成为规制、监督公益性体育社会团体运行的有力手段。❸由表9-6可知,英国对非营利性慈善机构的财税政策有以下几种。一是对体育社团用于捐赠的联邦税务局给予免税待遇。二是体育投资机构或者部门牵头组织的全国性或区域性职业体育竞技比赛,得到非营利性英国慈善委员会的同意,属于公益性慈善机构的盈利所得,其收入免征公司税。三是英国职业化的体育竞技比赛等职业联赛售卖的入场费全部作为奖品,以及为体育运动而设立的非团体组织,联邦税务局给予免税的待遇。四是根据纳税人收入来源性质实施差异化的税收优惠。①属于商业性、营利性质的体育团体和体育比赛的主办单位,其所得的各种收入均须全额纳税;②属于非营利性的体育社团主办的体育竞技比赛,相应征收10%~24%的税收。❹五是英政府于1993年将体育健身娱乐业归类为体育非营利性团体组织,享受税收优惠。对私人俱乐部等商业社团一般须全额征税,但通过"统一经营税"可获得地方政府对社区组织和体育组织征收财产税的减税优惠。

---

❶ 任保国,等.对中国体育产业风险投资、风险控制和管理问题的研究[J].北京体育大学学报,2005,28(09):1162-1165.

❷ 王誉颖.公共财政视角下对美、英、澳三国公共体育支出的分析研究[D].山东体育学院,2017.6.

❸ 王志威.英国体育政策的发展及启示[J].上海体育学院学报,2012,36(01):5-10.

❹ 王晓芳,张瑞林.中、英、日非营利体育组织税收优惠制度比较[J].武汉体育学院学报,2013(12):18-21.

六是纳税人向体育慈善社团或非营利性组织的捐赠享受相应的税收优惠。例如，①自然人向公益性的体育慈善社团的货物、商品捐赠，可在其应纳税所得额中全额扣除；②自然人给予的货币捐赠依法按照10%的优惠税率减免纳税；③非营利性体育慈善社团可从联邦税务部门获得部分税收返还；④法人企业对非营利性、公益性的体育慈善社团的货币、股票捐赠可全部从应纳税额中税前扣除。❶

表9-6 英国支持非营利性慈善机构的财税政策

支持方式	财税激励内容
免征额	（1）体育社团非营利、公益性的活动，如用于捐赠的则给予免税待遇；不将体育企业列为纳税主体予以课征；（2）职业联赛入场费全部作为奖品和为开展体育运动而设立的非营利性团体组织，给予免税优惠
免征额	体育投资机构或者部门牵头组织的体育竞技比赛得到非营利的英国慈善委员会同意，属于公益性慈善机构的盈利所得，其利润所得免征公司税
税率优惠减免优惠	（1）体育职业俱乐部成功上市3年之内的，免予征收30%的资本利得税；（2）被税务机构认定为慈善机构的体育风险投资组织，予以免征公司税和投资税
税率优惠	（1）属于商业公司性质的体育团体和体育比赛主办单位，其所得的各种收入均须全额纳税；（2）属于非营利性质的体育社团主办的体育竞技比赛，相应征收10%~24%的税收
财产优惠	体育健身娱乐业归纳为体育非营利团体组织的，享受税收优惠
捐赠优惠	（1）自然人向公益性的体育慈善社团的货物捐赠，可在其应纳税所得额中全额扣除；（2）自然人给予的货币捐赠按照10%的税率减免纳税，并可获得税收返还；（3）法人企业对非营利性体育慈善社团的货币、股票捐赠，准许全部从应纳税额中税前扣除

资料来源：王晓芳，张瑞林.中、英、日非营利体育组织税收优惠制度比较[J].武汉体育学院学报，2013（12）:18-21;曹可强,刘新兰.英国体育政策的变迁[J].西安体育学院学报，1998（1）:13-15

（四）加强对职业体育产业发展的财政扶持力度

与美国不同，英国设有文化传播体育部（Department for Culture, Media and Sport,DCMS），这是政府管理职业体育规划、体育产业发展的行政机构。在其内部设有英国体育局（Sports England）等专门的附属体育机构。英国体育局的宗旨是开展全面健身运动、全民体育、职业体育和对全国体育运动情况进行监控与管

---

❶ 曹可强,刘新兰.英国体育政策的变迁[J].西安体育学院学报，1998(01):16-19.

理。英国体育局的主要职责是通过国家管控帮助国人养成终身体育运动习惯，维护当前的体育规定和保护当前的体育设施，提供政府资金并负责发展儿童、青少年、成人及老年人的体育活动，衡量并评价国人参加体育锻炼人群的成效等。可见，英国官方体育机构不但对体育进行日常的监督和管理，而且在高度发达的体育市场经济的运行下，政府出资的体育机构（如文化传播体育部、英国体育局、英国体育总会、英国反兴奋剂中心等）掌管着英国议会授权的每年超过20亿英镑的公共财政资金和政府财政基金，人均在30英镑左右。❶这些体育机构凭借英国比较发达且成熟的体育市场，运用政府财税资金大力支持大众体育和发展群众基础性较强的单项体育运动。通过政府持续引导、财政强力扶持和行政适度干预，大力发展区域性体育产业经济。对体育项目群众基础好、开展广泛、普及性高的英式橄榄球、足球、板球等优势体育产业项目，政府采取常规性的监督管理，使其在自由市场经济中运营而不进行行政干预；对推广缓慢、普及性弱、大众参与少、人们不熟悉的Netball等运动，政府出资的体育机构给予必要的公共财政投入补助，使其做大做强。近年来的数据表明，英国体育产业发展每提升1%，就会带动本国经济总量水平上升0.83%。❷此外，为鼓励职业竞技体育的快速发展，英联邦政府对职业运动员征收较低的自然人税，尤其是在欧洲五大足球联赛中，外籍运动员在英国缴纳的自然人税是最低的，因此英国被外籍职业球员称为"税收天堂"。

（五）优化中小体育用品企业技术创新研发的财税激励政策

英国政府非常重视对中小体育用品制造业的技术创新扶持。通过实施针对性的财税激励政策推动形式多样的产学研合作，以产学研促进科研成果的市场化与产业化。在财政激励方面，2008年至2010年的3年间，英联邦政府连续投入10亿英镑用于中小企业技术研发创新；英国政府于2011年发布的一项7500万英镑的定向激励计划，旨在帮助规模较小的企业雇主参加高级学徒计划。为推进各类高校与体育行业企业的产学研深度合作，英国政府在2012年财政资助9所依托高校创办的新型体育制造业中心，并资助1项新的高校制造业奖学金计划。在税收激励方面，英联邦税法规定，研发投入在1万英镑以上的企业均可享受科技研发税收减免政策。同时，英国财政部简化小型体育企业行动方案的预审批程序，推

---

❶ 鲍明晓.中国体育产业发展报告[M].北京：人民体育出版社,2016:61-108.

❷ 杨双燕,许玲.英国体育文化创意业发展及对中国体育产业的启示——基于主导产业扩散效应理论视角[J].北京体育大学学报,2015,38(1):45-56.

广"线上"税收抵免间接税收优惠,以持续激励体育行业企业的技术研发活动。自 2011 年 4 月开始,英政府将体育制造企业中机械、设备等短期固定资产的免税额期限从 4 年延长至 8 年。在这些财税政策的激励下,英国政府对英国中小体育企业研发投入的减免税总额超过了 10 亿英镑❶,进一步提升了中小体育企业产品研发的税收激励实施效率。

纵观英国的体育产业发展,英国不愧为传统体育项目的发源地和全球体育强国,这得益于其现行体育架构、体育体制和财税宏观调控政策的客观存在。体育产业中大众体育业的普及、职业竞技体育业的繁荣、社区体育业的完善、体育产业研发能力的增强、体育产业产值的逐年增加、其社会影响力和国际影响力的提升以及其在英国经济中的独特作用,这些均离不开政府财税宏观经济政策的持续扶持与激励,政府财税宏观经济政策必将对英国体育产业的发展产生积极的推动作用。

三、欧洲联盟体育产业财税政策

欧洲联盟(European Union),简称欧盟(EU)。欧洲联盟是由欧洲共同体发展而来的,现拥有 28 个会员国,是欧洲规模和影响力最大的区域性经济合作国际组织。作为全球最重要的一体化、区域性的国际经济政治组织,其制定的制度对其他国家和国际组织都有一定的影响力,其经济发展水平与社会文明程度举世瞩目。欧盟是世界上体育产业经济十分发达的地区,尤其是在竞技体育领域展现出无与伦比的产业优势。总体看来,欧盟近年来总体的体育产业产值占其年 GDP 的 4%以上❷,由此可知,体育产业活动给欧盟带来了经济社会的发展和就业市场的繁荣,这与联盟各国财税经济政策的宏观调控与激励是分不开的。

(一)欧盟各国均有专门的体育机构和体育法律调控政策体系

欧盟国家的体育经济产业政策多为间接性干预,大多利用市场引导的方式促进体育经济发展。欧盟有一套政府体育协调管理机构和一系列日臻成熟、规范的体育法律、法规和制度体系,负责协调和管理欧盟各国体育竞技运动和各个体育产业门类,欧盟各国政府与非政府组织构成了一个比较复杂的运作监管系统。

一方面,欧盟在体育组织机构设置上主要包括:①欧盟委员会、欧洲体育发

---

❶ 刘为坤,缪佳,张萌萌.英国体育影响世界竞技体育的多维阐释——兼论英国体育形成动力、特征及世界贡献[J].南京体育学院学报(社会科学版),2017,31(6):38-42,56.

❷ 张斌.欧盟一体化进程中体育政策研究[D].杭州:杭州师范大学,2015.

展委员会、欧洲体育论坛和欧洲体育部长理事会等欧盟体育业监督管理的政府机构和拥有立法权的政府性专门组织；②欧洲奥林匹克委员会、欧洲体育联合会、欧洲非政府体育组织、欧盟各国内部设立的国家奥委会、体育协会等非政府性体育组织；③欧洲体育会议、欧洲体育教育就业互助组织、欧洲体育科学学会等官（政府）民（非政府）性质的混合型体育组织。这三类官方和非官方的体育专门机构促进了欧洲体育科学研究、体育产业的发展。[1]当然，欧洲拥有全球发达的自由市场经济，这决定了欧盟依照市场经济规律和市场供需发展体育产业经济。因此，欧盟体育产业的发展主要依靠非政府组织自我协同、市场调节、自我发展，政府组织主要创造支持性的、良好的外部经济环境，营造宽松的社会环境，强化对体育业的服务与宏观调控，间接管理与激励体育产业发展。

另一方面，欧盟有完善的体育法律、法规与政策体系。随着欧盟一体化的不断扩大与进一步深化，体育产业在欧盟国家中的必要性和重要性凸显。欧盟于2004年一致通过并签署了《欧盟宪法条约》，首次将发展体育竞技运动产业写入欧盟条约体系中。该条约明确提出，建立一个旨在保证不违反共同体育经济市场内的竞争制度。竞争法规在欧盟竞争法体系中具有最高的指导性法律效力。随后发布的《里斯本条约》规定，欧盟的教育、健康、青少年培养基金给予体育统一的财政资助；欧盟1997年11月在荷兰阿姆斯特丹发布的第29号宣言和2000年4月发布的《尼斯宣言》均强调体育运动经济与欧盟法律之间的相互关系。[2]可见，欧盟法是引领和指导体育产业的最高法律规范。在体育产业实践中，欧盟委员会和欧盟部长理事会均以欧盟法为基准，制定各国统一实施的体育规章制度和指令决定。值得一提的是，欧洲法院中许多与体育产业相关的判决裁定均遵守欧盟法的规定。可见，欧盟完善的法律适用并服务于体育运动产业经济，在法定范围内发展国家之间的体育竞技运动产业成效显著。

（二）制定扶持体育经济活动的财政资助国家援助政策

欧盟提倡各国体育竞技运动产业经济活动的国家资助，但资助并不是对体育经济活动的所有领域和产业门类"撒胡椒面"式的全面资助，而是有选择、有步骤、有针对性地给予体育产业国家援助。欧盟体育的国家财政援助一般分为欧盟层面的国家体育援助和各成员国内部的国家体育援助两种类型。一方面在欧盟层面的国家体育援助中，欧盟乐于为体育产业及体育经济活动提供相应的财政资

---

[1] 魏统朋,陈丽.欧盟体育对我国建设体育强国的启示[J].体育研究与教育,2013,28(4):9-13.
[2] 黄世席.欧盟体育与法制的关系研究[J].武汉体育学院学报,2009,43(5):26-31.

金，但在实践中，欧盟没有出台直接的体育公共财政补助基金计划，而是通过间接补助计划将体育经济活动纳入政府的资助范围。2007年12月13日签署、2009年12月1日正式生效的《里斯本条约》(《新欧盟宪法条约》)第165条规定，鼓励欧盟对体育经济活动采取特殊的补助计划，以完善欧盟对未来体育的发展方向，对体育在社会方面和经济方面予以公共财政补助。❶为此，先后出台了欧盟财政补助基金、欧洲公民计划、欧盟青年行动计划、DAPHNE计划、欧盟终身学习计划、健康计划等多个欧盟总部制定且利于体育竞技活动的国家财政援助政策。在表9-7所示的诸多计划中，有用于青少年体育交换学习、青年志愿者体育技能宣传与活动补助的欧盟青年行动计划；有专门针对不同领域的资助方案与条件，给予需要资助的体育组织欧盟终身学习计划；有通过财政援助鼓励欧洲居民积极参与体育经济活动，降低基层体育组织日常运营成本的欧洲公民计划；有将体育结构基金分为投资回报较为稳健和投资回报风险较大两类，并实施分层管理公共体育场馆等体育设施的结构基金计划（structural funds）；有支持与体育相关休闲健康体育活动的健康计划；还有预防体育领域暴力行为等间接援助体育活动的DAPHNE计划等。另一方面，在欧盟成员国层面的国家体育援助中，欧盟委员会制定了针对成员国在体育领域财政援助给予专门的指导性方针。在此方针的指导下，多数国家由公共财政出资成立的政府公共基金，主要补助公共体育场馆、公共体育设施等的建设与维护，以及基层体育俱乐部运营。同时，政府确保成员国内部可以公平公正的提供公共基金援助，担负监督国家领域补助实施，并着手欧盟未来体育经济活动的资助方案。需要说明的是，由于体育补助的特殊性和复杂性，欧盟法律禁止直接补助某个行业企业，否则被认为非法。然而，欧盟对成员国在体育领域的财政援助给予特别豁免，这就使欧盟成员国直接援助体育经济企业或者体育组织成为可能。❷

表9-7 欧盟支持体育经济活动的国家财政援助政策

支持项目	财政资助内容
欧盟体育补助基金	（1）欧盟鼓励国家对体育采取特殊的补助计划；（2）在体育的社会方面和经济方面给予必要的补助
欧盟终身学习计划	欧盟投入约70亿欧元的财政经费用以支持体育教育与训练相关的活动，给予需要资助的非营利性体育组织财政资助

❶ 张斌.欧盟一体化进程中体育政策研究[D].杭州：杭州师范大学，2015.
❷ 范治蓬.欧盟草根体育资金来源现状研究[D].北京：首都体育学院，2013.

续 表

支持项目	财政资助内容
欧盟青年行动计划	欧盟10年投入近9亿欧元资助13岁到39岁之间青少年的体育竞技培训与训练
欧洲公民计划	针对规模较大的欧盟基层体育组织，各国给予公共财政较大幅度的资助
欧盟结构基金计划	政府补助欧盟相对落后地区公共体育设施的安装与维护，缩小欧盟范围内体育设施服务之间的差距，使之均等化
欧盟健康计划	欧盟投入3亿多欧元辅助支持体育休闲健康相关的产业活动，构成欧盟健康计划的主要部分
欧盟DAPHNE计划	政府并不直接对体育产业活动进行财政补助，而是通过间接援助并预防体育产业领域中虐待妇女、儿童等的暴力行为
欧盟成员国的国家补助	（1）设立政府公共基金，确保为各成员国内部提供公平公正的政府财政补助，用于补助公共体育设施建设以及基层体育俱乐部运营；（2）欧盟对成员国在体育领域的财政补助给予特别豁免

资料来源：张斌.欧盟一体化进程中体育政策研究[D].杭州：杭州师范大学,2015

（三）欧盟制定完善的支持各国职业体育俱乐部（组织）发展的税收政策

随着欧盟法律政策环境的不断优化和政策理论的不断完善，体育竞技运动在欧盟法律中的重要性与日俱增。当欧盟体育竞技运动产业以一种商业化的方式发展时，须符合欧盟法范围内的产业经济活动，特别是应遵守四大基本经济原则和《里斯本条约》第81至89条竞争法的有关规定。又如，《里斯本条约》第36条规定，欧盟经济共同体的行动之一是"建立一个旨在保证不违反共同市场内的竞争的制度"，欧盟体育领域的竞技运动产业经济以开放式的职业体育俱乐部（组织）为主体，以各类体育职业联赛为核心，以职业联盟治理为运营模式，以组织预算软约束和新球队准入无限制为体育竞技运动商业（产业）化。实践证明，欧盟各国职业体育俱乐部（组织）的发展符合欧盟发达且自由的体育市场经济发展的运行规律，而且欧盟国家体育俱乐部均是不以营利为目的的社会公益型团体，其开展体育经济经营活动的目的是筹集发展经费。从这个意义来看，为促使欧盟体育组织提高自我生存、自我发展的运营能力，欧盟多国根据各类体育组织的具体境况与体育竞技运动产业的发展实际，给予相应的公共财政经费补助，体育竞技运动产业财政拨款政策具有明显的引导性和导向性。如表9-8所示，法国议会1997年7月制定并通过了指导法国职业体育俱乐部的立法草案，其中一项规定，鼓励法国职业体育俱乐部借鉴意大利和英国的实践操作，实施资本发展策略，鼓励其俱乐部进入股市，给予其免征资本利得税的优惠待遇；德国的体育俱乐部行业发展非常成熟，其拥有门类众多的体育俱乐部，其中，体育健身娱乐产业在德国体育俱乐部（组织）中所占比重与地位最高。德国《公司纳税法》规定，依据职业俱乐部（组织）年度利润总额的盈利标准额确定其享受的减免税额；针对俱乐部为上市公司的，可以保留一定比例的预留税金作为其发展资金使用；意大利职业俱乐部运营十分成熟，其法律规定了各类职业俱乐部在大区税（IRAP）基础上依据本地区情况下调税率，并给予某些区域更大的税收立法权与征税权；比利时相关税法规定，对职业俱乐部与体育相关联的服务项目免征娱乐税，鼓励体育及其相关产业发展；葡萄牙税法规定，外籍人士在本国俱乐部担任球员可享受一定比例个人所得税扣除的优惠待遇；西班牙被认为是吸收世界顶级足球俱乐部和运动员的目的地，制定有著名的"贝克汉姆法案"（2003年），该法主要针对外籍球员的转会收入和盈利收入给予相当于本国球员近50%自然人税的减免优惠。以上欧盟成员国的税收激励措施不但有效缓解了职业俱乐部的债务问题，而且使俱乐部的外援质量和体育品牌均得到显著提升，并享誉国际。

表9-8 欧盟支持职业体育俱乐部（组织）的财税政策

欧盟国家	税收优惠政策
法国	法国职业体育俱乐部能够达到国家标准的成功改制为上市公司，并给予3年免征30%的资本利得税
德国	（1）职业俱乐部（组织）年度利润额低于3835欧元的，免于纳税；（2）体育俱乐部上市公司在前一年度的资金流转额不超过3068欧元，该俱乐部上市公司有权保留应纳税流转资金的7%作为预留税金
意大利	（1）各类职业俱乐部在大区税（IRAP）统一税率3.9%的基础上，各大区有权根据本地区情况在1%的幅度内下调税率；（2）自治性较高的西西里大区拥有更大的税收立法权和减免税收权，可以颁布法令减免职业俱乐部在西西里并未开征的征税税种
比利时	对体育相关联的俱乐部服务项目免征娱乐税

续 表

欧盟国家	税收优惠政策
葡萄牙	入籍本国俱乐部担任球员且符合一定标准的外籍人士，可以享受在10年内上缴20%个人所得税的税收优惠政策（RNH）；如果在外国工作，所获收入10年内享受葡萄牙个人所得税的全额豁免
西班牙	"贝克汉姆法"规定，2005年至2010年的5年间，允许外国球员不必承受过高的赋税，给予符合条件的外籍球员仅需缴纳24%优惠税率的自然人税，而本国球员须缴纳高达43%税率的自然人税

资料来源：杨信.促进我国体育产业发展的税收政策研究[D].南京：南京师范大学，2015；杨卫东，蔡骞.软法视野下的欧盟体育政策[J].体育学刊，2012(01):66-68；姜同仁，宋旭，刘玉.欧美日体育产业发展方式的经验与启示[J].上海体育学院学报，2013(02):19-24

（四）实施以体育竞技运动经济为导向的财政激励政策

实施以体育竞技运动经济为导向的财政激励政策包括以下几点。一是欧盟支持各国综合性体育组织和单项体育组织的自身建设与发展，政府财政补助政策具有明显的倾斜导向性。一方面，针对综合性体育组织的财政政策激励。法国2012年支持本国体育协会自主经营独立，联邦政府每年向80多个单项协会财政补贴0.61亿法郎，其中0.46亿欧元补贴25个国际奥运会竞技项目协会，0.153亿欧元补贴本国特色体育竞技项目协会。可见，欧盟各国特别重视奥林匹克高水平竞技项目和运动产业的高质量发展，并给予相应的财政倾斜政策。另一方面，针对单项协会等体育组织的财政政策激励。根据单个体育项目自身发展的实际需要给予差异化的财政补助。例如，意大利政府于2011年对本国足球协会的财政补助占其经费总收入的11%；德国政府对曲棍球协会的补助占该协会总经营收入的91%；法国政府对现代五项协会的财政补贴占该协会总运营收入的97%。与此同时，依据欧盟《契约管理法》，各成员国对各类单项协会实施必要的财政补助进行检查、监督与调控。❶ 二是制定促进节能环保的体育竞技运动产业财税优惠政策。2010年发布的《欧盟体育白皮书》明确指出，在体育竞技运动产业及其管理中注重保护环境十分必要，有助于体育和社会的协调发展。为此，德国加强了与体育运动业相关的环境教育，并利用体育及其相关运动产业税收优惠政策，鼓励群众体育这类环境保护和低碳的休闲娱乐消费。政府通过直接财政拨款的方式，对绿色环

---

❶ 杨卫东，蔡骞.软法视野下的欧盟体育政策[J].体育学刊，2012,(01):66-68.

保体育产品生产者提供低息或优惠贴息贷款;通过强化本国垃圾税、环境污染治理税的征管,为生产低碳环保体育器材的法人企业给予税收抵免等税收优惠;通过强化政府监管,实施体育绿色采购、购买公共体育产品和服务,确保体育产品与服务需求和授权的采用率、价格控制等达到节能激励之目的。三是灵活运用财税政策激励大众体育消费快速增长。由表9-9内容可知,西班牙特别重视群众体育消费,体育博彩是西班牙体育经费的重要来源,因而运用体育博彩政策鼓励群众体育消费;意大利主要运用体育产业政策鼓励大型体育经济活动,进而拉动广大民众的体育消费;德国联邦政府运用一系列发展体育的税收优惠政策,特别采用各种博彩鼓励广大民众的体育消费;法国运用多种税收政策激励本国体育消费;瑞典政府直接采取财政拨款支持群众体育休闲服务业发展。

表9-9 欧盟鼓励社会民众体育消费的财税政策一览表

欧盟国家	税收政策
西班牙	(1)西班牙颁布的《西班牙体育法》第17条第3款和第4款规定,体育博彩是促进体育消费活动经费最重要的来源;(2)依据西班牙税法的有关规定,向体育活动业提供赞助的法人公司在税收政策上给予特殊的税收政策。一般按照企业收入的10%作为法人税,但如果赞助商无论是赞助运动员个人,还是公益性体育组织,均免征公司法人税(即企业所得税);(3)为修建公共体育设施,鼓励体育出版活动、影片制作提供资金的公司,该资金获取的15%可从公司收入税中予以减免
意大利	意大利政府注重为一些规模较大的体育产业计划提供财政资助,特别是重大的体育比赛,与宗教和市政有关的体育产业计划提供必要的政府资助;(2)意大利政府对体育运动税制进行改革,专门针对业余体育休闲活动提出盈利纳税法案(1986年),为体育组织实行减税政策,同时,简化了体育志愿协会和非营利性协会的税收会计程序;(3)意大利足球门票收入的征税,依据每场比赛价值15%~50%的税收标准减免课征
联邦德国	德国《公司纳税法》规定:(1)对非营利性的俱乐部和协会实行减税,体育俱乐部和体育协会的捐赠者减免年度个人所得税;(2)俱乐部可以免费或者以很低的价格使用体育场,并减免企业所得税;(3)德国有关税法规定,各种博彩活动收入的25%返还博彩者用于体育消费,另外25%的盈利收入须提供给各种福利机构和体育组织用于发展体育运动;(3)专门设计的体育彩票Gluckspirale所获收入全部由体育组织支配,并免予征税

续 表

欧盟国家	税收政策
法国	（1）慈善机构主办的体育比赛免征公司所得税；（2）非营利性体育团体主办的体育比赛也免征公司所得税；（3）企业于公共体育场馆取得的收入在一定幅度内给予减税；（3）企业无论是赞助体育比赛承办机构，还是运动员，均可视为企业为制作广告的支出，在计算公司所得税时，予以相应的税前扣除优惠；（4）职业球员的个人所得税扣除社保费、月纯收入后仍然低于所缴纳的个人所得税的，免予纳税；（5）为支持业余体育运动发展，对体育赛事电视转播交易收入征收的附加税给予免税的待遇；（6）机构主办的体育比赛活动取得的收入给予免税的优惠
瑞典	政府对体育运动业实施的是高福利性政策，对非营利性基层体育俱乐部由国家财政拨款，支持群众体育业快速发展

资料来源：高旭.我国体育产业税收优惠政策的现状分析与对策研究[D].西安：西安体育学院，2014；杨卫东，蔡骞.软法视野下的欧盟体育政策[J].体育学刊，2012(01):66-68；张斌.欧盟一体化进程中体育政策研究[D].杭州：杭州师范大学，2015；赵宏，王斌.欧盟体育法律政策研究[J].体育文化导刊，2011(08):19-21

四、日本体育产业财税政策

国土面积不足 38 万平方公里的日本是世界上成熟的资本主义市场经济发达国家。日本将近代体育作为西方文明的优秀产物加以发展，为体育产业增添了新的元素。目前，日本的体育产业主要包括体育用品业、体育建筑业、体育游戏软件业、体育场馆出租业、体育产品制造业、健身娱乐业、体育产品流通业、体育服务业、体育广告、体育赞助以及职业体育产业等内容。时任日本经济产业省服务产业课课长平田竹男 1990 年出版的《21 世纪体育远景》一书，首次从政策的角度正式提出了"体育产业化"的内涵。以此为发展契机，日本体育产业总产值位居美国之后，2016 年日本体育产业总产值为 15 兆日元，约合 1450 亿美元，大约占日本 GDP 的 2%，排名全球第二，若以"人均体育消费"这一指标来衡量，日本则稳居世界第一。[1]日本所获得的体育产业成就除了依靠发达的市场机制，通过自发经济调节外，政府主导与扶持体育产业发展的特征也很彰显，政府制定了包括财税调控政策在内的一系列政策为体育产业提供发展便利，是日本体育产业快速发展与繁荣的重要原因之一。

---

[1] 田福蓉.政策工具视角下的日本公共体育政策分析[D].济南：山东体育学院，2017.

(一) 高度重视体育立法，具有完善的体育产业法律、法规、政策体系

日本发达的体育产业得益于深厚广泛的社会基础和法制保障。政府制定完善的法律、法规、政策等对体育业的发展给予必要的立法规范与推动，确定权利和义务，引导与调节包括体育产业在内的体育业的发展规范。同美国一样，秉承发达的体育市场经济体系，日本并没有设置专门的体育政府行政部门，其体育行政管理职权被分散到教育、文化、外交、军事等多个政府部门，在地方管理上体育隶属于教育部门管辖。现任日本内阁总理大臣、自由民主党总裁的安倍晋三为了申办 2020 年夏季奥运会，日本政府于 2015 年 10 月 1 日创办了一个统管体育产业的政府机构——日本体育厅。其目的是通过《体育基本法》促进体育的地域活性化，向日本国民普及奥林匹克理念，提供全民健民机会，建设健康长寿社会。

作为一个高度法制化的国家，日本立法先行，科学严谨的国家立法利于体育产业的健康规范发展。日本自 20 世纪初已经颁布了多条体育产业法律法规和一系列宏观政策。由表 9-10 可知，早在 1961 年，日本颁布了第一部体育法律——《体育振兴法》，明确日本国体育振兴的基本政策措施，为促进身心健康发展而进行的竞技比赛和体育锻炼，创造可供广大国民参加体育运动的条件，以求贡献于国民身心健全发展、形成明朗而充实的生活，达到促进国民身心健康发展的目的。随着时代的发展，日本围绕《体育振兴法》不断出台了相关法律和配套的扶持政策。例如，《关于增进国民健康和体力对策》（1964 年）、《关于普及振兴体育的基本策略》（1972 年）、《关于面向 21 世纪的体育振兴策略》（1989 年）和《体育振兴基本计划》（2000 年）等。这些法律政策均强调业余体育和全民健身的重要性，这造就了日本体育产业的高度繁荣。❶ 为纪念 1964 年成功举办的东京奥运会，日本将每年 10 月份的第二个星期一确定为国家法定节假日——"体育节"，赋予体育法律地位。鼓励所有体育组织、社会团体、学校和企业组织群众参加各种体育运动。为进一步推广体育运动，日本于 2010 年将国民的终身体育上升为国策，推出了《日本体育立国策略》。面对老龄化、少子化，医疗开支扩大以及体育纠纷增多等社会问题，日本 2011 年制定并出台了《体育基本法》，它是日本体育史上的体育大法，具有重要的里程碑意义，标志着日本公共体育政策的进一步成熟，更具有划时代的意义。❷ 2017 年，日本体育厅以《体育基本法》为基准，出台《体育

---

❶ 景俊杰，肖焕禹. 21 世纪日本体育政策的发展及启示[J]. 上海体育学院学报，2014，(1):31-35,40.

❷ 范威. 日本《体育基本法》特征及启示[J]. 西安体育学院学报，2013(5):531-535,559.

基本规划》(2017年4月—2022年3月),提出体育立国是其最大使命,力争全体国民参与体育,改变人生,改变社会,走向世界,促进日本体育产业的高度繁荣。

表9-10 日本支持体育产业发展的法律法规政策一览表

颁布时间	法律名称	政策内容
1961年	《体育振兴法》	鼓励学校体育和社会体育的振兴措施,重视对业余体育实施振兴,这一出发点直接造就了日本体育产业的持续繁荣
1964年	《关于增进国民健康和体力对策》	强调业余体育和全民健身的重要性,鼓励体育经营者成立非营利性组织,以在发展过程中享受各种产业优惠政策
1972年	《关于普及振兴体育的基本对策》	官方主导型的体育行政已经不能适应时代的需要,强调业余体育和全民健身的重要性,振兴体育产业需要充分发挥民间力量,大力发展社会健身娱乐产业,促进日本体育产业的发达与繁荣
1989年	《关于面向21世纪的体育振兴策略》	认为21世纪的体育发展目标已经变为终身体育。强调职业体育和全民健身的重要性,最终促进日本体育产业的高度繁荣
1998年	《体育振兴彩票法》	日本基于社区公益性体育活动发展的需要,计划利用体育彩票提供的财源,在全国主要的社区建立综合型体育俱乐部1万个,并通过低会费或免费来吸引居民参加俱乐部的体育活动
2000年	《体育振兴基本计划》(2001—2010年)	强调日本全民休闲健身产业的重要性,提出21世纪的体育发展目标已经变为终身体育。支援和支持体育训练,体育俱乐部的浴室、休息室、信息传播和科研交流等,提高竞技水平不可缺少的侧面支援政策,促进日本体育休闲健身产业的高度繁荣
2000年	《体育振兴彩票制度》	政府加强体育彩票管理,运用财政预算对体育产业给予政府补贴,推进体育产业振兴
2002年	《有关经济财政运营和结构改革的2002年基本方针》	未来保健、体育、时尚、娱乐、音乐等领域有望将市场扩大到全球范围,应推进其产业化进程

续表

颁布时间	法律名称	政策内容
2010年	《日本体育立国策略》	日本法律第一次明确提出公民体育权的概念；通过体育实现幸福美满的生活，是所有人应被保障的权利之一；日本行政机关应从税收、财源、人力资源等方面为体育产业提供更多优惠；全力打造"综合型社区体育俱乐部"，由社区体育俱乐部承担社会体育推广的主要职责
2011年	《体育基本法》	围绕"八大理念"，强调体育权利，明确责任义务；探索建立体育行政机构，弥补部分法律空白，提高体育产业的地位和作用。确保全民健民机会，建设健康长寿社会，通过体育促进地域活性化
2017年	《体育基本规划》	提供真正符合需求的体育休闲健康服务，推进体育生活化，重视社区体育建设，注重各部门协作，努力保障每一个人的体育权利等，提高体育基本服务的自给和生存能力是政策的基本规划

资料来源：范威.日本《体育基本法》特征及启示[J].西安体育学院学报,2013(05):531-535,559；景俊杰,肖焕禹.二战后日本体育政策的历史变迁及借鉴建议[J].体育与科学,2013,34(02):107-110；张林芳.论当代日本体育政策[J].体育文化导刊,2013(03):21-24

（二）制定完善的体育服务产业财税激励政策

日本政府十分重视体育服务产业的发展，认为其是为广大消费者提供体育服务设施、服务方式、服务手段、服务环境等物质条件的产品和服务的经济交易服务过程。日本体育服务产业的财税政策激励内容广泛而丰富，主要涵盖公共财政资金投入、体育科学研究、体育人才培养、体育场馆设施建设和提供体育信息服务等内容。具体讲，一是在体育资金投入方面，政府直接对体育产业经济活动给予必要的公共财力支持。二是在体育科学研究方面，政府支持日本国体育科学研究，为日本体育科学研究提供必要的经费。三是在体育场馆设施建设方面，建造适合民众体育锻炼的公共体育场馆或公共场所等基础设施建设等，支持广大民众休闲娱乐体育产业的发展。四是在体育信息服务方面，政府收集整理了国内外有关体育事业发展的信息，通过财政公共预算支出，加强建设体育信息网络、数据库等，为日本体育产业的发展提供公共财政信息服务等。五是在体育人才培养方面，为日本国优秀体育竞技人才的选拔、培养创造或提供必要的发展环境、财政经费、优惠政策等供给型的政策工具。六是在政府体育采购方面,利用国家财政性资金和财政借款向国内外购买体育产品和服务。另外,日本体育产业的资金主要来源于国家和地方政府的财政预算、体育振兴基金、国营体育比赛彩票(赛马、赛艇、自行车赛、摩托车赛)、体育振兴彩票收益金、民间团体的赞助等。财政预算来自于税收收入,在日本中央政府的政府预算中,与体育产业相关的内容包括"体育振兴产业""健康促进产业"和"都市公园公共体育产品建设"等。[1]例如,《体育振兴彩票法》(1998年)和《体育振兴彩票制度》(2000年)均提出了为日本振兴体育产业提供充足的公共财政资金支持。自2002年始,每年从体育彩票发行的收益金中给予振兴体育产业一定的财政拨款,对全国体育社团的体育振兴活动给予政府补贴。此外,历届政府充分利用和发挥社会保险、商业保险的优势,长期给予职业运动员和国民健身人员提供体育社会保障、国民健身的政府财政补贴扶持。

(三)具有完整的、可操作性的体育产业税收优惠政策

日本的税制主要包括法人税、法人事业税、个人事业税、消费税、关税、高尔夫球场使用税、土地税、个人所得税、不动产所得税等中央和地方税种(表9-11)。一方面,在税种征收上,日本中央政府开征有针对企业、团体或组织的法人税,法人税法将作为纳税人的法人可分为国内法人和国外法人两大类。作为法人纳税人的国内法人又分为普通法人、无法人资格的社团、合作组织和公益法人等四类。体育普通法人主要包括股份公司、有限公司、合资公司、合伙公司等。可见,日本的法人税比较复杂,其征税内容也随之复杂[2];此外,日本地方的都(道、府、县)开征有法人事业税和个人事业税。法人事业税主要是纳税人在都(道、府、县)内设有事务所、营业所,从事体育营业活动的法人依照5.6%~11%的差异化税率计征;个人事业税是都(道、府、县)对个人营业所得征收的一种地方税和间接税。值得一提的是,日本还开征有专门针对奢侈高尔夫球运动的"高尔夫球场使用税",对高尔夫球场经营者在收取使用费时,代向球场使用者课征,且按次纳税并限制标准税率;从1994年起,日本政府对国家奥委会发放的奥运会奖金实施免税的优惠政策。另一方面,在体育产业税收优惠激励上。一是对体育非营利性组织实行税收优惠。日本税法明确规定,①个人超过5000日元的部分,享受年收入30%的税前扣除;企业向特定公益促进法人的捐赠,依照其捐赠

---

[1] 张林芳.论当代日本体育政策[J].体育文化导刊,2013(03):21-24.
[2] 高旭.我国体育产业税收优惠政策的现状分析与对策研究[D].西安:西安体育学院,2014.

资本金总额（捐赠额×0.25%×0.5）的两倍金额加计税前扣除；②自然人的个人捐赠，依照其年所得额（年所得额×30%-10000日元）从应税收入中税前扣除；③法人企业或自然人个人向经认定的特定非营利法人的体育捐赠与向特定公益促进法人的体育捐赠，依照其一般捐赠额（捐赠额×0.25%＋年收入×2.5%）×0.5的金额在税前加计扣除；二是鼓励民间兴办体育产业的税收优惠；日本税法规定，法人企业在修建体育设施时可减免土地税；公共体育场馆等体育基础设施达到一定标准，且对公众无偿开放的，可减免其相应的税收。三是鼓励体育运动员等自然人的税收优惠。日本成熟的个人所得税按照六级超额累进税率计征，对应的是5%~40%的六类差异化税率。从体育运动员和教练员缴纳个人所得税的实际效果看，适用10%税率的体育纳税人占纳税人口的80%，适用40%最高税率的纳税人不足缴税人口的1%。这说明体育纳税人缴纳的个人所得税较少，其税负率低，纳税负担轻。再者，日本还实施"所得税控除制度"，意味着个人所得税将纳税者的最低生活费用剔除后计算所要缴纳的应纳税所得额，这极大地降低了自然人的纳税负担。总体而言，日本个人所得税实质上是一项定率减税措施。❶

表9-11　日本支持体育产业发展的税收优惠政策

税种	税收优惠政策的内容	级别
法人税	日本法人税法将作为纳税人的法人分为国内法人和国外法人两大类。在日本国内有总部或事务所的法人称为国内法人；国内普通法人主要是公司，包括股份公司、有限公司、合资公司、合伙公司等，针对体育厂商等国内普通法人依据其年度利润予以减免课征	中央税
法人事业税	纳税人为在都（道、府、县）内设有事务所、营业所，从事营业活动的法人，其优惠税率为5.6%~11%的差异化税率	地方税（都、道、府、县税）
个人事业税	对自然人营业所得征收的一种税；个人事业税的纳税人为在各都（道、府、县）设立事务所或营业所，第一类事业中的个别行业与体育有关，须缴纳相应的个人事业税	地方税（都、道、府、县税）

---

❶ 池深，刘建坤，罗国程．美国、意大利、日本体育产业的发展及对我国的启示[J]．江西师范大学学报（自然科学版），2008,32(06):747-749．

续 表

税种	税收优惠政策的内容	级别
消费税	（1）提供体育商品的应纳税销售额或体育服务额不高于4亿日元的，对其销售额按0.3%的优惠税率和服务额按照1.2%课税；（2）法人和自然人的体育应税销售额在1000万日元以下的，给予免税优惠；（3）体育商品（服务）以总销货额与总进货额的抵扣差额为计税依据予以课征	中央税
关 税	（1）出口的文体类产品和体育服务享受零税率；（2）进口的高科技体育产品、体育器材和与体育相关的非营利性产品免征关税	中央税
高尔夫球场使用税（原娱乐设施使用税）	（1）纳税人为高尔夫球场的使用者，计税依据为使用次数，标准税率为每人每天800日元，限制税率为标准税率的1.5倍，即最高每人每天1200日元；（2）高尔夫球场使用税由高尔夫球场经营者在收取使用费时，代向纳税人征收，然后每个月月底向当地都（道、府、县）交纳；（3）仅对高尔夫球场的使用者课税	地方税（都、道、府、县税）
土地税	依靠民间团体可以促进体育设施的建设和发展，因此，日本非常鼓励民间办体育，为此制定了企业在修建体育设施时可以减免土地税等诸多鼓励性的优惠政策	地方税（都、道、府、县税）
个人所得税	个人所得税分为6个等级层次，采用超额累进税率计征	中央税地方税
不动产所得税	政府财政拨付经费兴建的公共体育场馆等体育基础设施、项目资产等，免征不动产所得税	地方税（都、道、府、县税）

资料来源：陈永良.外国税制[M].广州：暨南大学出版社，2004；曲国洋.日本竞技体育体制研究[D].北京：北京体育大学，2011；杨倩.促进我国体育产业发展的税收政策研究[D].南京：南京师范大学，2015

（四）采用税收激励政策助推高新技术体育企业的发展

日本政府非常重视利用高新技术推进体育产业高质量发展，"二战"后，日本建立了完善的全国现代科技体制，构建了以"科学技术会议"为最高咨询（决策）机构，以科技厅（大科学）、文部省（基础科学）、通产省（产业技术）以及日本学术会议（人文社科）为主要操作平台的科技管理体系，一举成为全球科技投入大国。❶日本政府在此基础上先后颁布了《科学技术大纲》（1988年）、《科学技术基本法》（1995年）、《科学技术振兴事业团法》（1996年）、《大学技术转移法》（1998年）、《技术转移法》（1998年）、《产业活力再生特别措施法》（1999年）、《产业竞争力强化法案》（2013年）等一系列法律、法规，从而加强对包括体育中小企业在内的微观主体技术创新的法定支持。在实践中，日本还将体育服务、用品制造等内容及其支撑技术纳入国家重点支持的高新技术领域，支持体育产业高新技术的创新发展。经过官方认定为高新技术的体育企业，购置并用于新材料等基础技术的开发资金给予7%免征税优惠；对高新技术体育企业的研究经费及相关设备、建筑物等依照10%的税率减征法人税；特别是日本税务机关于1997年实行"天使投资税制"的特殊规定，对创业初期的企业（含体育类企业）投资转让损失，准许其在纳税年度实施亏损结转，亏损结转不超过3个年度；在税制使用年度内，中小体育企业可在法人税或者地方所得税中准许扣除研发费用总额的6%，但其金额须在年度法人税或地方所得税的15%之内扣除。另外，日本还实行间接税收优惠和直接税收优惠相互促进的税收政策。除了给予其试验费减收6%的法人税或地方所得税外，对试验研究费用超出年度销售额3%和风投创业未满5年的体育中小企业，准许设备投资减税，而且体育中小企业提取的改善产业结构的准备金不计入当年的法人税中；为进一步扶持"创新型体育企业"的发展，日本中央税法还对高新技术企业的重大研发产业项目给予最高55%的"特别加提折旧扣除"优惠，以刺激体育企业的高科技风险投资。❷

五、俄罗斯体育产业财税政策

俄罗斯自1991年12月25日解体转型以来，继承了苏联的体育法律法规政策、制度，将其作为国家或政府重要的组成部分，内容十分丰富，对俄罗斯体育产业的快速发展起到了推动作用。然而，伴随着解体后的俄罗斯经济等各方面下滑，甚至全面衰退，其体育产业制度和政策也受到了消极影响。表现在体育经费的极度缺乏，体育消费能力和消费水平的显著下滑，体育产业的发展不可避免地出现了大幅度的下滑。尽管俄罗斯在众多领域出现了严重的衰退，但自20世纪90年代转型正义以来，特别是普京2000年当选为第二任俄罗斯总统之后，将市场经济、民

---

❶ 蔡虹，许晓雯. 对日本科技政策形成机制改革的分析及其思考[J]. 中国软科学，2002(08):83-86.

❷ 胥万兵，金银日. 日本大众休闲和体育的政策导向及其对中国的启示[J]. 体育学刊，2011,18(04):63-66.

主原则与俄罗斯的发展现实相结合,俄罗斯国民经济从此进入了快速复兴和恢复性增长时期。经济的持续好转使俄罗斯具有充足的资金发展包括体育产业在内的各项产业建设,从而使体育产业恢复繁盛。❶迄今为止,俄罗斯仍然是全球体育强国和体育大国,依然在体操、田径、举重、击剑、游泳、国际象棋、足球等国际体育竞技项目中占有绝对优势,这得益于俄罗斯从苏联转型期间继承了良好的运动训练体系。除此之外,针对国内体育产业的具体特点,建立起较为完善的体育法制和规制政策对其体育产业的发展功不可没。❷

(一)实施顶层设计,制定引领指导体育产业发展的法规和长期规划

一方面,俄罗斯官方机构设置有俄罗斯联邦体育部(原俄罗斯体育旅游部)这类专门管理与协调体育产业发展的政府性专门部门。根据《俄罗斯联邦宪法》第110条的规定,俄罗斯联邦体育部由俄总理亲自领导。其职责主要是研究拟定群众体育工作的发展规划,推行全民健身计划,监督国家体育锻炼标准实施,开展国民体质检测,研究拟定体育产业政策,发展体育市场;制定体育经营活动从业条件和审批程序;指导和推动学校体育、农村体育、城市体育及其他社会体育发展的国家组织机构等内容。2000年,俄罗斯成立了由联邦总统所属的国家体育委员会,其成员由联邦各州州长、各部部长、国家杜马成员、商人、政治家、著名运动员以及体育组织领导人组成。下设体育分委会和体育工作组,以提高体育管理机构的工作质量和职业水准,这些机构的设立成为俄联邦体育政策制定的重要补充和有效环节。

另一方面,俄罗斯于1992年颁布实施了《全俄奥林匹克委员会法》《俄联邦体育教育和运动的管理机制法》两部体育法律,1993年发布了《俄联邦体育运动立法原则》法规文件,1999年制定并颁布了奠定本国体育运动法律基础的《俄联邦体育运动法》,这些法律法规均提出强化体育产业体制转型,强化联邦体育财政投入的法律规范。同时,政府出资设立国家体育基金,专门鼓励官方和社会民间(非官方)机构发展体育产业。特别是1999年颁布实施的具有重要转折意义的《俄联邦体育运动法》,奠定了俄罗斯发展体育产业的法律基础,明确将发展体育产业作为社会政策优先发展的方向。❸ 2002年是普京实施的"改革年",在体育

---

❶ 张雪芹,邓万金.俄罗斯竞技体育核心竞争力研究[J].广州体育学院学报,2015,35(2):57-61.
❷ 马忠利,叶华聪,陈浩,等.苏联解体后俄罗斯体育政策的演进及启示[J].上海体育学院学报,2014,38(1):12-17.
❸ 殷鸣灿."宪政转轨"下的俄罗斯竞技体育[J].沈阳师范大学学报(社会科学版),2014,38(5):174-176.

领域的改革中专门发布了《关于提高体育在形成俄罗斯人健康生活方式中作用的报告》，其中明确提出强力推进发展休闲体育娱乐产业，鼓励俄罗斯发展居民体育运动，倡导正确的体育健康生活方式。其后，俄罗斯政府于 2002 年 10 月发布的《俄罗斯联邦 2005 年前体育发展规划的政府决议》（即第 150 号文件）明确提出，逐步将国内体育工作的重点转向国家体育，这使体育产业政策更倾向于为国家体育战略服务；2006 年为制订符合时代发展、与时俱进的体育运动发展计划，当时的俄罗斯体育运动与旅游署制定了《俄罗斯联邦 2006—2015 年体育运动发展纲要》，计划向体育领域投资 40 亿美元，俄罗斯预算支出中用于体育产业运动和卫生保健的财政预算费用增长了 64%。[1]俄罗斯体育旅游部于 2010 年 3 月发布了《体育与旅游中小企业发展纲要》，该纲要是对 2010—2012 年健身及国内旅游等体育产业发展的具体促进方略。随后，俄罗斯于 2012 年 11 月发布的《俄联邦 2020 年前体育发展战略》等规划纲要再次明确体育产业是国家经济发展的重要组成部分，对提高国民素质发挥着积极作用。这标志着俄罗斯体育产业进入一个全面、协调发展的新阶段。[2]

（二）俄罗斯拥有完善的体育竞技业财税扶持政策

一是扶持国际竞技比赛保障方面。为重振俄罗斯在国际竞技比赛中的国际威望及全球影响力，俄罗斯决定对国际奥林匹克运动会、世界锦标赛和在欧洲有较大影响力的欧洲锦标赛等国际赛事给予必要的财政保障与扶持。自 1993 年 9 月 1 日始，俄罗斯运动员参加上述三大国际竞技比赛的奖金和薪酬（包括外币），以及体育训练参与者、培训机构训练者的膳食费用补助，免予课税；著名运动员、教练员的体育形象代言收入和广告收入，均免予征收个人所得税；为了保障国际比赛中的体育器材，对生产制造体育用品的企业、机构和组织减免企业所得税；国内媒体转播国际奥运会、世界锦标赛和欧洲锦标赛三大竞技赛事的电视转播权给予一定的财政资助，同时减免增值税和企业所得税。

二是扶持竞技体育产业财政政策方面。在一系列体育产业政策的支持下，俄罗斯国家奥委会的运营拨款、广告商及赞助商、体育彩票收入、集体或个人的体育捐赠以及单个体育运动基金会的盈利收入等构成了发展体育产业的主要资金

---

[1] 常利华.《俄罗斯联邦 2016 年—2020 年体育发展计划》及其启示[J].体育文化导刊,2015(11):25-28.

[2] 李琳,陈薇,李鑫,等.俄罗斯 2020 年前体育发展战略研究[J].上海体育学院学报,2012,36(1):1-4.

来源。但是转型后的俄罗斯体育设施陈旧、体育科研停滞不前、体育产品营销不畅、体育消费严重不足等问题严重阻碍了俄罗斯体育产业的健康、快速发展。为了迅速扭转这一不利局面，由俄罗斯总统直接领导的俄罗斯财政部于1993年成立了一个专门资助各项体育运动业发展的贷款机构——体育科学院银行，其主要职能是为俄罗斯运动员参加国际比赛以及战略性、长期性的体育产业项目等提供财政经费的优先保障。迄今为止，俄罗斯累计实施财政低息贷款600亿卢布，支持了113个体育运动产业项目，培养了4万多名专职教练员和优秀运动员，❶这为俄罗斯体育后备力量的培养和进一步发展尖端体育产业运动提供了财政经费的有力保障。

三是扶持竞技体育产业税收政策方面。尽管转型期间的俄罗斯在众多领域出现严重的下滑或衰退，但俄罗斯在宪法改革和总统令中均明确提出，国家尽一切可能仍然将体育业作为发展的首要任务。第一，时任俄罗斯总统的叶利钦签发的总统令244号（1995年3月6日）、277号（1997年4月2日）、491号（1997年5月16日）分别针对相关体育产品、器材、获奖运动员的产品代言及竞技体育奖励等收入给予免除税收的优惠待遇。❷第二，通过税收优惠政策的激励，鼓励体育产业的改革开放，特别是对体育无形资产开发的控制以及鼓励体育用品业为代表的体育产业的快速发展。俄罗斯联邦税法规定，对提供体育运动服务中销售劳务所取得的进项征收20%的增值税；对跑马场的中彩收入和彩票的销售收入免征增值税。第三，在关税减让方面，俄罗斯的《关于俄罗斯体育运动领域保护关税政策》的指令明确规定，自1994年1月1日始，出口型体育法人企业在计算企业所得税的应纳税所得额时，企业财产总值减去用于体育运动的财产平衡值后，再计算年度企业所得税；外国法人和自然人向俄罗斯体育组织和机构提供的体育用品和装备等，免征进口环节的关税。这极大地调动了法人企业赞助体育产业发展的积极性。第四，为激励广大民众的体育休闲消费，俄罗斯联邦税法规定，经政府批准的公共狩猎和钓鱼爱好者联合会的营运收入，免征利润税（相当于中国的企业所得税）。此外，为促进体育运动的迅速发展，免除莫斯科市属体育设施的土地使用税和利润税；从事赛马、赌场、博彩、赌博游戏机等业主依照13%的优惠税率

---

❶ 秦剑杰,李继东,范秦海,等.俄罗斯体育产业的现状与发展趋势[J].石家庄学院学报,2016,18(3):118-122.

❷ 马忠利,叶华聪,陈浩,等.苏联解体后俄罗斯体育政策的演进及启示[J].上海体育学院学报,2014,38(1):12-18.

缴纳个人所得税。[1]第五，对资金用于发展俄罗斯体育运动的机关、企业和个人实行特殊的税收优惠政策。例如，为体育休闲健身、运动使用的旅游用品、体育健身设备等体育器械，均归类于商品类，列入俄罗斯联邦税法免征附加税的范畴；如果体育健身和运动设施等体育器材不直接服务于民众的体育健身康乐活动，则应根据俄罗斯联邦税法的规定，向地方州财政缴纳税收，增加的财税收入用于发展体育运动。

四是扶持体育彩票经营权方面。长期以来，体育彩票经营权被私人公司拥有，但须依法获得俄罗斯联邦税务部门出具的彩票游戏运营许可证。2005年至今，俄罗斯联邦税务机关共计发放了4 000多个私有彩票经营许可证[2]，允许私人公司垄断经营彩票游戏产业业务。为加强管理及政策落实，俄罗斯自2011年以来逐步取消了地方各州对彩票的经营权，同时将体育彩票业务的批准权由原先的俄罗斯联邦税务机关主管划归俄罗斯联邦财政部和体育旅游部直接管理。通过发售体育彩票筹集的体育产业发展资金，按照产业经营项目，投资到广大民众参与度极高的赛马、赌场、博彩等产业项目中，对投资的项目进行更新、改建与管理，以推进俄罗斯体育产业的快速发展。

表9-12 俄罗斯支持体育竞技的财税政策内容一览表

资助项目	财政政策	税收政策
国家竞技比赛	（1）俄罗斯体育运动队和运动员参加国际奥林匹克运动会、世界锦标赛和欧洲锦标赛三大国际赛事的，给予必要的财政保障与国家资助；（2）国内媒体转播国际奥运会、世界锦标赛和欧洲锦标赛的电视转播权给予一定比例的财政资助，并减免征收增值税和企业所得税	（1）运动员参加国际奥运会、世锦赛和欧锦赛三大国际竞技比赛获得的奖金和薪酬（包括外币），以及体育训练参与者和在培训机构训练者的膳食费用，免除税收；（2）著名运动员和教练员的体育形象代言收入和其他广告收入，均免予征税个人所得税；（3）对生产制造体育用品的纳税企业、机构和组织减免企业所得税

---

[1] 杨平.俄罗斯群众体育发展战略研究[J].体育文化导刊，2013(6):38-41.
[2] 李军，邵雪梅，王子朴，等.俄罗斯体育产业政策发展特征研究及对我国的启示[J].山东体育学院学报，2008, 24（3）:4-7.

续 表

资助项目	财政政策	税收政策
竞技体育产业	成立体育科学院银行，为战略性、长期性的体育产业项目提供财政经费保障	（1）对相关体育产品、器材、获奖运动员的产品代言及竞技体育奖励等收入给予免税；（2）提供体育运动服务中销售劳务所获得的进项征收20%的增值税，而对跑马场中的中彩收入和彩票的销售收入免征增值税；（3）外国法人和自然人向俄罗斯体育组织和机构提供的体育用品和装备，免征进口关税；（4）免除莫斯科市属体育设施的土地使用税和利润税；（5）从事赛马、赌场、博彩、赌博游戏机的业主依照13%的优惠税率缴纳个人所得税；（6）体育器械归类于商品类，列入俄联邦税法中的免征附加税范畴
体育彩票经营权	发售体育彩票筹集所需的体育产业发展政府资金，投资到赛马、赌场、博彩等产业之中	俄罗斯联邦税务机关共计发放了4 000多个私有彩票经营许可证，允许私人公司垄断经营彩票游戏产业业务

资料来源：高旭.我国体育产业税收优惠政策的现状分析与对策研究[D].西安：西安体育学院，2014；秦剑杰，李继东，范秦海，等.俄罗斯体育产业的现状与发展趋势[J].石家庄学院学报，2016，18（3）：118-122；颜下里.从竞技体育强国走向注重大众体育的俄罗斯[J].体育文化导刊，2012（10）：13-17.

（三）制定鼓励非营利性体育商业性组织发展的财税激励政策

自俄罗斯社会转型以来，尽管国民经济出现大幅度衰退，但政府针对体育产业的财政预算没有大幅度缩减，体育产业仍然得到较快的发展。继2002年10月发布了《俄罗斯联邦2005年前体育发展规划的政府决议》后，2006年4月又发布了《俄罗斯联邦2006—2015年体育运动发展纲要》，这些纲领性文件的目的是通过运用一系列税收优惠政策鼓励非营利性社会体育商业性组织发展，促其做大做强，再通过民间商业性组织等社会中介组织机构促进休闲娱乐体育业的快速发展。一方面，从税收优惠政策看，自1993年12月始，在计算企业、预算单位和其他有创收的非商业性组织的年度所得利润时，所获年度盈利总额减除提供给国家体育基金会的规定部分的余额，计算其应纳税所得额，鼓励非营利性的体育商业组织的发展❶。另一方面，从税收政策看，一是非营利性体育商业性组织缴纳企业所得税时，准许在企业财产总值中减去用于体育运动的财产平均值，以利吸引各国法人和自然人投资于俄罗斯各个体育产业项目中；二是依据俄罗斯2012年新修订的税法对从事文化、体育、教育等特定活动的非商业企业所属的土地、房屋等固定资产准许其享受免缴不动产税的优惠待遇；三是由俄罗斯体育旅游部和财政部联合颁布实施的《体育与旅游中小企业发展纲要》（2010年3月）规定，非营利性体育商业性组织举办的体育产业项目，给予参与服务人员自然人税以及组织（团体）盈利收入返税额度等的免税规定，确保非营利商业性组织从事各种类型的体育志愿服务时可享受一定比例的抵免税收优惠❷；四是无论大型企业还是中小企业，通过捐助、捐赠等形式为社区体育、青少年体育等服务提供体育设施、资金、人力的，都可依法享受抵税的税收政策优惠。可见，俄罗斯政府在促进体育产业快速发展的同时，实现了体育产业与非政府、非营利性商业性组织的良性互动发展。

（四）与时俱进，适时调整不同时期的体育产业财税政策

俄罗斯体育产业政策在转型后的演变历程和俄罗斯其他相关政策的演变历程是密不可分的。其中，政府财税调控经济政策的影响作用最为直接。俄罗斯社会转型以来，其市场经济经历了转轨型危机、萧条式稳定、恢复性增长三个重要的转型历程。作为国家宏观调控组成部分的财税政策也适时调整了不同时期的体育产业政策。具体如下。

一是在1991年至2000年的经济转轨型危机时期，俄罗斯联邦国家政权制度、法律规范、行政管理等均发生了根本性变化，其财税调控政策也伴随着俄罗斯社会转型后一段时期的经济衰退、社会动荡呈现出被动性特征。突出表现在，20世纪90年代俄罗斯经济大幅下滑，体育业由于经费奇缺导致发展异常艰难。体育管理组织机构经过10余次的变更，致使各类体育政策相当不具体、不稳定，也很少出台体育产业方面的财税激励政策，仅有的联邦政府公共财政预算资金并不能确保俄罗斯基本的国际体育竞赛费用支出。可以说，俄罗斯联邦政府对体育产业采取自由放

---

❶ 秦剑杰,李继东,范秦海等.俄罗斯体育产业的现状与发展趋势[J].石家庄学院学报,2016,18(3):118-122.

❷ 颜下里.从竞技体育强国走向注重大众体育的俄罗斯[J].体育文化导刊,2012(10):13-17.

任、自我发展、自生自灭的无政府状态❶。此时期,政府财税宏观调控政策没有实质性的扶持与激励,其体育产业政策也遭受诸多消极影响,无所作为。

二是在2000年至2008年的经济萧条式稳定时期,俄罗斯经济已连续保持增长,尤其在普京倡导"改革年"的2002年,俄罗斯颁布实施了《关于提高体育在形成俄罗斯人健康生活方式中的作用》和《2005年前体育运动发展构想》等指导性政策文件,均提出优先把发展体育产业作为社会政策发展的主攻方向。此阶段的财税政策体现出以人为本的特点,重点关注体育在提高俄罗斯人健康生活方式中的促进作用,关注基层组织的青少年体育、社区体育,关注俄罗斯民众的体育休闲、体育健身等内容。❷与之相适应,其财税激励政策主要实施政府财政预算政策,通过公共财政资金投资或财政拨款给体育社区、公益性体育团体、青少年体育团体等基层组织,鼓励更多的俄罗斯公民主动开展休闲体育、体育健康活动。同时,灵活采用间接税收优惠措施(税项扣除、投资抵免、税收抵免、加速折旧、税收抵扣等)为主,直接税收优惠手段(税率优惠、期限优惠、税额优惠等)为辅,间接税收优惠政策和直接税收优惠政策有机结合的政策优势,给予必要的财税调控政策扶持,激励纳税人调整生产经营活动,促进了俄罗斯群众体育业的快速发展。

三是在2009年至今的经济恢复性增长时期,俄罗斯很多财政指标呈现良性发展的态势,财政政策的作用越发显著。财政政策开始鼓励体育产业结构的优化调整,这是全面贯彻联邦政府公共财政的服务理念,同时进一步完善税收优惠体系,继续降低包括体育运动产业在内的产业税负和纳税人税负,创造良好的体育运动产业投资环境,加大对公共体育场馆等体育基础设施和人力资本的投入力度,完善联邦与州地方政府间的财政关系,以实现体育运动产业途径明确和持续发展的长期政策,为体育运动产业财税政策的优化完善及实施提供了新的发展契机。❸

---

❶ 李军,邵雪梅,王子朴,等.俄罗斯体育产业政策发展特征研究及对我国的启示[J].山东体育学院学报,2008,24(3):4-7.
❷ 颜下里.从竞技体育强国走向注重大众体育的俄罗斯[J].体育文化导刊,2012(10):13-17.
❸ 马忠利,叶华聪,陈浩,等.苏联解体后俄罗斯体育政策的演进及启示[J].上海体育学院学报,2014,38(1):12-17.

第二节 国外体育产业财税政策的中国借鉴

发达国家体育产业以其巨大的经济价值和产业运营能力在全球经济中占据重要地位，而政府财税宏观调控政策的扶持与激励作用是促进全球和各国体育产业发展的重要经济手段。长期以来，体育产业发达的国家主要对引导体育产业风险投资、促进科技创新、降低体育从业人员的税负等方面采取了一系列的财税优惠政策，这些财税宏观调控政策对体育产业经济的快速发展起到了至关重要的推动作用。当前，中国体育产业仍然处于发展的初期阶段，各个环节的市场化程度依然低下，是典型的弱势产业。因此，通过探究美国、英国、日本、俄罗斯等国的体育产业财税政策，学习和借鉴发达国家或地区在体育产业财税政策方面所具有的成熟经验、先进做法与激励作用，立足我国体育产业发展的现实国情，对完善中国体育产业财税政策体系，促进体育产业与财政政策、产业政策与政府宏观调控的深度融合，进而促进我国体育产业的高质量发展，无疑具有现实的启示和借鉴指导意义。

一、进一步提升体育产业中公共产品和公共服务的财政投入比重

依据公共财政理论，公共财政支出是以国家为主体、以财政的事权为依据进行的一种财政资金分配活动，反映了国家的职能活动范围及其所发生的必要支出。为此，一是合理划分中央和地方对体育财政投入的权责，实现事权与财权的有机统一。中央财政主要资助国家代表队的组建及其国际重大比赛、全面规划体育产业发展战略与产业风险管理、组织全国性体育社团和体育活动，以及承办重大国际比赛和全国综合性运动会等大型体育事项。地方财政投入的重点是建设地方体育基础设施、规划区域体育产业发展、组织开展全民健身活动和培养体育后备人才。二是调整和优化体育财政投入结构，加大公共财政对群众性体育事业的投入力度，进一步提高体育产业中公共产品和公共服务的财政投入比重，提高体育健康惠民的公共财政支出水平，为体育产业发展奠定经济基础。三是与时俱进，调整优化中央与地方财政分享比例，增强地方财政发展体育产业的主动性和财力保障。四是加大政府资金筹集、分配、使用的规范和透明力度，发挥现行体育彩票公益金支持贫困地区体育事业和体育产业发展的重要补充作用，提升公共财政资金的使用绩效。五是对开放体育场馆的学校实行专项财政补贴，提升广大人民群众的体育消费水平和消费能力，发挥体育产业在经济增长、休闲娱乐等方面的积

极作用。六是借鉴美国的财税政策经验，由政府引领、社会共同参与，由政府财政担保吸纳社会资金，与职业俱乐部联合进行公共体育场（馆）这类准公共产品的投资与建设。这种政府与民间共同出资的投资模式，既保障了对公共体育场馆的基础投入，又减轻了政府财政的压力。

二、实施以间接税收优惠政策为主，直接税收优惠政策为辅，两者互为补充、互为推动的体育产业税收优惠政策

纵观美、欧、英、日等国家的体育产业税收政策，在遵循市场经济发展为主的同时，政府给予体育产业必要的税收政策支持，即以间接优惠政策为主、直接优惠政策为辅、间接优惠与直接优惠相结合的税收优惠政策方式与手段。这是因为间接税收优惠政策属于产业的税前优惠方式，具有扶持体育产业长远性、战略性、目标性和有效性的特点，表现为延迟纳税行为，是对资金使用在一定时期内的让渡，这种形式允许行业企业在合乎规定的年限内分期缴纳或延迟缴纳税款，其税收主权没有放弃，利于公平竞争，有效避免了体育产业短期投机行为，降低了产业发展风险，保障了国家税收收入。另外，间接税收优惠政策侧重对体育产业的税前优惠，通过对体育企业征税税基的调整，能够较好地激励纳税人调整生产经营活动，以契合政府的体育产业政策调控目标和财税政策扶持目的。而直接税收优惠政策侧重对体育产业的税后优惠，是一种事后的政府利益让渡，其主要针对体育企业的经营结果给予减免税优惠，具有确定性的特征，但也容易导致体育行业企业税收收入的大量流失。从此意义而言，中国可以实行差异化的税收优惠政策，既不能否定直接税收优惠的事后鼓励作用，又不能忽视间接优惠的引导作用，两者相辅相成、互为补充，如此才能取得更好的激励成果。因此，中国体育产业税收优惠政策支持方式应借鉴美、英、欧、日等国家的有益经验和成熟做法，多采取投资抵免、亏损结转弥补、加速折旧、年度结转、税收抵免、费用扣除、特别准备金、税项扣除和延迟纳税等间接税收优惠方式，少运用税率优惠，以税还贷、期限优惠、税额扣除优惠等直接税收优惠手段真正体现对中国体育产业长久、持续性支持的税收政策目的。

三、构建完善的扶持体育产业发展的财税政策体系

一是借鉴国外成立的"体育金融扶持基金"运作路径。我国应以政府财政资金为主导，牵头设立诸如"体育产业引导基金""体育产业发展基金"等政府性基金，支持体育产业重大项目、产业基地和产业集群，大力推进产业结构战略性调整，推动体育用品制造业转型升级，加快发展体育服务产业，实现财税政策、产

业政策与体育产业需求有机衔接与联动，实现资源的优化配置，提高体育产业集约化、规模化水平，促进体育与文化、旅游、科技、传媒等相关产业的深度融合，加快构建统一、开放、竞争、有序的体育市场体系。二是完善体育产业税收优惠激励政策。对经认定为高新技术的体育企业减按10%的优惠税率征收企业所得税；企业发生的符合条件的创意和设计研发费用，允许税前依照200%的比例加计扣除；对国家重点鼓励的体育及其相关产业创意和产品设计服务出口实行全额退税；对国家鼓励的体育文化创意和产品设计服务出口实行增值税出口退税零税率或免税；推广购买公共体育服务，优化体育产业及其相关服务供给结构，调动社会力量参与，扩大公共体育产品与体育服务的覆盖面，增强体育惠民力度和供给能力。三是充分发挥财政政策引导示范和带动作用，建立财政贴息信息共享机制，引导社会民间资本投向体育产业，逐步建立体育产业贷款风险分担补偿机制，探索体育保险制度，提高体育保险覆盖率。通过政府财政贴息或税收减免等手段鼓励金融机构深度开发体育产业债券融资、风险投资及资产证券化等金融工具，推动体育产业发展的基础制度和体育类金融合作信贷项目库的建设。[1] 四是大力推广PPP公私合营的体育产业尤其是大型公共体育场馆的财政投融资模式，引入民营企业的高质量经营管理，增加广大居民参与公共体育设施管护、运营的就业机会，进而减轻地方政府设施投资和管护的费用。

四、借鉴国外经验，完善税收优惠政策，引导体育风险投资

体育产业作为世界体育强国经济新的增长点，呈现投资资金高、收益时间长、风险高的特点，客观上需要政府采用税收优惠规避体育产业投资风险。然而，长期以来，我国对体育产业风险投资的税收优惠政策极不完善，我国现行企业所得税优惠大多对科研成果实施直接优惠，而在体育企业研究开发过程中缺少相应的间接税收优惠政策。鉴于此，中国可借鉴美、英、欧、日等国家体育风险投资的成功经验和做法，对体育企业投资高新技术研发风险投资的，其风险投资金额的60%准予免征所得税，其余减半征收的税收优惠政策。同时，注重税收优惠政策对风险投资的引导和激励作用，如对体育风投企业注册资金给予税收优惠，实行投资前3年免税后3年减半征收的优惠等激励措施，吸引民间资本兴办体育产业。另外，体育产业发达国家对体育用品业的科技创新均制定有税收优惠政策。例如，美国高新技术的创新与成果应用极大地促进了包括耐克和阿迪达斯等体育用品业

---

[1] 赵晓琳，竺大力. 媒介深度参与与国外体育文化产业发展经验探析[J]. 广州体育学院学报，2019，39（1）：57-59，73.

的发展与壮大。又如，日本对高尔夫球及球具的制造、销售也给予了必要的税收优惠，这使日本在国际高尔夫球及球具市场上拥有较高的市场份额。为此，我国应借鉴美、日等国家的税收政策，加大对体育用品业技术研发的资金投入，鼓励我国体育用品产业的产品研发创新，提升体育用品业的自主创新能力。

五、鼓励民间机构对体育产业的社会捐赠

众所周知，任何产业、任何组织的发展均不可避免地需要资金的保障，体育非营利性组织也不例外。从发达国家的实践看，其资金主要来源于政府财政预算拨款和社会的民间捐赠。但纵观中国的实际情况，我国企业和个人对体育非营利性组织的捐赠寥寥无几。另外，我国现行税收政策规定，法人企业的间接捐赠支出应从其年度利润总额12%的部分给予税前扣除；对自然人捐赠在应纳税额30%以内的部分准予税前扣除。但上述税收捐赠政策的扣除比例仍然较低，且超过标准的部分仍需缴纳相应的企业所得税和个人所得税，无形中制约了我国社会捐赠的热情和积极性。如前所述，体育产业发达国家的非营利性组织主要依靠社会资金开展日常运营，而且国家对社会捐赠制定有诸多的税收优惠政策。例如，美国企业捐赠体育非营利性组织的金额可按其应纳税额的10%税前扣除；个人捐赠税前扣除额按其已纳税所得额的50%，超额捐赠可结转扣除。❶英国对体育产业的捐赠还专门制定有"一英镑对一英镑"优惠政策，鼓励民间对体育文化的社会捐赠。社会捐赠的增多促进了体育非营利性组织的发展壮大。因此，我国应学习发达国家的经验做法，利用财税优惠政策鼓励体育社会捐赠，促进体育非营利性组织的蓬勃发展。

六、借鉴体育强国的财税政策实践经验，加快发展体育竞赛表演产业，促进体育产业快速发展

美、英、日等国家相对成熟的体育职业竞技赛事表演为本国的体育产业发展注入了新的活力和不竭动力。纵观我国的体育竞赛表演产业，整体表现出知名度低、群众性不强、欣赏性不高、影响力有限的特点，现有的体育俱乐部也没有像国外体育俱乐部那样机制健全、服务周到、群众参与性强，与美国的NBA，英国、法国、意大利的足球联赛等国际知名职业联赛相比仍存在很大的差距。基于此，我国应学习和借鉴欧美发达国家体育竞赛职业赛事表演的成熟经验，运用财税激励政策积极培育具有中国特色的体育竞赛职业赛事表演产业。一是国务院办

---

❶ 杨倩.促进我国体育产业发展的税收政策研究[D].南京：南京师范大学，2015.

公厅于 2018 年 12 月 21 日正式印发的《关于加快发展体育竞赛表演产业的指导意见》明确提出，体育竞赛表演产业是体育产业的重要组成部分，是向市场提供各类运动竞技表演产品而开展的一系列经济活动。发展体育竞赛表演产业对挖掘和释放消费潜力、保障和改善民生、打造经济增长新动能具有重要意义。为此，政府应完善相关财政投入机制：充分利用现有的资金渠道，对相关项目给予必要的税收优惠扶持；鼓励通过体育产业引导资金对体育竞赛表演产业予以必要财政支持。这样可以有效提升体育产业在国民经济与社会发展中的地位。❶二是在体育竞技赛事的品牌上多下功夫，通过体育职业联赛表演的品牌打造有力推进中国体育竞赛表演产业的迅猛发展。三是美、英、日等国家在体育产业发展中大力培育和发展体育俱乐部，使人们的体育参与和体育消费的积极性大幅提升。基于此，中国应以国务院办公厅印发的《关于加快发展体育竞赛表演产业的指导意见》为发展纲领，灵活采用财政、税收、金融、贸易、价格、土地等一系列政府调控政策积极培育各类职业体育俱乐部，通过体育俱乐部助推体育竞赛表演产业发展，从而拉动体育消费和体育服务产业，最终引领我国体育产业向职业化、专业化、社会化方向发展。

七、加强中国体育产业风险投资的财税政策支持与持续激励

体育产业发达国家的实践证明，风险投资这种独具特色的资本运营方式有利于体育产业的发展。随着中国体育产业的高速发展，国外体育产业风险投资公司不断涌入中国体育产业风险投资项目中。然而，中国迄今仍然没有形成完善且具有可操作性的体育产业风险投资法律、法规和财税调控支持体系，特别是在体育产业风险资金准入、风险投资机构的组织形式和创业资本退出这三个法律制度方面尤为突出。❷因此，中国应借鉴国外财税政策扶持体育产业风险投资的运营模式，系统学习体育强国体育产业风险投资的支持政策和成熟做法，在遵循社会主义市场机制和经济规律的前提下，制定适合中国国情和中国特色的体育产业风险投资的法律、法规与政策激励体系，完善我国体育产业资本市场运作机制体制，早日与国际体育产业风险投资接轨。与此同时，促进体育产业风险投资的健康发展离不开政府的政策支持。一是体育产业风险投资的支持应当以市场机制发挥作用为

---

❶ 国务院办公厅.关于加快发展体育竞赛表演产业的指导意见（国办发〔2018〕121号）[Z].2018-12-21.

❷ 任保国,宋秀丽,李建臣.国外对体育产业风险投资的支持政策及其启示[J].北京体育大学学报,2006,29（5）:602-605.

基础，建立国家、地方、企业和高校共担的体育产业风险投资机制。积极促进体育产业风险投资的市场化发展，制定、调整、优化相关体育产业风险投资的财税、金融政策，逐步改善体育产业风险投融资体制。二是政府对公共体育场馆的财政投资应与国际接轨，依据利益原则和收益原则，通过税收及市政债券等融资方式拓宽多元融资方式和投资来源渠道。❶三是开发新产品，开拓新业务，培育体育新兴业态，大力开发体育产业投资、融资、风险投资及资产证券化等抗风险的工具，灵活运用财税调控政策推动地方体育产业健康、快速发展。

时至今日，处于产业初级发展阶段的体育产业依然需要政府提供良好的市场经济环境，依然离不开政府多种宏观调控政策的持续性激励。美国、英国、日本、俄罗斯等发达体育强国在体育产业发展方面业已取得的成就及其体育产业财税激励政策的实践经验值得中国学习和借鉴。师夷长技，洋为中用，充分发挥财税宏观经济政策在体育产业各领域的定点帮扶、激励凸显的独特调控作用，将体育产业打造成中国经济发展的新引擎与新的经济增长点，使之成为国民经济重要的支柱产业。

---

❶ 林祖明.我国体育产业风险投资需求研究[J].上海体育学院学报,2006,30（1）:19-23.

参考文献

[1] 国家体育总局经济司,国家体育总局体育器材装备中心.体育产业政策文件汇编（国务院及部门篇）[M].北京：人民体育出版社,2017.

[2] 国家体育总局经济司,体育器材转杯中心.体育产业政策文件汇编（地方篇）[M].北京：人民体育出版社,2017.

[3] 张建辉,黄海燕,约翰·诺瑞德.国际体育产业发展报告[M].北京：社会科学文献出版社,2017.03.

[4] 阮伟,钟秉枢.体育蓝皮书：中国体育产业发展报告（2016）[M].北京：社会科学文献出版社,2016.

[5] 李颖川.体育蓝皮书：国家体育产业基地发展报告（2015—2016）[M].北京：社会科学文献出版社,2017.

[6] 易剑东,郑志强,詹新寰,等.中国体育产业政策研究：总览与观点[M].北京：社会科学文献出版社,2016.

[7] 国务院.关于加快发展体育产业促进体育消费的若干意见（国发〔2014〕46号）[Z].2014-10-20.

[8] 国家发展和改革委员会社会发展司,国家体育总局体育经济司.国务院关于加快发展体育产业促进体育消费的若干意见100问[M].北京：人民体育出版社,2015.

[9] 国务院办公厅.关于加快发展体育竞赛表演产业的指导意见（国办发〔2018〕121号）[Z].2018-12-11.

[10] 中共中央,国务院.关于完善促进消费体制机制 进一步激发居民消费潜力的若干意见[Z].2018-07-06.

[11] 国务院.全民健身计划（2016—2020年）[Z].2016-06-23.

[12] 国务院.关于印发国家基本公共服务体系"十二五"规划的通知(国发〔2012〕29号)[Z].2012-07-11.

[13] 国家体育总局.体育发展"十三五"规划(2016-2020)[Z].2016-05-05.

[14] 国家体育总局.体育产业"十二五"规划(体经字〔2011〕178号)[Z].2011-04-29.

[15] 国家体育总局.体育产业"十一五"规划[Z].2007-03-12.

[16] 国务院办公厅.关于加快发展体育产业的指导意见(国办发〔2010〕22号)[Z].2010-03-19.

[17] 中华人民共和国国务院令(第560号).全民健身条例[Z].2009-08-30.

[18] 中华人民共和国国务院令(第382号).公共文化体育设施条例[Z].2003-6-18.

[19] 国务院.加快第三产业发展的决定[Z].1992-06-16.

[20] 冯国有.中国体育产业发展财政政策支持研究[M].北京:经济科学出版社,2018.

[21] 吴香芝.我国体育服务产业政策及发展对策研究[M].北京:中国社会科学出版社,2018.

[22] 骆雷.中国竞赛表演业政策研究[M].上海:复旦大学出版社,2017.

[23] 刘远祥.体育产业结构优化研究[M].济南:山东大学出版社,2016.

[24] 杨铁黎.体育产业概论(第2版)[M].北京:高等教育出版社,2015.

[25] 郑芳,杨升平.体育产业经济学[M].北京:高等教育出版社,2017.

[26] 曹可强.体育产业概论[M].上海:复旦大学出版社,2015.

[27] 丛湖平.我国体育产业政策研究[M].杭州:浙江大学出版社,2015.

[28] 彭坤.体育产业的发展及其市场化运营研究[M].北京:中国水利水电出版社,2016.

[29] 蔡宝家.区域休闲体育产业发展研究[M].厦门:厦门大学出版社,2017.

[30] 陈岩.我国体育产业结构优化及其市场化运营研究[M].北京:水利水电出版社,2017.

[31] 王飞.我国体育产业发展的制度创新研究[M].北京:北京体育大学出版社,2016.

[32] 高维岭,崔立新,成守允.安徽省体育与文化产业融合现状及发展对策研究[M].合肥:合肥工业大学出版社,2015.

[33] 杨明.中国体育用品制造产业集群发展模式研究[M].杭州:浙江大学出版社,2016.

[34] 王艳. 我国区域优势体育产业选择与培育发展研究 [M]. 北京：北京体育大学出版社 ,2014.

[35] 卢嘉鑫, 张社平. 体育产业发展——理论与政策 [M]. 北京: 北京大学出版社出版, 2011.

[36] 高扬, 闵健. 大型体育场馆建设与产业化运作研究 [M]. 成都：电子科技大学出版社 ,2011.

[37] 钟天朗. 体育产业学科发展研究报告（2008-2011）[M]. 上海：复旦大学出版社 ,2013.

[38] 赵琳. 中国产业政策变革 [M]. 北京：中国财政经济出版社 ,2017.

[39] 沈最意. 税收及其政策效应的非参数分析——基于产业结构的视角 [M]. 北京：经济科学出版社 ,2014.

[40] 李松森, 王堃. 中国产业结构调整与财政政策选择 [M]. 大连：东北财经大学出版社 ,2014.

[41] 中国国际税收研究会. 促进产业结构调整税收政策及现代增值税研究 [M]. 北京: 中国税务出版社 ,2013.

[42] 王亚芬. 中国的财税政策与经济增长：政策效应及财政风险的计量模型分析 [M]. 大连：东北财经大学出版社有限责任公司 ,2012.

[43] 陈新平. 低碳财税政策 [M]. 上海：立信会计出版社 ,2012.

[44] 李德升. 我国软件产业发展的财税政策研究 [M]. 北京：经济科学出版社 ,2013.

[45] 张少春. 中国战略性新兴产业发展与财政政策 [M]. 北京: 经济科学出版社 ,2010.

[46] 刘淼. 创新与融合：财税金融政策支持战略性新兴产业发展的选择 [M]. 北京：中国经济出版社 ,2013.

[47] STEFAN KESENNE, PAUL BUTZEN. Subsidizing sports facilities: the shadow price-elasticities of sports [J]. Applied Economics, 1987, 19: 101–110.

[48] ROGER G. NOLL, ANDREW ZIMBALIST. Sports, Jobs, and Taxes, the economic impact of sports teams and stadiums [M]. The Brookings Institution, 1997.

[49] PETER A, GROOTHUIS, BRUCE K, et al. Public funding of professional sports stadiums:Puilic choice orcivic pride？[J].Eastern Economic Journal，2004，30（4）:515–526.

[50] FORTUNATO J A. Pete Rozelle: developing and communicating the sports brand.[J] International Journal of Sport Communication, 2008,1（3）:361–377.

[51] FILO K, FUNK D C, ALEXANDRIS K, PONS F. Exploring the role of brand trust in the relationship between brand associations and brand loyalty in sport and fitness[J]. International Journal of Sport Management & Marketing, 2008（1-2）:39-57.

[52] [美]保罗·A.萨缪尔森,威廉·D.诺德豪斯.经济学[M].高鸿业,译.北京:中国发展出版社,1992.

[53] 杨京钟,吕庆华,易剑东,等.体育用品产业政策效率的影响因素:来自福建泉州的证据[J]体育科学,2012,32（2）:50-57.

[54] 郑志强,陶长琪,冷毅.大型体育设施供给PPP模式的合作博弈分析[J].体育科学,2011,31（5）:27-32.

[55] 陈元欣,王健,张洪武.后奥运时期大型体育场馆运营现状、问题及其发展研究[J].北京体育大学学报,2012,35（8）:26-30,35.

[56] 杨京钟,吕庆华,易剑东.中国体育产业发展的税收激励政策研究[J].北京体育大学学报,2011,34（3）:5-8.

[57] 黄永京,陈黎明,闫田,等.民间资本在美国体育场馆融资中的作用探析[J].山东体育学院学报,2006,22（1）:38-41.

[58] 韩开成,顾长海,云欣.大型体育场馆经营管理中存在的问题及发展对策[J].山东体育学院学报,2005,21（4）:27-29.

[59] 王龙飞,王岩,刘运洲.美国体育场（馆）的公共财政支持及其启示[J].体育科学,2009,29（10）:23-27.

[60] 张宏.我国体育场馆经营管理模式的现状及发展趋势[J].西安体育学院学报,2009,26（4）:413-415.

[61] 王菁.广州市公共体育场馆的经营管理现状及发展对策研究[J].广州体育学院学报,2012,32（4）:54-58.

[62] 陈元欣,王健.我国公共体育场（馆）税负研究[J].体育科学,2012（6）:14-18.

[63] 杨京钟,郑志强.城市公共体育场（馆）运营:财税激励模式及中国思路[J].体育科学,2013,33（9）:14-21.

[64] 丁辉侠.我国地方政府提供公共服务的困境与对策分析[J].吉首大学学报（社会科学版）,2012,33（4）:158-161.

[65] 李南筑,黄海燕,曲怡,等.论体育赛事的公共产品性质[J].上海体育学院学报,2006,30（4）:10-17.

[66] 周正兵.文化产业导论[M].北京:经济科学出版社,2009.

[67] 陈元欣, 王健. 美国赛事及场馆设施外部效应研究现状及其启示 [J]. 武汉体育学院学报, 2008,42（1）:38-42.

[68] [英] 庇古. 福利经济学 [M]. 金镝, 译. 北京: 华夏出版社, 2007.

[69] 何不器. 体育馆也是避难场 [N]. 经济日报, 2013-05-04（6）.

[70] 张仁寿. 大型体育场馆建设和运营研究 [J]. 体育文化导刊, 2009（11）: 88-92.

[71] 陈明. 公共体育场馆经营管理的模式 [J]. 体育学刊, 2004,11（3）: 25-28.

[72] 吕庆华, 杨京钟, 朱苗. 体育用品产业: 研究动态与展望 [J]. 北京体育大学学报, 2012,35（9）:59-64.

[73] 杨京钟, 吕庆华, 易剑东. 中国体育用品业经济活动中的税收问题研究 [J]. 北京体育大学学报, 2012,35（11）:11-15.

[74] 杨越. 奥运会前后主办城市税收经济与税收政策研究——以北京为例 [M]. 北京: 经济管理出版社, 2011: 42-44.

[75] 陈通, 杜泽超, 姚德利. 大型体育场馆项目的政府监管框架研究——以私合作模式为例 [J]. 天津师范大学学报（社会科学版）, 2011, 218（5）: 44-47.

[76] 罗辉辉, 唐艺. 大型体育场馆融资模式研究 [J]. 体育研究, 2011, 105（3）: 453-454.

[77] 杨京钟, 郑志强. 体育服务业与税收政策调整的关联度 [J]. 西安体育学院学报, 2014,31（1）:31-35.

[78] 杨京钟. 我国体育用品产业税收政策评析 [J]. 体育文化导刊, 2012（12）:72-75.

[79] 梁璇. 大型公共体育场馆可以不再是鸡肋 [N]. 中国青年报, 2013-06-06（4）.

[80] 解学芳. 论体育产业与网络文化产业的联动逻辑与发展方略 [J]. 体育学刊, 2011（4）: 14-19.

[81] 俞丽萍. 体育公共服务均等化的财政分析 [J]. 体育文化导刊, 2012（7）: 9-12,17.

[82] 金元浦. 从奥运经济到体育创意文化产业 [J]. 东岳论丛, 2009,30（12）:46-47.

[83] 杨京钟, 郑志强. 公共体育场馆体育消费财税激励的学理因由及推进策略 [J]. 武汉体育学院学报, 2016,50（9）:11-16.

[84] 白晋湘. 我国体育教育训练学科未来发展趋势研究 [J]. 吉首大学学报（社会科学版）,2012（1）:153-156.

[85] 黄寿军. 我国网络体育漫画研究 [J]. 体育文化导刊, 2012（7）:150-153.

[86] 和立新, 张铁玲. 我国体育文化发展战略要素及其相互关系之辨析 [J]. 北京体

育大学学报,2008（8）:1026-1028.

[87] 吕庆华,杨京钟,朱苗.中国体育用品产业研究综述[J].西安体育学院学报,2012,29（3）:281-286.

[88] 李宗辉.论体育领域的商标保护[J].体育科学,2014（1）：54-57.

[89] 杨明,陶娟.中国体育用品制造产业集群品牌研究[J].体育科学,2014,34（8）:34-47.

[90] 吴瑞溢,杨京钟.泉州休闲体育业税收优惠激励的灰色关联评价[J].黎明职业大学学报,2013,78（1）:31-35.

[91] 黄亨奋,杨京钟,郑志强.公共体育场馆体育消费与财税宏观激励的关联度研究[J].西安体育学院学报,2018,35（3）:257-263.

[92] 高培勇,杨志勇、夏杰长.公共经济学[M].北京：中国社会科学出版社,2007:313-314.

[93] 杨京钟.中国体育用品业税收政策研究[J].吉林体育学院学报,2012,28（2）:24-27.

[94] 毕红星.体育财政公共属性及政策选择[J].体育文化导刊,2009（10）:85-87,91.

[95] 刘怡.财政学[M].北京：北京大学出版社,2010:52-53.

[96] 高培勇,杨志勇、夏杰长.公共经济学[M].北京：中国社会科学出版社,2007:313-314.

[97] [美]查尔斯·沃尔夫.市场或政府[M].北京：发展出版社，1994:152-155.

[98] 张祝平.论体育文化产业品牌开发与塑造[J].科技视界,2011（26）:5-7.

[99] 郑美艳,王雪峰.我国体育产业集群品牌风险与规避路径研究[J].体育研究与教育,2014（4）:15-19.

[100] 芦金峰,程鹏宇.我国体育用品行业实施文化名牌战略的思考[J].西安体育学院学报,2003（10）:24-26.

[101] 江小涓.我国已进入体育产业需求快速增长期[N].北京日报,2018-07-23（14）.

[102] 沈克印,吕万刚.体育产业供给侧结构性改革：学理逻辑、发展现实与推进思路[J].武汉体育学院学报,2016（11）:29-35.

[103] 黄海燕,徐开娟,廉涛,等.我国体育产业发展的成就、走向与举措[J].上海体育学院学报,2018,42（5）：15-21.

后 记

福建省教育厅为了加快福建高层次创新人才培养，进一步增强高校科技创新能力，于 2017 年首次公开面向全省高职院校开展"福建省高等学校新世纪优秀人才支持计划"的人才评选申报工作。作为在职业教育战线工作 23 年的一名专业教师，我出于对专业学术科研的热爱和执着，首次申报推荐便成功入选。本书即是我申请的 2017 年"福建省高等学校新世纪优秀人才支持计划"资助的学术研究成果。

我对中国体育产业财税理论与政策激励的研究完全是出于对当今学术热点问题的兴趣与捕捉。专业知识的累积以及对学术研究的热情促使我对产业财税理论与政策实践领域的热点、难点问题开展研讨。随着国家和政府对深入发展体育产业的高度重视，特别是国务院 2014 年 10 月颁布《关于加快发展体育产业促进体育消费的若干意见》的纲领性文件，将全民健身上升为国家战略，这无疑将发展体育产业提升到国家新兴战略产业的发展高度，并展现出成为未来支柱产业的良好愿景。这使我特别关注基于财税政策视域下的中国体育产业具体探究，关注政府运用财税宏观调控经济政策手段适度干预、有效促进与持久激励中国体育产业发展的现实问题。

在本书写作过程中，我有幸荣获福建省教育厅 2016 年高等学校优秀学科（专业）带头人公派赴海外访学研修的政府资助，使我能够跨越重洋，来到了世界旅游胜地——普吉岛（泰国第一大岛且唯一受封为府级地位的岛屿），在泰国南部最大的国立综合性大学——宋卡王子大学普吉分校开展为期一年（2018.07.20—2019.07.19）的国外访学研修。在担任国外访问学者期间，我专心致志，认真研讨，终有所获。

在我的第二部专著得以完成和即将出版之际，我又得到了国内多位专家和泰国友人的无私帮助与友情支持，在此表示衷心而真诚的感谢。

感谢福建省教育厅接连于 2016 年资助我公派赴海外访学研修，2017 年资助我"福建省高等学校新世纪优秀人才"项目支持计划，提供这样一次难得的担任国外访问学者研修的机会，使我在宽松的环境中对体育产业财税激励的热点问题开展潜心研究，圆满完成项目的资助任务。

在本书的构思和研究阶段，华侨大学工商管理学院的博士生导师吕庆华教授，黎明职业大学的王松柏教授，以及赵鑫泉、吴瑞溢、黄宝宽、江湘茹、苏铂杨等老师，他们均给予了我无私的支持和帮助，使我看到了希望，增强了信心，鼓舞了斗志。

感谢我在泰国普吉岛上访学的宋卡王子大学普吉分校国际研究学院（Faculty of International Studies Prince of Songkla University, Phuket Campus）的老师，如学院院长 Assistant Professor Dr. Nuwan Thapthiang，副院长 Mr.Jirameth Rungruang 和 Miss Wang Yi，以及 Lecturer He Ke，Supachai Jeangjai, Ph.D.。正因为得到了他们的帮助和指导，为我提供了良好的研学环境与访学便利。还要感谢国际研究学院国开班的同学们，中国留学生邓子威、肖芳祥、冯雷，以及可爱的泰国学生 Miss Chutikan Anurukzup、Miss Kotchakorn Rattanakul、Mr.Suthiwipong Sea-iem 等，与你们在异国相遇，你们的善良和热情让我终生难忘。

最后，感谢我的家人，今天有此成果得益于他们默默无闻的理解、支持与奉献。此外，感谢孟鹏编辑及东北师范大学出版社老师为本书的出版发行做了大量细致入微的工作，付出了辛勤的劳动，在此也一并表示感谢。

由于时间关系，本书中的很多内容还有待进一步研讨与完善。完成本书仅是一段研究经历的总结和又一次探究的始发。学海无涯，学无止境。囿于自身的学术水平、能力、精力等各方面因素，我对涉及专业领域的探索必然是肤浅的，不足、欠缺和错误在所难免，希望得到学界专家学者的批评指正。

杨京钟

2019 年 4 月于泰国普吉·宋卡王子大学普吉分校

国际研究学院（FIS）